◆中国政法大学商学院院长刘纪鹏主持并致辞

◆中国证券业协会党委书记、执行副会长安青松

◆中国政法大学研究生院院长李曙光为安青松颁发中国政法大学兼职教授聘书

◆李曙光、安青松、
　刘纪鹏

◆讲座现场

◆中央财经大学证券
　期货研究所所长
　贺强

◆中国政法大学商法
研究所所长李建伟

◆独立经济学家
金岩石

◆中信改革发展研究
基金会理事长、中
国政法大学商学院
理事长孔丹致辞

◆国务院国资委产权管理局原局长、规划发展局原局长邓志雄

◆孔丹为邓志雄颁发中国政法大学商学院客座教授聘书

◆讲座现场

◆国务院国资委资本
局局长李冰

◆国务院发展研究中
心企业所综合室主
任贾涛

◆国美电器董事局主席、中国政法大学资本金融研究院理事长张大中致辞

◆北京大成律师事务所高级合伙人吕良彪

◆张大中为吕良彪颁发中国政法大学商学院客座教授聘书

◆张大中、吕良彪、刘纪鹏

◆讲座现场

◆中国政法大学商学院党委书记李欣宇

◆中国政法大学法律硕士学院院长许身健

◆中国企业改革与发展研究会副会长周放生

◆中国政法大学副校长时建中

◆中央民族大学校长黄泰岩

◆中国政法大学原校长黄进为黄泰岩颁发中国政法大学客座教授聘书

◆讲座现场

◆长安汽车总裁、党委书记朱华荣

◆黄进为朱华荣颁发中国政法大学客座教授聘书

◆黄进、朱华荣、
刘纪鹏

◆讲座现场

◆汽车评价研
究院院长李
庆文

◆中国政法大学
商学院院长助
理王霆

◆著名学者
黄江南

◆和君创业咨
询集团总裁
李肃

◆中国政法大学副
校长常保国为黄
江南颁发中国政
法大学商学院客
座教授聘书

◆常保国为李肃颁发
中国政法大学商学
院客座教授聘书

◆讲座现场

◆刘纪鹏、黄江南、
李肃

◆清华大学社
会科学学院
院长彭凯平

◆ 讲座现场

◆香港中文大学政
治与公共行政系
主任王绍光

◆中国政法大学民商
经济法学院教授
王涌

◆中国政法大学商学院资本金融系主任程碧波

◆全国政协委员、中央财经大学证券期货研究所所长贺强

◆中国人民大学副校长吴晓求

◆北京大学光华管理学院创始常务副院长曹凤岐

◆ 北京工商大学证券
期货研究所所长胡
俞越

◆ 嘉宾合影

◆ 讲座现场

国家社科基金重大项目

我国自然资源资本化及对应市场建设研究（15ZDB162）

FINANCIAL REFORM AND INNOVATION OF CHINA

中国金融改革与创新

◎ 主编 刘纪鹏　　◎ 副主编 武长海

人民东方出版传媒

东方出版社

序言　新时代大国金融梦

一、探索通向金融强国之路

党的十九大报告提出中国特色社会主义进入了新时代。深刻领悟和准确把握金融在中国特色社会主义市场经济中的地位和作用，是新时代理论工作者、政策制定者和道路实践者的重要使命。恰逢改革开放 40 周年之际，我们有必要在回溯中国金融改革的历史进程中总结经验，为我国建立高效、公平的和谐社会，跨入新时代提供金融工作指南。

关于金融在现代经济中的地位和作用，邓小平 1991 年就给出了科学判断，并深刻地揭示了现代经济与金融之间的辩证关系："金融很重要，是现代经济的核心。金融搞好了，一着棋活，全盘皆活。"① 改革开放以来，中国经济经历了从起步到腾飞，GDP 总量居全球第二位；从单纯的货币金融发展到多层次资本市场的建立，资本金融蓬勃发展，境内外金融资产达人民币 200 万亿元以上，未来 5 年将达人民币 400 万亿元以上，已经成为名副其实的金融大国。但中国离金融强国还很远，有专家研究指出，衡量一个金融强国的标准主要包括：（1）金融市场规模足够大，可以影响全球的资金流向；（2）有竞争力的金融服务体系；（3）在相当大程度上能够决定国际市场资产价格；（4）金融产品创新能力强；（5）本币成为国际主要货币；

① 《邓小平文选》第 3 卷，人民出版社 1993 年版，第 366 页。

（6）具有对国际金融规则的制定、修改和解释权。结合中国的金融发展现状来看，第一，多层次资本市场发展还很缓慢。股票市场规模虽然大但存在问题多，金融衍生品市场、票据市场、外汇市场、债券市场等资本金融市场发展缓慢。第二，金融机构缺乏国际竞争力。第三，市场化程度和定价能力低，产品创新能力和机制薄弱，产品单一，缺乏竞争力。第四，高端金融人才匮乏，控制金融风险和应对金融危机的能力不足。第五，国际金融规则的制定权和解释权不足。第六，人民币国际化道路还有很长的路要走。

金融是一国配置资源的枢纽。随着全球经济、金融一体化的发展，资本、人力、技术与信息等生产力要素的全球流动与配置都与国际金融的发展相连，一国金融的强弱决定了其在全球范围内的资源配置能力。中国经济经历40年的高速发展，已经成为经济大国，但并不是经济强国，需要从根本上转变经济增长模式和转型经济结构。与此同时，需要建立一个高效、稳健、开放的金融强国金融体系。金融强国是经济大国可持续发展的根本保障。

资本市场是中国崛起的重要保障，建立强大的现代金融体系，实现大国金融梦是实现中国梦的一部分。中国政法大学有一批专家学者长期关注、研究金融和金融法治的理论与实践，笔者基于长期的研究和实践，提出了"资本金融"的新概念，将现代金融划分为货币金融和资本金融两大分支，并对资本金融理论体系进行了系统的研究和论证。此外，笔者希望通过整合中国政法大学的法学等优势学科资源，借助一批校内外既懂法律又懂金融的专家资源，为中国金融立法和金融发展提供科学理论依据，解决中国金融体制改革和资本市场发展中的法律与金融结合当中的实际问题，探索实现金融强国的路径。

实现金融强国要做好以下工作：一是发展和完善多层次的资本市场，尤其要大力发展资本金融。资本金融发展到今天，已经成为现代金融在量的增长上的主力。① 二是调整市场结构，提高市场的统一性。三是完善金融市场基础环境，推动金融市场化改革，包括金融产品的市场化、利率市场化、汇率市场化等。四是提高金融市场的效率、金融产品的创新能力和金融机构的治理能力。五是改革金融监管体系，建立与金融市场发展相适应的监管体系和监管制度，维护好公平和正义。

二、培养金融强国高端人才

实现金融强国离不开高端人才的培养。2015 年 6 月 18 日，在王健林、张大中等知名企业家的赞助下，中国政法大学组建了我国第一家资本金融研究院——中国政法大学资本金融研究院，笔者担任首任院长。研究院的建立很好地体现了三个结合，即法律与金融的结合、理论与实践的结合、校内与校外的结合。研究院将发挥资本市场智库作用，为中国金融立法和金融发展提供科学理论依据，解决中国金融体制改革和资本市场发展中的法律与金融结合当中的实际问题。同时，研究院作为研究资本市场法治化发展的学术平台，旨在培养复合型的人才。

研究院成立伊始，就在法律硕士（非法学）专业招生中设立了"资本金融法律实务"方向，在经济法学科下设立了"法律与资本金融"方向，每年培养既懂法律又懂金融的法律硕士、法学硕士、法学博士等 20 余名复合型研究生。在教学模式探索上，采用"校内与校外""金融与法律""理论与实践"相结合的双导师制，重点培养精通法律与资本金融的复合型人才，为国家培养金融法治所需要的金融监管、金融审判、金融仲裁和

---

① 刘纪鹏：《资本金融学》，东方出版社 2017 年版，第 16 页。

金融法务方面的复合型、应用型与创造型高端人才。

目前，笔者同时担任中国政法大学商学院和资本金融研究院院长，提出了法学要和管理学结合，即法商结合，互为补充。将资本金融研究院和商学院资源、学科融合，即"两院"融合，相辅相成，把管理学、法学和金融学结合起来，在两结合、三结合甚至多结合的进程中，走出一条培养人才的创新之路。

三、举办智库型高端法治金融论坛

蓟门法治金融论坛源于资本金融研究院承担法律硕士（资本金融法律实务方向）的一门课程——资本金融法律实务，该课程为一门讲座课程。为了打造好这门课程，笔者下了大功夫。首先，将该课程升级为论坛，并命名为"蓟门法治金融论坛"；其次，聘请国内外顶尖的资本市场监管、理论和实务人才担任主讲人，同时邀请2~3名相关领域的知名专家担任评论嘉宾；最后，加大校内外宣传力度，并将论坛放在学院路校区的学术礼堂。在这样的精心筹备下，论坛场场精彩，场场爆满，吸引了大批校内外听众。

目前论坛已经持续举办了9个学期，每学期10讲左右，完成了80多讲，邀请的主讲人包括刘伟、周渝波、贾康、乔良、洪磊、巴曙松、潘明忠、杨凯生、金岩石、赖小民、姜昆、蒲坚、段永朝、蔡洪平、祁斌、吴晓求、周明、彭华岗、王国刚、银温泉、余永定、陈兴动、刘俊海、向松祚、蔡鄂生、孔丹、邵宁、卢周来、王梓木、黄海洲、何帆、王湘穗、宋志平、张红力、范恒山、冯仲平、洪崎、崔之元、曹和平、郝叶力、李正强、林义相、章百家、申毅、王建、温铁军、郑万春、郭凡生、贺强、刘永好、周放生、黄平、王忠民、房宁、安青松、邓志雄、吕良彪、黄泰岩、朱华荣、黄江南、彭凯平、张慎峰、曹凤岐、胡俞越等，讲座的内容涵盖宏观经济与金融安全战略、全球货币体系格局、金融业改革与创新、公司金融与新金融、国企改革、"一带一路"与中国企业海外投资等。论坛在校内外产生了巨大影响：在校内已经成为研究生通选课程，成为中国政法大学的一个品牌；在校外也产生了良好声誉，远播京城。"蓟门法治金融论坛"从一开始就得到了学校领导的大力支持，胡明书记、黄进校长、时建中副校长、于志刚副校长、李树忠副校长、常保国副校长等多次到论坛致辞或参加点评。为了传播该论坛的讲座内容，黄进校长多次强调将这些讲座整理并出版，经过努力，"金融强国之路"第一辑（论坛第1—17讲）于2017年2月由东方出版社出版，第二辑（论坛第18—28讲）于2017年5月出版，第三辑（论坛第29—37讲）于2018年2月出版，第四辑（论坛第38—46讲）于2018年5月出版，第五辑（论坛第47—56讲）于2019年4月出版，第六辑（论坛第57—66讲）于2020年5月出版。

"蓟门法治金融论坛"会一直持续下去，"金融强国之路"系列也会一直出版下去。在这里，要感谢各位主讲专家，点评专家，校领导、教授，以及东方出版社的袁园编辑与其他单位、媒体和专家的大力支持！一并致谢！是为序。

刘纪鹏

于蓟门桥畔·中国政法大学研究生院科研楼

第一篇
资本市场制度建设的
经验与启示

蓟门法治金融论坛第 67 讲

主讲：安青松　中国证券业协会党委书记、执行副会长

主持：刘纪鹏

时间：2019 年 3 月 13 日

地点：中国政法大学蓟门桥校区

点评：贺强、李建伟、金岩石

纪鹏荐语

股市是大国崛起的核心竞争力。2019 年春季蓟门论坛开坛之讲讲何题目？几位朋友建议应选股市，原因是：一方面，中央把股市提到了前所未有的战略高度，不仅习近平总书记在上海进博会吹响了科创板注册制的号角，开创了国家最高领导人直接谈股市的先例，而且在最近的中央政治局会议上又明确提出股市是国

家核心竞争力的重要组成。另一方面，自 2015 年股灾以来，该压的房地产下不去，该涨的股市起不来，一行两会负责人讲话、主管金融的副总理讲话，甚至习近平总书记于进博会亲自出马大力助推，股市仍不见起色。

然而近一个月以来，股市却又出人意料地从 2400 点反弹到 3100 点，上涨幅度近 30%，细思本次股市上涨，是外部环境发生了重大变化还是股市沉疴痼疾得到了医治？在我看来都不是，仅是在人心思涨、政策推涨、资金助涨下的一波行情。

本轮股市行情能巩固并持续吗？还是会重蹈历史上各路庄家投机炒高再收割韭菜的覆辙呢？人们困惑、彷徨，亟待求解。

3 月 13 日晚 6 点 30 分，2019 年春季蓟门论坛开坛之讲邀请了中国证券业协会党委书记、执行副会长安青松以《资本市场制度建设的经验与启示》为题，总结中国资本市场 30 年发展的经验教训，剖析中国股市的内在矛盾，并将提出股市健康成长的制度性变革建议。

长期以来，中国股市主体错位、失位现象严重。尽管中国证监会以保护投资人利益为宗旨，但现实中，近 30 年来，政策制定者和监管者始终重融资轻投资，过多强调融资者和发行者利益，忽视投资人权益，以致出现融资者暴富，投资人倾家荡产的残酷现实。

中国股市的投资人在出资承担风险的同时，还得接受监管者和券商等发行人的再教育，所谓"投资人是股市的衣食父母"仅存在于口头上。正是在这样的指导思想下，中国股市成了融资者的天堂、投资者的地狱，两极分化严重，缺少公平正义。

将要开通的科创板，从大股东与核心人物的减持优惠，到 70%~80% 的网下配售向特定主体场外转让变相减持，这些规定强调的仍是以发行人利益至上和追求交易所吸引融资者的竞争力，使得众多业内人士对科创板的前景深感忧虑。

如何从股市规范发展的根本制度上解决这些长期束缚中国股市健康发展的令人迷惑不清的问题，青松会长将从他在中国资本市场20多年的丰富阅历出发，正本清源，归纳我国股市的经验教训并提出系统性建议。

我与青松相识于2005年股权分置改革时期，时任证监会主席尚福林因同意我关于股改的建议，安排我和证监会股权分置改革办公室的谢庚主任见面，当时青松以股改办副主任的身份陪同。后来青松作为证监会派驻的督导员，我作为专家又共赴深交所对股改企业进行辅导，年轻干练的青松注重改革实践又有较深的理论造诣，给我留下了深刻的印象。

股改收官之后，青松又先后到北京、青岛、天津三地证券监管局任局长，这些丰富的地方领导经验和他本身较高的理论造诣，为他去年履新中国证券业协会掌门人一职打下了良好基础。

中国股市监管体制改革的方向就是逐步削弱行政手段，加强行业自律管理。近一个月内，青松连续发表关于引导我国股市健康发展的两篇文章，特别是他提出股市发展的基本逻辑在于"四个尊重"，即尊重法律制度，尊重市场规律，尊重金融属性，尊重专业精神，可谓助力股市健康发展的金玉良言。

2019年春季蓟门论坛的开坛之讲必是一场值得期待的丰盛大餐。

致　辞

刘纪鹏：2019年的春季开坛之讲，大家分开两个月之后再次见面，今天开坛之讲的主题是谈中国的资本市场，原因有两个：一是近半年以来党中央习近平总书记对资本市场的高度重视，提出了一系列重要的主张，特别是在最近的政治局会议上再次提出股市是国家核心竞争力的重要组成，所以我们如何全面理解党中央振兴资本市场的战略意图，并探索如何实现股市的健康发展至关重要。二是投市自 2015 年股灾以来一直在低点徘徊，股市沉寂这么长时间，但近一个月来股市的行情突然拔地而起，这波行情能不能巩固？如何能够按照党中央的战略意图，让它成为大国崛起的核心竞争力？这就需要我们不仅从表面的现象分析其体现出的人心思涨，政策推涨，资金助涨，而且还要从根本上让它走向持续健康发展的道路。

所以，我们的讲座请来了中国证券业协会党委书记、执行副会长（法人代表）安青松博士来谈谈他的看法，他有着在资本市场上 20 多年的实践和对理论探索的经历。安青松是南开大学经济学博士，社科院的博士后，始终研究的是资本市场，他的经历也非常务实，从上市公司的董秘，一直到进入证监会工作，从科员、主任科员、处长、局长，一路参与了中国改革，特别是资本市场的风风雨雨的历程。所以，他才敢用"经验与启示"这样的题目。

李曙光：今天的主题是非常重要的，现在资本市场面临三个关口。

第一个关口是现在资本市场是一个开放的市场，中央经济工作会议要求我们资本市场和整个金融行业越来越开放，因为目前整个国际经济形势、国际贸易形势正在面临巨变。WTO 体制现在运行较为困难，各种国际贸易摩擦不断发生，那么中国的资本市场如何应对这个变化？如何在一个更加开放的形势下推行、发展中国的市场？

第二个关口是创新，资本市场永远是一个创新的市场，而且它必须创新才能够有活力。创新就需要进行制度建设，一般而言，制度建设是建设统一的市场，设立统一的规则。但是中国的国情特殊，目前中国推出的科创板注册制，就与现有的市场规则不一样，这就形成了两套法律规则的资本市场，形成了两个市场，而且这两个市场还要融汇成一个市场，那么我们该怎么进行制度建设？

第三个关口就是资本市场实际上是一个牵一发而动全身的市场。大家知道这两天股票一涨，谁着急啊？证监会着急，不能涨得太快，还要不要配资？我们可以1配10，也可以1配20，要是再发生2015年那样的股灾的话，就又要跳楼了。所以牵一发而动全身的市场最重要的是什么呢？是规则！是制度体系！是资本市场的制度建设！目前中国的资本市场还面临很多的问题，包括欺诈发行的问题、操纵市场的问题、操纵并购的问题、操纵重组的问题、内幕交易的问题、如何保护中小投资者利益的问题，这都是在制度建设过程中要面对的问题。

我国资本市场已有近30年的发展历程，三十而立是因为有了成长的经历和成长的故事。一部资本市场史，制度建设扮演了核心的角色。讲制度建设的故事，一是"鉴于往事有资于治道"，只有回看走过的路、比较别人的路、远眺前行的路，弄清楚我们从哪里来、往哪里去，很多问题才能看得深、把得准。二是了解真相，掌握规律。"一个没有掌握足够历史真相，没有足够历史感或者没有所谓历史经验的人，毫无可能理解任何时期（包括现今）的经济现象。"（熊彼得）中国古人说"纸上得来终觉浅，绝知此事要躬行"，西方哲人苏格拉底认为"你们看似阅读的了不起的书，未必是世界的真相"。二者同样述说一个道理，就是实践出真知。易会满主席今年上任之初提出四个敬畏——敬畏市场、敬畏法治、敬畏专业、敬畏风险，得到各方面的普遍认同，这也是反思资本市场30年发展经验与教训形成的共识。只有常怀敬畏之心，才会潜下心来俯察仰思，虚心向市场学习，才有可能真正搞懂市场、学会建设市场、管理市场。

　　结合在资本市场28年的从业经历，我主要从四个方面介绍我国资本市场制度建设的经验与启示：一是如何客观地认识我国资本市场的功能和作用；二是如何专业地认知我国资本市场的特征和性质；三是如何历史地看待我国资本市场制度建设的实践与经验；四是如何打造一个有活力有韧性的资本市场。

一、如何客观地认识我国资本市场的功能和作用

以 1990 年深交所、上交所开业为标志，我国资本市场走过了 30 年的峥嵘岁月，对于资本市场的功能和作用一直处于不断完善和再认识的过程中。党的十八大以来，习近平总书记对资本市场改革发展做出了一系列重要指示批示，提出"发展资本市场是中国改革的方向"。在第五次全国金融工作会议上明确"资本市场是我国金融体系的短板，直接影响去杠杆的进程"，"要把直接融资放在重要位置，形成融资功能完备、基础制度扎实、市场监管有效、投资者合法权益得到有效保护的多层次资本市场体系"。

2018 年在经历了中美贸易摩擦的碰撞之后，中央经济工作会议对资本市场发展的方向和目标、地位和作用进行了全面阐述：资本市场在金融运行中具有牵一发而动全身的作用，要通过深化改革，按照市场化法治化要求，打造一个规范、透明、开放、有活力、有韧性的资本市场，提高上市公司质量，完善上市公司退出机制，加快推进股票发行注册制改革，推动在上交所设立科创板并试点注册制尽快落地。要完善交易制度，优化交易监管。要引导更多中长期资金进入，发挥资本市场资源配置、资产定价、缓释风险的重要作用。那么资本市场在金融运行中如何发挥"牵一发而动全身"的作用？国务院金融稳定发展委员会第八次会议做出了诠释：资本市场关联度高，对市场预期影响大，资本市场对稳经济、稳金融、稳预期发挥着关键作用。要坚持市场化取向，加快完善资本市场基本制度，发挥好资本市场枢纽功能。如何打造一个规范透明、开放、有活力、有韧性的市场？在今年 2 月中央政治局集体学习时，习近平总书记指出：资本市场的市场属性极强，规范要求极高，必须以规则为基础，减少行政干预，充分发挥市场在资源配置中的决定性作用。习近平总书记的讲话首先强调了资本市场的市场属性，不同于商业银行等其他金融体系，要更加重视按照市场规律办事；其次强调了资本市场的规则属性，在以分散决策为特征的资本市场，要更加重视规则的基础性、稳定性、可预期性。以上两方面是打造有活力、有韧性的市场的根本，与以往习惯于以行政干预管理市场的方式大相径庭。

从国际国内资本市场发展的历程看，其核心功能和作用主要体现在两个方面：一、促进资本形成是资本市场制度创设的原生动力；二、促进创新发展是资本市场建设的时代使命。

（一）促进资本形成是资本市场制度创设的原生动力

提高直接融资比重，一直是我国建立资本市场的政策目标。客观上建立资本市场的内因，更主要是源于实体经济的需要，即在我国经济转轨过程中，企业发展需要一个市场化的资本金增加机制。说到我国资本市场发源，可以追溯到 20 世纪 80 年代国有企业危机和国有企业改革，直接催生了资本市场的萌芽和发展。当时中国经济的微观主体在经历"拨改贷"制度改革后，负债率畸高不下，在经济体制中缺乏市场化的资本金增加机制，严重阻碍了生产力的发展。在探索新的资本金形成机制过程中，资本市场应运而生，这是我国经济由计划经济体制向市场经济体制转轨历史进程中的必然性选择。与此同时，中国需要打开改革开放的局面，需要向全世界表明继续推进市场化改革的决心，开办证券交易所无疑是最有代表性的标志。1990 年 11 月上海证券交易所正式开业时，时任上海市委书记朱镕基表示，开办证券交易所"标志着我国将坚定不移地继续奉行改革开放的政策"。因此，我国资本市场在 20 世纪 90 年代初建立也有一定的时间偶然性。

在党的十四大确立建设社会主义市场经济之前，创立之初的资本市场面临"经济实践有需要，生存发展有禁区"的困境，是踩着"姓资姓社"的红线踽踽独行的。直到十六届三中全会明确股份制是公有制的主要实现形式，资本市场促进资本形成的功能才有了明确的政治定位。2007 年完成上市公司股权分置改革，使"股份制改革真正完成""股票市场特征真正形成",资本市场促进资本形成的功能在经济实践中才得以充分、有效的发挥。近30年来,我国资本市场走过千山万水,已是今非昔比。我国股票市场和债权市场规模体量均位列世界第二,期货市场已位列世界第一。

在党的十四大以来的中央文件中,对于资本市场在中国特色社会主义市场经济中的作用,长期表述和定位是"提高直接融资比重",但在实践中这方面的成效并不显著。数据显示,2007年股权分置改革完成后,全口径直接融资规模占社会融资总额的比重由2002年的4.95%上升到11.09%,最近10年基本保持在15%左右,股权融资规模基本在5%左右徘徊。与此同时,在建立市场化资本金增加机制和促进资本形成方面,却取得了显著成效。截至2018年年底,3458家企业通过资本市场IPO及各种方式股权融资累计增加资本金13万亿元;PE/VC基金机构(包括早期投资)本外币募资总额累计7.2万亿元,累计投资总额4.9万亿元,形成创新创业资本;新三板6280家挂牌公司累计融资4800亿元;全国34家区域股权市场的26846家企业通过股权和债券融资总额累计9826亿元,成为中小微企业补充资本金的重要渠道。

负责美国资本市场监管的美国证券交易委员会(SEC),在网站上明确其主要职责之一是促进资本形成。就我国资本市场制度建设的原生动力和发展方向而言,促进资本形成是实体经济发展之需,也必然是资本市场建设题中应有之义。

(二)促进创新发展是资本市场建设的时代使命

党的十八大明确"发挥市场在资源配置中的决定性作用",党的十九大提出"建立现代化经济体系"的战略目标。建设现代化经济体系,最关键的环节有两方面:一是构建与现代化经济体系相匹配的科技创新体系,不断增强我国经济创新力和竞争力,打造现代化经济体系的战略引擎;二是构建与高质量发展相适应的现代金融体系,推动经济发展质量变革、效率变革、动力变革，促进产业结构转型升级，形成高质量发展的重要支撑。

从历史经验看，每一次工业革命都源于颠覆性的科技革新，改变生产方式，提高生产效率，改善生活质量；每一次工业革命都会形成产业新格局，开启全球产业链的重构与竞争；每一次工业革命形成的产业新格局都会有与之相契合的资本市场发挥战略支撑作用，上市公司成为产业新格局的引领者；而每一次上市公司产业结构转型升级都成为激发资本市场生机和活力的重要源泉。

美国资本市场是当今世界规模最大、效率最高的市场，华尔街是短短的一条街，却是一个令全球仰望的庞大金融帝国。最近10多年，美国依托资本市场高能的资源配置效率，成功推动产业结构由以制造业、金融业为主向科技创新型产业为主转变。美股市值排名前十的企业已由10年前的金融、能源和制造业公司主导转变为苹果、谷歌等互联网科技公司领衔。相应地，美国标准普尔500指数的所有成分股中，抗周期性较强的信息技术、消费服务等公司数量及市值已分别占到50.30%和63.81%，使指数运行与经济走势更加吻合。上市公司良好的业绩增长和价值创造，是美国股市最近10年持续增长的重要原因。2018年度，全球净利润的40%由美国企业创造。全球企业的销售额为35万亿美元，较10年前增长19%；净利润达到2.8万亿美元，较10年前增长2.5倍。其中美国企业净利润10年间增长3.8倍，起到了重要推动作用。美国企业净利润10年前在全球份额中占25%，如今已提高到了40%。2017年以来，支撑美国增长的产业已从制造业和零售业等实体产业转换成知识密集型产业，通过美国企业的资产构成可以看出，代表技术实力的专利及代表品牌影响力的商标权等无形资产达到4.4万亿美元，占总资产的26%，达到10年前的2倍以上，超过了工厂及店铺等有形资产。通过对数字化产业的集中投资，美国已经形成了由知识产权等无形资产创造利润的产业结构。全球企业整体净资产收益率为

13%，美国为 18%，欧洲为 13%，我国上市公司则在 10% 左右。

在现代化经济体系中，资本市场是推动实体经济、技术创新、现代金融、人力资源协同发展最有效率的途径。2015 年，全球知识产权（IP）市场份额美国和欧洲各占 40%，但是同期全球技术产品和高科技的销售市场份额美国占 50%，欧洲只占 10%。美国与欧洲高科技领域产品市场份额的巨大差异归因于两者不同的金融体系，在促进科技产业化转化效率方面，美国发达的直接金融体系比欧洲成熟的间接金融体系具有更明显的竞争优势。在现代化经济体系中，资本市场是促进创新资本形成的重要引擎。

二、如何专业地认知我国资本市场的特征和性质

总体来看，我国资本市场有两个显著特征：一是我国资本市场经济晴雨表功能尚未有效发挥；二是我国资本市场尚处于初级发展阶段。

（一）资本市场经济晴雨表的功能尚未有效发挥

资本市场是现代金融体系的基础，是实体经济的晴雨表。资本市场既是一个融资市场也是一个投资市场，要通过上市公司来体现晴雨表功能，因此提高上市公司质量是重中之重；要充分发挥市场价值发现功能，才能够吸引各类投资主体平等参与。习近平总书记说，如果实体经济发展不好，上市公司质量不过关，股价严重背离真实价值，股市走向脱离经济的基本面，就会形成泡沫，而泡沫最终必然破灭。任何时候都不能忘记，必须把发展实体经济和培养有核心竞争力的优秀企业作为制定和实施经济政策的出发点，真正打牢我国社会主义市场经济的微观基础。

过去 29 年股票市场的走势呈现牛短熊长的特征。1990 年以来，上证综指持续下跌超过一年的有 8 次，下行时间累计约 16 年，上行时间累计约 12 年，熊市周期时长占比 58%；1994 年至今 25 年间上证综指年均涨幅 8.5%，2005 年至今 14 年间上证综指年均涨幅 7%；近 30 年间与国民经济增长态势的契合度不到 30%，没有体现晴雨表的功能。A 股总市值占 GDP

的比重虽然由 2008 年的 38% 上升至 2018 年的 48%，但相比同期美国的比重 187% 仍有较大差距。

表 1-1　各国主要指数的牛熊周期占比

各国主要指数	统计周期	牛市周期占比	熊市周期占比
上证综指	1990—2018 年	42%	58%
美国道琼斯工业指数	1945—2018 年	64%	36%
日经 225 指数	1970—2018 年	65%	35%
德国 DAX 指数	1959—2018 年	68%	32%
巴西 IBOVESPA 指数	1959—2018 年	64%	36%
英国富时 100 指数	1984—2018 年	71%	29%

研究表明，股指走势既有反映上市公司质量的内部性因素，也受到诸多外部性因素影响，而前者是长期性、决定性的因素。

1. 上市公司质量影响资本市场晴雨表功能发挥

首先，上市公司价值创造能力将反映在资本市场长期走势中。上市公司个股估值是指数估值的基础，影响个股基本面的因素同样对指数产生影响。长期来看，上市公司是否具备高质量的持续盈利能力和价值创造能力对股指走势具有决定性影响。

以美国为例，其 5200 多家上市公司 2018 年度合计实现净利润接近 1.1 万亿美元，是 10 年前的 3.8 倍，在全球各市场 1.8 万家上市公司中占比 39%，比 10 年前提升了 14 个百分点。上市公司的持续盈利能力和价值创造能力有力支撑了美国股市最近一轮超过 10 年的牛市行情。

其次，上市公司在国民经济中的代表性对股指走势与经济增长趋势的关联度有重要影响。近十多年，美国产业结构完成了由制造业和零售等实体产业向科技集约型产业的转变。相比之下，截至 2018 年 12 月底，我国境内上市公司数量达到 3548 家，总股本 5.76 万亿股，总市值 43.5 万亿元，其中制造业数量占比 63.06%，信息传输、软件和信息技术服务、科学研究和技术服务合计数量占比仅 8.69%。创业板 750 家上市公司中，制造业数量占比 69.6%，信息传输、软件和信息技术服务、科学研究和技术服务合计数量占比仅 20.67%。而 98 家金融业上市公司的市值、营业收入和净利润，分别占到了总数的 27%、16.15% 和 51.14%，其中银行业又占金融业上市公司净利润的 86%。我国上市公司产业结构中，周期性行业的股票仍占主要地位，金融、房地产、机械制造等传统周期性行业 A 股公司接近 2500 家，合计流通市值占全部 A 股的 70% 以上，导致指数波动较大，容易偏离实体经济总体走势。

从上市公司产业结构看，截至 2017 年年底上市公司总股本、总市值及募集资金数量，第一产业占比分别为 0.68%、0.8%、0.76%，均未超过 1%；第二产业占比分别为 50.60%、56.34% 和 57.93%，其中制造业在第二产业的三项比重分别为 67.61%、77.56%、77.39%，重工业化倾向明显；第三产业占比分别为 48.72%、42.86% 和 41.31%，低于其在国民经济中所占比重，其中金融和房地产在第三产业中的三项比重分别达到 70.58%、64.56% 和 51.54%，经济脱实向虚端倪显现，知识型、数字化产业程度偏低。产生上述现象的主要原因，一方面是传统工业经济在国民经济中的比重仍较大，产业结构偏重偏旧；另一方面是直接融资制度向重资产、大规模、国有企业倾斜。从我国上市公司产业分布看，第二产业在总股本、总市值和募集资金数量方面高于第三产业，且有逐渐强化趋势，与第二产业对 GDP 贡献度减弱的发展趋势不相符，在一定程度上反映出我国资本市场优化资源配置功能偏弱，国家发展战略在资本市场上传导机制不畅，上市公司质量未能全面反映我国产业结构转型升级的成效，未能充分体现国家发展战略实施的方向。

2. 资本市场的晴雨表功能受外部性影响

上市公司基本面以外的因素也在影响股指走势。一方面是本国经济金融运行的背景因素，包括货币政策调整、债务规模变化带来的流动性影响；另一方面是境外的输入性影响。近年来在全球经济不确定性增大的背景下，A股市场与境外主要股市风险联动的共振现象越发明显，全球贸易摩擦、美国货币政策从宽松回归正常化等已成为输入性风险的重要来源。当前影响我国资本市场晴雨表功能发挥的外部性主要有两个方面：

首先是货币问题。改革开放40多年，我国金融业总量上取得长足进步，总资产达到300万亿元，其中银行业总资产268万亿元，规模居全球第一。金融增加值从1978年的76.5亿元增至6.91万亿元，占GDP的比重从2.1%增至7.7%。中国的M2从2007年到2017年增加了15.3%，M2与GDP的比重在2016年达到峰值的2.08倍。在世界五大经济体中，中国的货币供应量占GDP的比重也高于其他国家。金融规模的高速增长同时也带来了金融风险，特别是货币供给过量，在一定程度上推高了资产价格，导致市场结构失衡，削弱了市场配置资源的效率，扭曲了资本市场晴雨表功能。从购买力来讲，若以1998年100元为基准，则2019年年底100元的购买力只相当于1998年的24.4元的购买力。

其次是债务问题。近20年来我国实体经济杠杆率快速上升，从1995年至2017年，我国实体经济总杠杆率（债务与GDP之比）由108.5%上升到256.8%，提高了148.3个百分点，高于其他金砖国家（巴西144.5%、俄罗斯82.1%、印度124.8%、南非127.7%），与美国的250.9%和欧元区的260%接近。作为新兴市场国家，我国杠杆率高于新兴市场（191.9%），基本达到发达国家的水平（277.1%）。从结构上看，我国政府、非金融企业、居民部门债务占实体经济总债务的比例分别为18%、63.3%、18.7%。从全球来看，三者占比约为35.3%、39.4%、25.3%；而发达国家相应占比分别为39.4%、33.1%、27.5%，新兴市场相应占比约为25.3%、54.4%、20.3%。与发达国家和新兴市场相比，我国非金融企业部门债务较高，政府和居民部门相对较低。实体经济部门杠杆率的快速提升，说明社会融资规模过度依赖间接融资，同时也制约了直接融资的发展。资本市场成为我国金融体系的"短板"，直接影响去杠杆的进程和落实金融供给侧结构性改革。

总体来看，制度成熟的资本市场能够相对较好地发挥经济晴雨表的功能。以美国为例，过去50年里，标准普尔500指数走势与美国GDP增长趋势保持一致的时间区间占比接近70%。相比之下，最近十多年A股上证综指涨幅与GDP持续增长态势契合度不到30%，资本市场的经济晴雨表功能发挥不尽如人意。

（二）我国资本市场尚处于初级发展阶段

虽然我国股票市场和债权市场规模位居全球第二，期货市场规模位居全球第一，但综合种种因素来看，我国资本市场仍然处于初级发展阶段。主要体现在不成熟的投资者、不完备的基础制度、不完善的市场体系、不适应的监管制度仍然存在，良性发展的市场生态尚未形成，无论是市场效率、功能和内在稳定性，还是产品体系、机构质量和监管能力，都与成熟市场存在较大差距。散户多是我国股市的基本特点，炒作心理强是大户的重要特征，制度不完善是我们的现实情况，改变这种现象需要一个过程。在这个背景下，我国股市发展不可能也没有条件照搬西方模式。具体表现为以下几个方面。

一是资本市场投资功能不健全。截至2018年年末，居民部门金融资产144.53万亿元，比2008年年末增加110万亿元，年均增长15.22%。但是，证券类资产占比较低，仅为13.06%，远低于美国、日本等成熟市场。

二是资本市场资金缺乏专业性、稳定性。在总市值中个人投资者持股的比例从2014年的28%下降到2018年的21%，在自由流通值中个人投资者持股比例从2014年的72%下降到2018年的53%，而个人投资者却占日均交易量的80%以上。2019年6月末个人投资者数量占99%，上半年成交金额占80%。截至2018年，各类专业机构投资者中长期持股规模约6.5万亿元，占 A 股市值的 15%，平均持股时长 3.5 个月，年换手率 330%。而美国各类专业机构投资者中长期持股规模达 21 万亿美元，占美股市值44%，平均持股时长 15 个月，年换手率 80%。

三是证券行业处于低水平发展阶段。主要体现在行业规模占比低，总资产、净利润在金融体系中占比分别为 2.02%、5.1%，低于银行、保险、信托。与同期美国投行的 58.48 万亿美元总资产、6 万亿美元净资产、6594 亿美元净利润存在显著差距。对比国际成熟市场，我国证券行业杠杆率平均为 3.4%，低于美国 9.7%、欧洲 18.3%。行业净资产收益率整体偏低，2018 年仅为 3.5%，远低于境内商业银行 13% 和同期美国投行 11.7% 的水平；头牌券商中信证券与高盛、野村等国际一流投行的各项指标相比差距近 20 年。国际金融稳定委员会（FCB）发布的全球系统重要性金融机构的名单中未曾出现中资证券公司。整体业绩连续三年下滑，2018 年实现净利润同比下降 41%，已有二成公司出现亏损；行业分化加剧，前十大公司实现利润的行业占比超七成；传统业务特别是通道业务收入持续下滑，同质化竞争难以为继，防范化解股票质押风险和债券兑付风险处于攻关期。

三、如何历史地看待我国资本市场制度建设的实践与经验

我国资本市场发展离不开国情的土壤和中国的实际情况。比如，作为全球共同的话题的公司治理，在中国的实践中需要把党的领导、《公司法》的要求、传统文化的影响和国际最佳实践有机融合；国际上通行的退市制度，在中国的实践需要在维护社会稳定、保护中小投资者利益和不成熟的投资文化之间找到平衡点；我国资本市场并购重组主渠道作用，是经历了股权分置格局下、股权分置改革推进中和完善市场化制度安排三个重要发展阶段，不同发展阶段客观反映了当时经济实践的不同发展需要。

（一）上市公司治理的中国化实践

经合组织认为：好的或者有效的公司治理制度是具有国家特性的，它必须与本国的市场特征、制度环境以及社会传统相协调。在实践中，企业家对法人治理结构"敬而远之"，上市公司治理"形似神不至"，根源有三个方面：一是公司治理机制与国家治理体系不完全相容；二是公司治理文化与传统商业文化不完全相容；三是公司治理方式与创业期发展方式不完全相容。

我国上市公司治理经过29年的实践，逐步形成"12345"的中国化特征：一是形成资本市场重要的信用支柱之一；二是成为现代企业制度、混合所有制经济两大示范实践成果；三是通过规范建章立制、股权分置改革、机构投资者参与三个典型事件，推动提高上市公司质量；四是形成《公司法》、党的领导、国际惯例、传统文化四位一体、有机融合的上市公司治理中国特色；五是信息公开、外部审计、市场约束、社会监督、行政监管五套保障机制，促进提升上市公司治理规范化运作水平。

（二）股权分置改革的市场化经验

在我国资本市场29年的发展实践中，股权分置改革是最为体现金融属性的成功实践。从1999年问题的提出，到2001年证监会向全社会征集改革方案，大家都在聚焦讨论"基于取得成本差异，非流通股股东如何补偿流通股股东"，其实这是一个非常不专业的伪命题，但又是一个相对普及的非金融属性认知。最后问题的解决还是回归金融本质，通过分散决策让"两类股东协商对价平衡预期收益"的方式，达成帕累托改进的宏观政策目标，使资本市场基础制度得以确立。

在我国股票市场建立之初，涉及国有企业改制上市时，为照顾对传统公有制概念的路径依赖，采取了"存量不动，增量上市"的方法，使得股票市场在创立之初避免了姓"资"姓"社"的争议。但是随着股票市场的发展，又形成"公开发行前股份暂不上市流通"的新的路径依赖。这种状况被称为"股权分置"，一直持续到2005年股权分置改革前。当时的A股市场上，上市公司非流通股达4462.59亿股，流通股为2516.85亿股，分别占总股本的 64% 和 36%。2005 年 4 月启动的股权分置改革，采取增量改革的思路，以帕累托改进为目标，形成非流通股股东与流通股股东通过协商对价平衡预期收益的改革方案，最终仅用两年时间就顺利解决了 1333 家上市公司股权分置问题。

股权分置改革的市场化特征体现在以下四方面：一是以机制设计激励形成合作博弈。按照莱昂尼德·赫维奇等提出的机制设计理论，在自由选择、自愿交换的分散化决策条件下，可以设计出一种经济机制解决信息成本和激励相容问题，使得经济活动参与者的个人利益和既定的社会或经济目标相一致。参考机制设计原理，股权分置改革构建的"统一组织，分散决策"机制，将政府主导的减持国有股实践中，两类股东形成的非合作博弈，转变为市场主导的两类股东协商平衡预期收益的合作博弈。二是以分散决策构建共同利益基础。为解决分散决策的有效性，在非流通股股东的提案机制与流通股股东的票决机制之间形成分权和制衡，即非流通股股东提出平衡预期收益的改革动议，与流通股股东协商形成共同利益方案，由参加相关股东会议流通股股东所持表决权的 2/3 以上通过，形成提案权、协商权和表决权之间的相互制衡，保障改革方案具有的股东共同利益基础。三是以股东自治包容市场多样性。在规则既定的条件下，尊重股东通过协商形成的自由选择、自愿交换的利益平衡安排，1000 多家上市公司形成 1000 多个改革方案，有条不紊地顺利实施。在改革中 134 家上市公司存在的 127 亿募集法人股问题，270 家上市公司存在的股东登记名不副实、法人股个人化问题，138 家上市公司存在的股东占用资金问题等疑难杂症得到妥善化解。四是以流动性管理稳定市场预期。为防止改革完成后形成流动性冲击，在改革规则中预设"锁一爬二"的限售安排稳定市场预期，即改革后公司原非流通股股份，自方案实施之日起，在 12 个月内锁定不得上市交易或者转让；持有上市公司股份总数 5% 以上的原非流通股股东，在锁定期满后，通过交易所集中竞价系统出售股份 12 月内不得超过 5%，

24 个月内不得超过 10%。由于主动加强流动性管理，有效稳定了市场预期，在改革完成后市场稳定上涨，两类股东持股市值均增长 3~5 倍。

（三）退市制度的中国特色

退市制度是资本市场健康发展的重要机制，是资本市场健康发展的基础性制度之一，可以有效促进资本市场充分发挥优化资源配置的作用。世界上的主要资本市场退市数量通常多于 IPO 数量。在成熟资本市场，上市公司退市是常态化现象。主要资本市场退市数量多于 IPO 数量。2007 年至 2018 年 10 月，全球退市公司数量累计达到 21280 家，全球 IPO 数量累计达到 16299 家。沃顿研究数据中心（WRDS）数据显示，1980 年至 2017 年，美股上市公司数量累计达到 26505 家，退市公司达到 14183 家，退市公司数量占到全部上市公司的 54%，其中，纽交所退市 3752 家，纳斯达克退市 10431 家，剔除 6898 家存续状态不明的公司后，退市公司数量占到剩余 19607 家上市公司的 72%。

我国的《公司法》从 1994 年开始实施，《公司法》规定连续三年亏损的上市公司要退市，1999 年出现第一家因连续四年亏损暂停上市的公司（苏三山），2001 年出现连续四年亏损终止上市的公司（上海水仙）。近 20 年来累计退市仅有 108 家左右，其中 53 家是因为并购而退市的。我国资本市场退市机制不顺畅，主要有以下几个原因：一是根据法律规定退市决定由政府部门做出，政府部门维稳压力大。在国际资本市场上企业上市或者退市，是市场选择的结果。二是退市标准比较单一，由于市场机制不健全，退市制度基本上只执行三年亏损一条。以盈利情况作为判断上市公司质量的标准，是体现《公司法》立法意图，同时也明确由政府部门依据盈亏标准来选择企业上市或者退市。这一立法理念与市场决定资源配置的原则相去甚远。

为照顾特殊的国情，针对不成熟的投资者和市场机制，在实施退市机制前，监管部门推出具有中国特色警示退市风险制度：ST、*ST、PT 制度。

1998 年为执行《公司法》有关退市规定，向投资者警示退市风险设立 ST、*ST 制度。ST 是 special treatment（特别处理）的缩写，是指对出现异常财务状况和其他异常状况，导致投资者难以判断公司前景，权益可能受到损害的上市公司股票实行"特别处理"。其处理要点为：①对上市公司在交易所挂牌上市公司的股票以及衍生品种的交易行情另行公布；②该股票的报价日涨跌幅限制为 5% 等。1998 年 4 月 28 日，深交所上市公司辽物资（000511）因 1996 年每股收益为 -0.23 元，1997 年每股收益为 -1.16 元而连续两年亏损，成为深沪两市第一家被"特别处理"的上市公司。2001 年为配合证监会实施《亏损上市公司暂停上市和终止上市实施办法》，沪、深证券交易所推出 *ST 制度，把特别处理分为警示存在终止上市风险的特别处理（以下简称"退市风险警示"，即 *ST）和其他特别处理（还延用 ST 标志），向投资者突出揭示退市风险。ST、*ST 沿用至今。

1999 年推出的 PT 制度是为缓解维稳压力针对暂停上市公司实施的特殊制度安排。PT（particular transfer）即特别转让，是指连续三年亏损的上市公司被暂停上市之后，证券交易所和相关会员公司在每周的星期五为投资者提供的一种交易服务。依据《上市公司股票暂停上市的处理规则》，特别转让服务具体指：①在公司股票前加上"PT"；②特别转让仅限于每周五的开市时间内进行，投资者可以在每周星期五开市时间内进行转让委托申报；③特别转让的申报委托按不超过上一次转让价格上下 5% 的幅度进行，证券交易所将于收市后按照集合竞价方式对有效申报进行撮合，当天所有的有效申报都将以集合竞价产生的唯一价格成交；④成交当日向交易所会员发出成交回报；⑤转让信息由指定报刊专门栏目在次日公告，不在交易行情中显示，股票不计入指数计算，成交数据也不计入市场统计。1999 年 7 月 9 日，PT 双鹿（600633）、PT 农商社（600837）、PT 渝钛白（000515）、PT 苏三山（000518）四只冠以"PT"字样的股票首次进行特别转让，成为首批实行特别转让的股票。2001 年上海水仙终止上市，PT

制度废止。2019 年 12 月《证券法》修订，暂停上市制度废止。

（四）并购重组制度建设的实践经验

并购重组是资本市场的关键制度，是市场化配置资源的重要方式。并购重组包括上市公司收购和上市公司资产重组活动。29 年来，我国资本市场并购重组经历了股权分置格局下、股权分置改革推进中和完善市场化制度安排三个重要阶段，伴随着我国资本市场基础制度的不断完善，资本市场并购重组主渠道功能不断增强，上市公司并购重组交易规模由 1995 年的 1.6 亿美元，增长至 2018 年的 3000 多亿美元，在促进经济结构调整和发展方式转变方面发挥了积极作用。

关于在股权分置格局下的并购重组，上市公司收购主要依据 1993 年国务院颁布的《股票发行与交易管理暂行条例》，核心制度是收购人强制全面要约收购义务和持股权益变动强制信息披露义务（以下简称"两强义务"）。在股权分置格局下，上市公司相同的普通股划分为流通股和非流通股，造成同为普通股股东持有的股份"同股不同权，同股不同价"。由于权益不平等形成的两类股东，在上市公司并购重组活动中更容易产生负面激励和逆向选择；在"活股生活股，死股生死股"的监管政策导向下，控制权市场的形成和并购重组活动的动机受到制度制约。上市公司资产重组在 1998 年以前主要是作为一类重大事件进行临时报告和公告的。1998年为缓解执行退市规定形成的维护社会稳定压力，监管部门发布 26 号文《关于上市公司置换资产、变更主营若干问题的通知》，对高风险上市公司通过重大资产重组改变主营业务行为进行规范。2000 年监管部门发布 75号文《关于规范上市公司重大购买或出售资产行为的通知》，将重大资产重组的监管，由事前审批改为事后备案，进一步鼓励面临退市风险公司通过重组化解危机。2001 年为遏制虚假重组、推动实质性重组，监管部门发布 105 号文《关于上市公司重大购买、出售、置换资产若干问题的通知》，将事后审批改为事中审批，并对重组的条件、信息披露、决策和申报程序等做出具体规定。这一阶段是资本市场并购重组制度的萌芽时期，制度引进与市场实践存在差异。由于股权分置产生的股份权益不平等，制约了控制权市场的形成。上市公司重组制度的政策目标主要是挽救危机公司、缓解退市压力。

关于在股权分置改革推进中的并购重组，为适应股权分置改革形成的"同股同权，同股同价"的全流通市场格局及股份作为并购重组支付工具的出现，监管部门同步完善了相关并购重组的法规体系。2006 年修订发布《上市公司收购管理办法》，将强制全面要约收购制度调整为强制要约收购制度，允许部分要约和比例要约，将原有《上市公司股东持股变动信息披露管理办法》相关内容并入其中，并进一步规范一致行动人行为。2008 年监管部门制定发布《上市公司重大资产重组管理办法》《上市公司并购重组财务顾问业务管理办法》，全方位构建规范上市公司重大资产重组活动的制度安排，首次从规则层面确立上市公司发行股份购买资产交易方式，为并购重组交易的市场化、标准化、大型化奠定制度基础。这一阶段是我国资本市场并购重组制度系统性、体系化建设的重要时期，这些制度建设成果既体现股权分置改革的总体设计，也反映了全流通市场发展的基本逻辑，初步形成了市场化并购重组的整体制度框架。在股权分置改革方案设计中，曾提出建立存量股份转售制度，但是由于我国股票市场发行制度是基于增量发行而构建的，存量发售制度一直未形成，为后来市场出现存量股份"清仓式减持""恶意减持"问题留下了制度漏洞。

随着股权分置改革的完成和资本市场基础制度的完善，并购重组成为资本市场配置资源的重要方式，但是由于市场化制度供给不足，在市场发展实践、制度建设和机制运行方面产生了诸多的问题和挑战。在市场发展实践方面，借壳上市案例频繁发生，但是缺乏具体制度加以规范，在既无明确概念定义也无清晰标准界定的情况下，导致严重的监管套利；并购重组中时常伴生内幕交易，但是举证难、认定难、惩戒不足，形成严峻的监管挑战；上市公司同业竞争、关联交易问题普遍存在，亟待解决，影响上市公司质量的提高。在制度建设方面，资产、现金对价不能同步操作，并购融资受限；以股份对价并购重组制度尚不完备；上市公司收购制度、重组制度的适应性、适当性和有效性亟须进一步增强；上市公司合并、回购、分立、分拆制度不健全。在机制运行方面，尚未形成中介机构执业激励和约束机制，中介机构事责不对等、问责不到位、创新无动力；并购重组审核和停复牌工作标准化、公开化、流程化亟待完善。2010 年 10 月，为贯彻落实《国务院关于促进企业兼并重组的意见》（国发〔2010〕27 号），监管部门形成推进完善资本市场并购重组的十项工作安排（以下简称十项工作安排）。十项工作安排是推进市场化并购重组的顶层设计和整体解决方案，按照十项工作安排确立的改革方向，监管部门陆续推出了多项改革措施，并根据实践不断修订完善《上市公司收购管理办法》（以下简称《收购办法》）、《上市公司重大资产重组管理办法》（以下简称《重组办法》）等法规，进一步规范推动市场化并购重组实践。境内资本市场并购重组规模从 2010 年的 634 亿美元，增长到 2018 年的 3000 多亿美元；市场化并购重组快速发展，非同一控制下并购重组从 2010 年的逾 300 宗，增加到 2018 年的近 1900 宗，资本市场并购重组主渠道作用得以有效发挥。

在完善市场化制度安排进程中的并购重组阶段，推进完善了五个方面的制度建设：一是拓宽上市公司并购重组融资渠道。2011 年监管部门修订《重组办法》，允许上市公司在发行股份购买资产时向特定对象发行股份进行融资。2012—2015 年，上市公司通过配套融资的方式分别融资 196.75 亿元、442.65 亿元、852.97 亿元、3140.46 亿元，呈现快速增长趋势。二是丰富并购重组支付工具，推广定向可转债运用。2014 年监管部门修订的《重组办法》，允许上市公司可以向特定对象发行可转债用于购买资产或者与其他公司合并。截至 2019 年 8 月末，已有 33 单并购交易公告使用定向可转债作为支付对价工具，涉及的并购交易金额达到了 302.99 亿元。三是资产交易定价更加市场化。放宽发行股份购买资产定价的选择空间，可选择定价基准日前20、60、120个交易日均价作为市场参考价。允许交易各方基于交易实质、交易各方权利义务等因素协商约定标的资产价格，允许上市公司对不同交易对方支付不同的交易对价。取消了非同一控制下并购重组交易中强制交易对方做出业绩承诺要求，交易双方可基于商业判断对对赌条款进行灵活的设计，在保证各自基本利益诉求的基础上，更有利于并购重组完成后的后续整合。四是进一步放松管制，并购重组审核效率大幅提高。2013年监管部门对并购重组行政许可实施扶优限劣的审核分道制。2014年取消现金购买资产的行政许可；取消豁免要约行为的行政审批程序，改为自动豁免；取消收购报告的行政审批程序，改为收购人履行公告义务。2018年推出"小额快速"并购重组审核机制。通过简政放权，90%以上的并购重组交易已无须监管部门审核，发行股份购买资产类交易的审核周期，已由2012年的约160天缩短至2019年的约90天。五是不断优化重组上市制度和规范向第三方发行股份购买资产行为。2010年修订发布《重组办法》，明确界定重组上市标准并做出具体行为规范，要求拟置入资产质量与IPO趋同（如三年净利2000万元等），对控制权变更要求"累计首次原则"，对置入资产要求"无限期合并原则"，体现从严开"正门"的政策导向。同时对上市公司向第三方发行股份购买资产，严格要求置入资产的产业协同效应和发行股份不低于总股份的5%，制止跨界、打杂式收购资产。2014年为进一步规范、活跃并购重组市场，再次修订发布《重组办法》，主要有两点：一是进一步提高重组上市条件，要求拟置入资产质量与IPO要求等同（如三年净利3000万元等）；二是实质放开上市公司向第三方发行股份购买资产的产业协同和不低于总股本5%的要求。2015年进一步放开重组上市配套融资不超过交易额25%的限制（不限规模）。从市场实践看，由于重组上市的门槛提高，向第三方发行股份购买资产的门槛放低，不少企业创设所谓"三方交易"模式实现"绕道上市"

（即向甲方转让控制权，向乙方购买资产）；还有不少上市公司采取向第三方发行股份跨行业购买资产，出现搞汽车零部件的购买金融支付业务，搞房地产的购买教育、IT业务等，形成一司多业、管理分割、报表重组，导致公司发展战略不清、公司治理冲突不断，甚而出现以市值管理为名跨界收购石墨烯、5G业务等炒作概念的乱象。2016年为进一步规范重组上市行为，第三次修订《重组办法》，在重组上市认定标准中增设总资产、净资产、营业收入、净利润等指标，将"累计首次原则"由无限期调整为60个月，并取消在重组上市中配套融资。在提高重组上市认定标准可操作性的同时，进一步提高了重组上市门槛。"三方交易"和向第三方购买跨界资产更加热门。

进一步完善重组上市制度的改革方向，一方面放宽重组上市条件是开"正门"，总体上有利于改善存量，另一方面兼顾把好市场入口，在宽严度上需要做好以下三方面考量。

① "取消重组上市认定标准中的净利润指标""进一步缩短累计首次计算期间"等安排，有利于挽救危机公司，但需要综合考虑关闭"邪门"，即取消《重组办法》第四十三条允许"购买与现有主营业务没有显著协同效应的资产"，切断"三方交易"和向第三方发行股份跨界购买资产，坚决遏制"报表重组""炒作概念"和损害公司治理之风的蔓延。

② "完善重组上市实施条件"体现IPO审核与重组上市审核遵循不同的监管逻辑，符合市场规律和专业要求，但是在做出差异化制度安排时，应当特别注意避免监管套利，加大适应重组上市业务逻辑的监管力度：一是强化重组整合的持续监管要求。市场实践表明，在改善上市公司质量方面，重视重组整合效果比重视重组交易过程更为重要，因此建议在《重组办法》中列专章或者专节，对重组后战略整合、治理整合、业务整合、管理整合明确提出可验证的监管标准和要求，并明确重组方的诚信责任和中介机构的督导责任。二是在《重组办法》明示IPO核心条件的基础上，细

化规定包容新经济的重组上市标准，促进改善上市公司的存量结构，明确市场预期。三是在并购重组监管政策导向上回归 2010 年形成的完善并购重组工作安排的监管导向，形成了鼓励行业整合、产业并购、整体上市，防止监管套利、内幕交易、报表重组的政策效应。

③进一步加大防控内幕交易的监管力度。适度放宽重组上市的条件和允许创业板重组上市，必然加大防控内幕交易的难度，建议同步开展贯彻落实《国务院办公厅转发证监会等部门关于依法打击和防控资本市场内幕交易意见的通知》"回头看"专项工作，督查检查制度执行效果、联合防控机制情况。在 2010 年前的重组上市案例中，金融类企业重组上市是内幕交易易发、多发、频发的领域，在当前防范重大金融风险攻坚战期间，暂不宜放开对金融类企业重组上市的限制。

（五）科创板与注册制的创新与突破

2018 年 11 月 5 日习近平总书记在首届中国国际进口博览会开幕式主旨演讲中宣布，将在上海证券交易所设立科创板并试点注册制，开启了推动我国资本市场迈向服务高质量发展新的历史征程。科创板及注册制试点的创新与突破，主要体现在以下四个方面。

一是坚持科创属性定位。坚持面向世界科技前沿、面向经济主战场、面向国家重大需求，主要服务于符合国家战略、突破关键核心技术、市场认可度高的科技创新企业。重点支持新一代信息技术、高端装备、新材料、新能源、节能环保以及生物医药等高新技术产业和战略性新兴产业，推动互联网、大数据、云计算、人工智能和制造业深度融合，引领中高端消费，推动质量变革、效率变革、动力变革。

二是设置多元包容的上市条件。科创板综合考虑预计市值、收入、净利润、研发投入、现金流等因素，构建以市值为中心的五套上市标准，允许符合科创板定位、尚未盈利或存在累计未弥补亏损的企业在科创板上市。

三是构建科创板股票市场化发行承销机制。科创板市场新股发行价格、规模、节奏主要通过市场化方式决定，强化市场约束。具体创新与突破是：对新股发行定价不设限制，建立以机构投资者为参与主体的询价、定价、配售等机制，充分发挥机构投资者专业能力；试行保荐人相关子公司"跟投"制度；支持科创板上市公司引入战略投资者，科技创新企业高管、员工可以参与战略配售，发挥好超额配售选择权制度作用，促进股价稳定；加强对定价承销的事中事后监管，建立上市后交易价格监控机制，约束非理性定价；制定合理的科创板上市公司股份锁定期和减持制度安排。

四是实行股票发行注册制。上交所负责受理企业公开发行股票并上市的申请，审核并判断企业是否符合发行条件、上市条件和信息披露要求。审核工作主要通过提出问题、回答问题方式展开，督促发行人完善信息披露内容。上交所制定审核标准、审核程序等规则，报证监会批准。证监会负责科创板股票发行注册，上交所审核通过后，将审核意见及发行人注册申请文件报送证监会履行注册程序。注册工作不适用发行审核委员会审核程序，按证监会制定的程序进行，依照规定的发行条件和信息披露要求，在 20 个工作日内做出是否同意注册的决定。

科创板及注册制试点创新与突破的实践意义：

第一，注册制是市场理念的重塑。股票市场的本质是对公司未来经营业绩定价，而核准制是通过报表判断企业的好坏，核心假设是公司过往的盈利能力能够在未来持续，但是受制于经济周期、行业周期、公司生命周期等多种因素影响，过去的好业绩通常不能代表未来的业绩。因此，在核准制下代表新经济的第一代互联网企业阿里巴巴、腾讯、百度、京东等均未能在 A 股上市。注册制下上市的特斯拉虽然上市十年依旧亏损，却可以保持 500 多亿的市值，因为它带来了生活质量的改变。

第二，注册制是责任体系的重建。在核准制下审核责任、中介责任、发行人责任三者按前重后轻配置，在注册制下三者是按前轻后重配置。注册制下强化了事中事后监管，注重发挥自律管理的预防性监管作用，健全了自律管理、行政监管、司法惩戒三位一体的明责、问责、追责体系。

第三，注册制是定价基础的重构。通过建立以机构投资者为主体的买方市场，通过引入分析师路演、管理层路演，增加机构投资者配售比例，推广"绿鞋"机制，不断强化和完善市场参与方的定价能力，全面推行市场化定价机制。

第四，注册制是信息披露的重界。注册制下信息披露也发生了根本性变化，以信息披露为中心是将可以由投资者判断的事项转化为更加严格的信息披露要求，有效落实"卖者有责，买者自负"理念，明确界定审核部门与市场主体责任边界。

截至 2019 年 11 月底，56 家科创板上市公司集中于六大领域，其中新一代信息技术产业占 33%，生物医药产业占 21.43%，新材料产业占 12.05%，高端装备产业占 21.43%，节能环保业占 5.36%，新能源业占 1.79%。平均研发投入 0.94 亿元，研发占比为 13%，远高于沪市主办实体行业平均水平 4%；研发人员占比平均为 31%，也高于沪市主办平均水平 14%。

2019 年 12 月 4 日科创板建龙徽纳开盘一分钟跌破发行价，收盘价较发行价下跌 2.15%。发行价格为每股 43.28 元，公司发行价对应的扣非前静态市盈率为 53.16 倍，高于行业最近一个月平均静态市盈率 16.52 倍。11 月 6 日九日新材在上市第 2 天跌破发行价。从历史情况看，在新股价格主要由市场决定的 2010 年至 2012 年，A 股新股首日破发率为 21%。2018 年中国香港、美国纳斯达克市场新股首日破发率分别为 32% 和 27%。科创板新股上市跌破发行价，打破"新股不败"的神话，说明市场机制开始正常发挥作用。

四、如何打造一个有活力有韧性的资本市场

打造有活力有韧性的资本市场关键在于两个方面：一是提高上市公司质量；二是构建良好的资本市场生态。

（一）提高上市公司质量

上市公司质量主要体现在经济质量、治理质量、会计质量和信息质量四个方面：

上市公司经济质量主要体现为持续盈利能力和价值创造能力。提高上市公司经济质量，关键在于公司董事会加强战略管理，管理层诚实守信、勤勉尽责，努力提高公司竞争能力、盈利能力和创新能力。同时，各有关方面要营造有利于上市公司规范发展的环境，支持和督促上市公司全面提高发展质量。在成熟市场上，上市公司是市场机制选择的结果，优质企业通过竞争崭露头角，最终被专业投资者和中介机构筛选出来，推介到资本市场上融资并成为上市公司，市场在资源配置中发挥了决定作用。

上市公司治理质量主要体现在法人治理结构的功能完善和协调运转，股东大会、董事会和经理层之间的制度安排清晰合理，监督制衡有效，能够保证规范经营和科学决策，各方权益得到充分保护。提升上市公司治理质量，行政监管和自律监管可以发挥积极作用，但在美国、英国等成熟市场则更加依靠法院依据成文法和判例法裁判涉及公司治理的民商事纠纷，以此平衡大股东、管理层和中小投资人等各方权益。

上市公司会计质量体现在会计准则及其有效执行上，能够更真实、公允地反映经济实践，从而使投资者能够依据有效的财务会计信息做出投资决策。提升上市公司会计质量，除了完善会计准则制定体系外，同样重要的是构建有效的会计准则执行机制，而以外部审计为代表的"看门人机制"，在督促会计准则有效执行、防止内部人做假账等方面也发挥了重要作用。

上市公司信息质量主要体现为信息披露真实、准确、完整、及时。披

露内容的充分性、一致性和可理解性有助于解决投资者与管理层之间的信息不对称问题，为市场化博弈创造条件，促进资产合理定价和资源高效配置。保证高质量的信息披露，不仅需要证券监管机构依据法律授权细化规则标准，对发行人等信息披露义务人持续督导，严厉查处违法违规行为，还需要充分调动社会各方的监督约束力量。要真正落实以信息披露为核心的注册制，建立以投资者价值判断为中心的信息披露制度，是提高上市公司质量的关键环节。

（二）构建良好的资本市场生态

资本市场是一个内涵丰富、机理复杂的生态系统。形成市场体系与上市公司结构协同发展，产品体系与投资者结构协调发展，投融资功能与场内外市场均衡发展，防范风险和激励创新包容发展，体现出整体关联、动态平衡的有机联系，是打造一个有活力有韧性的资本市场的基础。构建良好的资本市场生态，需要加强资本市场基础制度建设，从以下四个方面推动资本市场基本制度更加成熟、更加定型。

第一是提高市场效率。针对我国多层次资本市场发展不充分、不平衡问题，应当统筹平衡好五个方面的关系，即直接金融与间接金融的均衡发展关系、场内市场与场外市场的协同发展关系、投资功能与融资功能的协调发展关系、中介机构能力与责任的对等匹配关系、激励创新与防范风险的适度相容关系。在大力发展交易所公众化、标准化市场的同时，推动规范发展场外市场，补齐服务中小微、先进制造、科技创新企业的短板，全面提升多层次资本市场服务实体经济的能力和效率。

第二是提高制度效率。金融制度是经济社会发展中重要的基础设施。资本市场的市场属性极强，规范要求极高，必须以规则为基础，减少行政干预、充分发挥市场在资源配置中的决定作用。提高资本市场制度效率，应当坚持好四项原则：一是坚持三公原则，必须一以贯之，始终作为资本市场制度创设与创新的基石；二是坚持市场化原则，把分散决策理念作为制度机制设计的基本遵循，减少行政管制与干预；三是坚持一贯性原则，稳定市场预期，不能把应急措施制度化，例如把减持新规写入《证券法》；四是坚持制度供给的有效性，增加 IPO 标准的包容性、交易制度的流动性、再融资制度的便利性、股权激励制度的适当性、并购重组制度的灵活性等，提高资本市场制度供给体系质量和效率。

第三是提高创新效率。我国资本市场在不到 30 年的时间里就跻身世界前列，这一成功就是靠创新取得的。在建立之初，我国资本市场采用电子撮合竞价、全面无纸化、全额保证金、直接持有账户、T+1 交收清算等先进技术和制度安排，对我国资本市场的发展壮大起到了关键性的支持作用。当前我国投资银行的创新能力不足，是形成直接融资短板的重要原因之一。有两组数据可以说明问题，一是在我国金融体系中，证券业总资产、净利润占比仅为 2.04% 和 5.14%，净资产收益率仅为 3.5%，远低于境内商业银行 13% 和同期美国投行 11.7% 的水平；杠杆倍数为 3.3，与同期美国投行的 10 倍、日本投行的 15 倍存在显著差异。二是在上市公司结构中，98 家金融业上市公司的市值、营业收入和净利润，分别占总数的 27%、16.15% 和 51.14%，其中银行业净利润占金融业上市公司净利润的 86%。2018 年证券业协会向行业征集高质量发展建议，收集到 70 条意见，初步梳理发现，20% 是有关现行法律障碍的，30% 涉及要求放宽限制，50% 是关于法无禁止却缺乏创新环境的。打造一个规范、透明、开放、有活力、有韧性的资本市场，需要坚持守正创新，适应发展更多依靠创新、创造、创意的大趋势，推动证券行业发展与科技运用深度融合，着力解决大市场小行业、大金融小证券、大场内小场外、大公募小私募、大管制小自律五个方面的结构性问题，进一步研究释放投资银行创新活力，激发市场主体活力。

第四是提高监管效率。行政监管效能高是我国资本市场的体制优势，但是行政监管的刚性在一定程度上也影响了市场活力和韧性的形成。从国际经验看，监管部门要减少干预、做到管得少管得好，关键是要形成有效的市场约束机制。美国的 SEC 通常是充当最后裁判人角色，交易所、美国金融业监管局（FINRA）、美国公众公司会计监督委员会（PCAOB）等自律组织负责一线监管，保荐人、会计师、律师等看门人被赋予专业、合规的把关职责，加上司法诉讼机制的有力震慑，形成了既能保持市场活力又能保护市场韧性的良好生态，成为铸就美国资本市场具有全球竞争力的重要因素。因此，构建行政监管、自律规范、公司治理、中介监督、司法惩戒，即五位一体又各司其职、各负其责的综合监管体系，形成行政监管精准、中介把关有效、司法惩戒有力、企业文化健康的监管合力，充分发挥市场主体自我约束、自律规范、相互制约的作用，是打造有活力、有韧性资本市场的重要一环。我国资本市场 29 年的发展实践表明，尊重专业、守正创新、市场导向、强化监管、优胜劣汰是构建有活力有韧性资本市场生态的基本经验，也是贯通资本市场基础制度建设的内在联系。

点　评

贺强：听完安会长的报告，我觉得第一，讲的政策水平高，从头到尾对资本市场政策的把握非常准确；第二，对股市历史相当了解，股市从历史上怎么运行到今天的情形都历历在目；第三，内容分析深，不仅有理论，有资本市场的改革，而且联系实践深入分析；第四，经验丰富，有些监管者是欠缺经验的，而安会长对我们的监管是非常熟悉的，且是有历史积累的经验；第五，对我们的启示意义较大，不仅讲了历史，还启示未来资本市场应该怎么走，比如发行制度怎么走向注册制等。

给我最深的印象是什么呢？其中一个就是关于上市公司治理，安会长说了这么一句话，股份制特别是上市公司就是最标准的混合所有制，我完全赞同安会长的观点。如果搞混合所有制没有标准、没有权利定量的划分，那么我们搞混合所有制不一定会成功，而且如果没有退出机制，那是很难成功的。

安会长提到了为什么要搞独立董事，因为监事会制很难事后监管。我们这个监事会制有大股东和监事长，但是大股东能监视他的领导吗？能监视他自己的公司吗？不可能真正地起到监视作用，需要用英美法系的独立董事加以补充，所以我们也搞起了独立董事制。

股权分置改革成功了，所以机构才出现了迅猛的发展，特别是私募等。一个重要的原因就是以前我们股权划分是用信公和信私来划分的，即公股和私股。公股一开始就是国家股，国家股又分为两种，国有股和国有法人股。一开始公股是不允许流通的，而且认为公股流通就是国有资产流失，但是在市场实践中，这种制度安排导致了严重的问题，上市公司一股独大，一票说了算。证券市场75%都不能流通，最多只有25%流通，是一个不完善的市场，所以就涉及必要的改革。后来国有法人股有了场外协议转让，国有企业收购、外资收购，然而转来转去只是名字改成了外资法人股、民营法人股，政策上还一律按公股对待，不予流通。所以，私募受到了抑制。但是股权分置改革成功了，全部股份都可以流通了，私募再收购国有股或者是国有法人股，过了一定的年限可以变现，这为私募提供了退出机制。以上这些与历史的政策密切相关。

另外安会长讲到股权分置改革为什么能成功，关键是定价问题。通过他对股权分置改革历史的介绍，我认为其中非常重要的就是通过改革实践来解决问题。股权分置改革全世界都没有经历过，中国也没有经历过，怎么让它成功？得用实践。通过实践安会长创造了对价的概念，你看它是一个小小的概念，但是很重要。另外强调分散决策，说明他了解市场上各公司的情况是各种各样的。另外提出的相关股东大会的概念，这个很重要，是一个创新。在实践之中创新出这么多新的东西才保障了股权改革的成功。

李建伟：第一点，我觉得他讲得非常专业，关于资本市场的建设他讲出一个制度史。只有回顾历史，总结历史，我们才能更好地前进。

第二点，我认为这场讲座是非常有法治意义的，刚才讲到了为什么退不出，我个人的理解背后的问题其实还在于"入口"和"出口"的问题。如果中国的上市公司进入资本市场，永远是一种特权，代表一种荣耀、尊贵的身份的话，是肯定退不出去的。应该更多地回归市场的本质，让市场提供更多的选择。

在这种情况下，我想说的是在我的心目中《公司法》有三部：一是全国人大常委会通过的《公司法》，仅仅适用于中小型的民营企业，是我国的普通公司法；二是以国资委为代表的，加上经贸委的一系列关于国有企业的特殊规范；三是上市公司的《公司法》。从证监会发布的文件来看，证监会不仅是执法者，还有司法的作用。刚才会长讲到了苦恼，退市——这个权力是烫手山芋，我们用了很长时间才把这个权力由证监会转移到交易所，这从某种意义上来说是一种进步。交给交易所，从根本上说是交给市场，是股民们用脚投票。由上市公司大股东投票决议是否退市，只有这样中国的证券市场才真正走向了市场化，也减轻了管理者的苦恼，市场才会更进一步。

金岩石：我觉得青松给我的一个震撼，就是他所讲的中国的制度建设是怎么来的。当听到法学界的人说，中国只能有一个制度才能开市时，我想告诉大家的是，美国纳斯达克开盘的两个制度——做市商制和纽交所制，是两个制度的并轨形成了今天的纽交所和纳斯达克。从全球制度变革的历史来看，都是在双轨、并轨和脱轨中前行的，这是制度经济学的一条定律。没有事先设计，转轨、脱轨交错地有序前行。

同时，当我们在设计制度的时候，其实是在给制度变革设计阻力。很多人认为我们从各个方面都要考虑周全，甚至要追求完美，而我永远记得季羡林老先生的一句话，我一生追求完美，今天我明白了不完美才是人生。那么在不完美的人生中看中国的股市，我们可以讲出很多不完美的地方。今天，每一次熊市都呼唤着制度变革，每一次牛市都代表着制度变革的突破，所以大家说中国股市不是国民经济的晴雨表，却是制度变革的风向标。当面对这样的制度、这样的市场时，我们以为它是不正常的，我要告诉大家的是，以我在美国多年的经历看，这都是正常的。全世界的人们都是在社会价值和个人激励中自由选择的，这样，我们才知道散户的对价分散决策，并逐渐形成了健康的资本市场。

第二篇
混合所有制改革的理由
及方式

蓟门法治金融论坛第 68 讲

主讲：邓志雄　中国电信、中国铝业、保利集团董事，

国务院国资委产权管理局原局长、规划发展局原局长

主持：刘纪鹏

时间：2019 年 3 月 20 日

地点：中国政法大学蓟门桥校区

点评：孔丹、李冰、贾涛

致　辞

刘纪鹏：今天是蓟门法治金融论坛的第 68 讲，讨论的是中国理论界、实践界共同关注的混合所有制问题。混合所有制是在 2015 年的 22 号文件中提出的，在十八届三中全会受到了特别强调。股份制已经实行了 35 年，为什么改革 30 多年之后提出了"混合所有制"这个概念？混合制和股份

制有什么关系？股份制难道不是混合吗？混合所有制难道不是股份吗？

很多人一直在探讨，这是不是意味着22号文件的题目是国企改革，这个制度是针对国企改革的？今天的改革虽然取得了如此大的成就，但是一直没有在重大理论问题上实现突破，也就是劳动与资本的关系没有解决。国企的激励怎么解决？共产党是劳动人民的党，是工人阶级的党，如果工人阶级当不了主人，分享不了利润，只拿工资不签合同，动不动就下岗，这还是共产党人坚持的方向吗？

我一直琢磨提出者是不是说混合所有制能让职工分享利润，实现把与国家所有制对立的关系建立在追求个人收入最大化、企业费用最大化的基础上，转换为建立在企业利润最大化的基础上，所以我一直认为混合所有制一定要在国企的内部改革上实现突破。但是这个观点对不对？我认为无论对不对，中国共产党人下一步的改革目标就是论证自己的纲领。中国共产党现在是世界上管理资本最大的党，但是共产党人的纲领如何与它相协调？这不是一个简单的实践问题，而是一个重大的理论问题。所以如果能从这方面突破，应该能解释清楚混合所有制与股份制的具体区别。

今天的主讲嘉宾是我们中国产权界非常著名的一位学者型官员——邓志雄局长。邓志雄局长从企业、有色系统、矿产行业干起，有实践经验，之后到中国有色金属公司、有色工业管理局做计划改革方面的副局长，再后来到经贸委任职。2003年国资委成立后他担任了产权局、规划局的副局长、局长。这些经历使得他对产权问题、劳动和资本的关系问题以及中国改革的问题有着更丰富的思考，特别是国资委成立之后的关于国资国企改革的重大问题，国有产权能不能转让的问题。22号文件出台以后，国有资本能不能增量募集国企改革？从国进民退，到产权交易中心能不能把这些暗箱操作变成透明操作？

我国大多数产权中心在2003年前后成立，我接触产权开始于1993年，帮助建立了成都、南宁、沈阳的产权。但是邓志雄局长对我说，产权中心最早成立在 1988 年，产权中心得到发展就是从国务院国资委要求国有产权必须跟进，国企改革从清晰化转向流动性开始的，所以第二个文件——国资增量募集的文件，对我国国资改革起到了至关重要的作用。

对于混合所有制改革这个重大的问题，我们今天就迎来了主讲嘉宾邓志雄局长，他的观点和实践不一定是今天的主流，但是这种探索以及对中央 22 号文件如何落地的追求，都决定着今天这一讲必定在中国国资改革的历史上留下浓墨重彩的一笔。

今天讨论四个话题，第一是混改的基本概念，第二是混改的八条理由，第三是混改的市场准备，第四是混改的七种方式。第一个话题是讲混改是什么；第二个话题是讲为什么混改；第三个话题是讲混改需要一定的环境和条件，需要相应的市场准备来把一个完全没有市场化的东西引导到市场中去，这是一个市场建设的过程；第四个话题是讲混改怎么改。混改是一个四位一体的结构。

一、混改的基本概念

第一个观点，关于什么是混合所有制。党的十八届三中全会上指出，混合所有制是国有资本、集体资本、非公有资本等交叉持股、相互融合的财产所有权制度。我们理解的是由公有资本和非公有资本等相互融合形成的交叉持股、相互融合的企业产权制度。有趣的是这个"等"字，"等"指的是不分公私的、分不出公私的资金或资本，比如各种各样的机构持股。当保险或理财的资金进来了，我们分不清楚也没有必要去分清它们算什么，但是这些资金依旧可以参与企业出资。因此在混合所有制的发展中，市场中间企业主体的资本来源会比过去充足得多。

简单来看，公有企业使用公有资本，私有企业使用私有资本，把这二者加起来就变成了公有资本和私有资本之和，但是混合所有制还有一个

"等"。"等"包括两个方面：一方面是已经混合的企业的资本，当企业已经混合后就不能说它是公的还是私的，混合企业再出资时就是混合企业出资，这个数量是巨大的，并且在未来会越来越大；另一方面是还没有到企业的社会资本组合。所以"等"的概念包括了混合企业再出资和混合起来的资金资本进企业。这四个资本加起来形成了混合所有制企业的可用资本。因此，从资本的角度去看混合所有制企业，当混改做得好时，混合所有制企业能够获得的资本支持比单一的国企、单一的私企要充分得多。

这里有两个问题：第一个问题是公司制、股份制是不是混合所有制；第二个问题是伴随着基金的发展以及有限合伙企业的蓬勃成长，有限合伙企业是不是混合所有制。

第一个问题，公司制、股份制通常是产权多元化的企业制度，但是多元的股权可以是同质的，即都是公有的，或者都是私有的，也可以是异质的。同质的公司制、股份制不构成混合所有制，例如四五个私人朋友出钱组建了一个企业，这个企业全是私有的，不构成混合所有。混合所有是公有与私有的相互混合，股份制和公司制是产权多元化的企业，在它的产权里面有异质的成分就是混合所有制，否则就不是，所以公司制和股份制的概念与混合所有制不完全相等。

第二个问题，有限合伙制企业是不是混合所有制企业？由于法律规定普通合伙人（GP）不能纯国有，因此在 GP 中含有公有出资的有限合伙制企业一定是混合所有制。因此，从这个角度来看，包含了有限合伙制企业的混合所有制，与公司制、股份制的范围是大不一样的。

与公司制大不相同，GP 可以不出钱，而是以人为本，分取 20% 左右的利润，这是为什么呢？这是一个与产权管理有关的比较深奥的问题。产权管理中产权的形成有三种状态：第一种状态是投资形成产权；第二种状态是由法律做出产权归属的判断形成；第三种情况更为特殊，是由于要对企业债务承担责任形成产权，例如，当有了企业却没有出资人，或所出的全部都是借来的资金而不是资本，或资本没有相应的产权登记，都要以对企业的债务承担责任为原则进行处置。

基金管理公司中的 GP 对基金的债务承担无限责任，有限合伙企业中债务的有限责任部分由有限合伙人（LP）承担，有限责任之外超出负债率的部分则完全由 GP 承担，而公司制、股份制的股东并不承担这部分责任，因此 GP 是因承担了无限责任而拥有产权权利，可以分取 20% 的利润。从该角度讲，首先，基金管理公司是混合的；其次，基金本身如果包含国有 LP 则也是混合的；最后，当基金向下对项目出资时，一方面要有私有资本，另一方面要吸收国有资本，到达项目时便更多地出现了公私混合。这三个层次可能都是混合的，因此我们说混合所有制是包容有限合伙企业的新型企业制度。

第二个观点，关于混合所有制的地位。十八大指出混合所有制是社会主义初级阶段我国基本经济制度的重要实现形式，什么是基本经济制度？基本经济制度是国家依据社会性质以及基本国情，通过法律对社会经济中生产资料归谁所有做出的明确规定。根据我国《宪法》，中国正处于并将长期处于社会主义初级阶段，以公有制为主体、多种所有制经济共同发展是我国现阶段的基本经济制度。因此，我国基本经济制度的实现包括公有制、私有制以及混合所有制三种形式，它们都是现阶段我国基本经济制度的主要组成部分。

以一根柱子为例，左端是公有制，右端是私有制，中间就是各种类型的混合所有制。从数学原理的视角看，AB 两点构成一条线段，A 端是公有，B 端是私有，AB 两点之间有无数个点，这无数个点所构建的生产关系都是混合所有。因此混合所有制的空间是非常巨大的，这个巨大的空间能够适应现实经济发展的需要，满足中国工业化、农业化、城镇化、信息化同步发展的需要，满足市场中各种形式企业生产力发展的需要。例如，有的企业需要较多的公有制，有的企业需要较多的私有制，而混合所有制能够分别以不同的结构进行安排，从而使得生产关系适应生产力的需要，实现良好的发展。如果我们僵化地只允许发展公有制，或者只允许发展私有制，整个大厦就会失去平衡，失去长期发展的动力和空间。

这里有两个问题：第一，有没有生活资料的所有制？第二，生产资料和生活资料如何区分？有了第二个问题，第一个问题就有了答案，也即存在生活资料的所有制，通俗来讲就是什么东西是我们的，什么东西是人家的，什么东西是公家的。过去生活资料满足吃穿尚且不足，因而没有盈余，改革开放之后盈余虽然越来越多，但存在不平衡，仍需要发展。生产资料和生活资料如何区分？一方面，越往前走越容易区分，越往后走越不容易区分，如当今对我们生活极为重要的手机、电脑、汽车，是用于公家还是私人？已经很难分清。另一方面，层次越高越好区分，越草根的创业越难以区分。显然，生产资料和生活资料的界限越来越不分明，也对加快发展混合所有制的发展提出了要求。

第三个观点是国企改革的阶段性深化。常规来说，经过一个阶段进入一个新的阶段，意味着一方面原来主导这个阶段的东西得到了改革，另一方面是因为出现了新的东西，二者结合起来形成了一种新的状态。从这个角度判断，我们40多年的改革可以归结为以下三个阶段：

第一阶段为国营企业改革阶段。1978年到南方谈话之间的阶段是国营企业改革发展阶段，在该阶段中产生了国有企业，搞活了国有经济，带动了乡镇企业和个体经营的发展。中国大致在这个阶段实现了第一次工业革命，进入第二次工业革命。

第二阶段为国有企业改革阶段。该阶段的始点是1993年，终点可以算到2017年。在这个阶段中，中国基本完成第二次工业革命，进入第三次工业革命。邓小平南方谈话之后，党召开了十四届三中全会，并于1993年进行了修宪。《宪法》明确把国营经济改为国有经济，把国营企业改为国有企业，因此国有企业改革的起点即为1993年。而终点则可以2017年中央企业完成公司制改革为标志。在此过程中产生了国资企业，壮大了国有企业，并带动了私人企业的进一步发展。

第三阶段是国资企业改革发展阶段。2017年后的改革属于这个阶段。作为法律准备，2008年出台的《企业国有资产法》把国有企业划分为国有独资企业、国有全资企业、国资控股企业以及国资参股企业，作为探索实践，则可认为始于2003年，即国资委按照十六大的要求，作为国有资本的出资人代表机构开始负责国有企业的改革发展。

国企改革第三阶段的重点就是要在坚持两个毫不动摇的基础上发展混合所有制经济，为此，要改组国有资本投资公司、建立国有资本运营公司来作为混合企业中的国有资本出资人。国有资本投资公司通过投资引领行业的发展，参与世界竞争；国有资本运营公司以资本保值增值为主要目标。

在理论上，三阶段改革涉及两个问题：一是国营企业和国有企业有什么区别？国营企业实行国有国营，按计划运作。国有企业是国有他营，由承包者来经营，所有权仍是国有性质，不同的是经营权转移出去了，因此国营企业和国有企业之间的区别在于经营权。二是国有企业和国资企业有什么不同？这二者的区别在于国家对企业以及国有资本的管理方式不同。国有企业强调企业，以管企业为主；国资企业则强调资本，国有资本的监督管理机构要以管资本为主，优化国有资本配置，带动整个国家经济的高质量发展。因此，国有企业和国资企业的区别在于是更加注重管企业还是管资本，在国资企业概念下，国有参股企业就可以成为一个重要形式来加以利用。在大众创业万众创新，需求变得越来越强烈的时期，我们要推动国有资本以参股的形式进入创新型企业，在促进民营企业发展的过程中为新的国企业务、国资业务找到发展方向。

总体来讲，发展混合所有制经济是党的十八届三中全会提出的一个明确要求，党的十九大则进一步强调要深化国有企业改革，发展混合所有制经济，培育世界一流企业。十八大报告中包含了"积极"两个字，22号文件中则是"稳妥发展"，这反映出了对混改问题讨论的激烈程度。十九大时"积极"与"稳妥"都不再说了，而是直接改为发展混合所有制经济，也即讨论进入了共识状态。显然在十九大的报告中，深化国有企业改革是要求，发展混合所有制经济是路径，培育世界一流企业是目标，我们把混合所有制经济作为国企改革的重要方式、作为培育世界一流企业的重要措施、作为社会主义初级阶段我国基本经济制度的基本实现形式，这表明中国共产党对现阶段基本经济制度的认识已经进入了一个崭新的阶段。

二、混改的八条理由

细分一下，混改的理由包括八个因素：①社会财富结构优化因素；②社会发展动能变革因素；③市场形态与生产主体变化因素；④企业资本形成与运营方式更新因素；⑤深化国企体制机制改革因素；⑥生产资料和生活资料相互融合因素；⑦境外投资风险防范因素；⑧企业员工积极性调动因素。其中第二条社会发展动能变革因素、第五条深化国企体制机制改革因素以及第八条企业员工积极性调动因素与改革相关，其余的因素均与发展有关。因此发展混合所有制是改革的需要，更是发展的需要，我们要从改革发展的方方面面来综合理解混改的理由。

（一）社会财富结构优化因素

各国改革的实践证明，走封闭僵化的计划经济老路会导致发展不足；走全盘私有化改旗易帜的邪路会导致发展不当；只讲坚持两个毫不动摇，不注重混合发展会导致争吵不断、发展不稳。只有既坚持两个毫不动摇，又注重二者的相互融合，才能执两用中、三生万物，才能使经济社会有更大的发展空间，才能逐步将社会财富结构从哑铃型发展为橄榄型，才能实现稳中求进、高质量发展。当国有企业只能实行完全计划经济公有制时，我们称它为封闭僵化的老路，全世界实践的结果，是都放弃了只发展一种制度的做法。我们与国际交往要有比较优势，但若以完全公有的方式去进行交往是无法充分利用市场机会的，所以不能只走老路。同时，放弃老路只发展私有化的路是对各个国家都产生了不利影响的邪路，邪路若在中国实施将是一场比俄罗斯更大的灾难，它虽然有一定的效率，却完全失去了公平，是发展不平衡的制度。中国的经验表明，我们既要巩固公有制的发展，也要引导私有制的发展，由此产生了两个毫不动摇，构成了我国的基本经济制度。

我国的基本经济制度虽然有发展的后劲，却存在如何使发展更充分更平衡的问题、如何进一步解决贫富差距的问题、如何实现人与资本的新的结合方式的问题。实践证明，只讲两个毫不动摇不讲混合发展会造成两个问题：第一个问题在于争吵不休，即每一件事情、每一个资源配置问题都会引发关于"国进民退"与"国退民进"的争论，从而使得决策较慢，意见不统一。另外一个问题是宏观上的，国有越做越大，私有更快更强，整个社会的财富与利益出现了两极分化，即形成了两头较大中间较窄的哑铃型结构，这是一种不稳定的结构，容易被拉断，是对中国稳定发展不利的结构。我们要把经济社会财富结构发展成中间大的橄榄型结构，形成一个完美的、有力量的、功能齐备的实现形式，这便要求发展混合所有制经济。

总结来讲，只要公有经济不要非公有经济，经济发展就缺乏资本和效率，不能充分调动广大职工的积极性，从而出现发展不足的问题；只要私有制、不要公有制、否定混合所有制，就背离了中国的国情和发展规律，会陷入不公平、不稳定的混乱状态，出现发展不当的问题；坚持公有制，鼓励私有制，但不大力推进公有、非公有交叉持股，相互融合的混合所有制，经济社会就会处于彼此孤立、相互排斥、缺乏合作、丧失和谐的不良状态，出现发展不稳定问题。把中间的混合所有制发展起来，既符合三生万物的原理，也符合执两用中的传统，同时也符合稳中求进的新时代思想。在这个过程中形成了稳定的结构，实现了"坚持两端不变，加快中间发展并反哺两端"的和谐状态，形成了既有发展的能量，又有稳定的效果的新制度，有利于实现兼顾效率与公平的高水平高质量的发展。

（二）社会发展动能变革因素

过去社会发展以土地为重要驱动力，后来以资本为重要驱动力，全球化时期市场也成为重要的驱动力。现今产能相对过剩，需求相对满足，因此供给侧调整成为新的任务。伴随着高科技成为发展的动能，我们对企业的产权结构也产生了新的要求。进入信息化时代后，大数据日益成为最重要的经济资源，科技创新成为最重要的发展方式，社会生产力的主要动能由机器转为了脑力，资本增值更多地借助人本的赋能，即资本不能独立地实现保值增值，而是需要借助人的智慧、企业家的劳动、科技人员脑力的创新力量来实现驱动发展，才能达到更好的运作效果，因此需要推动脑力的资本化，加快人本参与企业利润分配。由于脑力资本始终是个人私有的，因此公有资本与之结合需要采取各种各样的混合所有制经济形式。

科技与市场是时代变迁的两大动力。对于科技力量，农业时代以体力为主要生产力，工业时代以机器为主要生产力，信息智能时代以脑力为主要生产力，这个过程中生产力的变化要求生产关系做出相应调整。对于市场力量，市场本身也在不停地变化，市场的变化也要求企业做出调整。

农贸市场是炎帝发明的，距今已经有4000多年的历史了，极大促进了农耕文明的发展。到了工业时代，必须把千千万万的小资本聚集起来形成大资本，由此股份制应运而生，同时为了使股份制更好地运作，股票市场产生。股票市场作为资本形成的一级市场和资本流转的二级市场，一方面促进了股份公司的发展，加速了社会化、工业化大生产的进程，创造了巨大的社会财富；另一方面也给人类社会带来了严峻挑战，造成了严重的两极分化。到了信息智能时代，中国又在深化国有企业改革的过程中创造了一个新的市场，即产权交易市场，与股票市场相比，产权交易市场针对的是非标的产权，国有的产权也能在此进行交易，也即股票市场只能交易上市公司的标准化产权，非上市公司产权则在产权交易市场交易。

由于股票市场风险巨大，只有万分之一的企业能成功上市，因此股份制只能服务行业塔尖的少数企业，这部分少数的企业获得了股票市场几乎所有的资本，实现了特别的发展，从而造成了社会的两极分化，而产权交易市场的意义便在于弥补股票市场的不足。非上市企业长时间内都无法实现与资本的直接结合，直到以下两种变化的出现：第一个是信息化时代的到来。信息化时代使得非上市公司的产权交易信息可以以较低成本在毫秒之内传遍全球，从而使得发现交易主体、发现交易价格变为可能，因此产权市场只有在信息化时代才能产生。第二个即国有企业的大规模改革。一个市场必须有足够的交易标的公司才可以交易，零零星星的产权不足以形成市场，当中国的国有企业大规模进行改革，特别是在 1992 年进入改革产权阶段后，大量的企业产权参与到市场交易之中，推动了产权市场的爆发式增长。

按此推理，未来也许会形成一个名为信任市场的市场。产品市场是道德市场，股票市场是信用市场，产权市场是责任市场，将信用和责任相加即推出了信任市场。产权市场依靠平台来支撑，而信任市场则需要有更好的制度和更高的技术来支撑，如新的记账制度、新的责任制度、新的市场共识、以区块链为主的新技术等。

正如任正非说的那样，科技与市场共同推动了企业与时代的变迁，企业制定发展战略要同时关注技术价值和商业需求，仅有市场的变化或仅有技术的发展都不足以制定决策，只有市场和技术同时成熟的地方才是可以决策的地方。企业制度要发挥好人本和资本的双重优势，其中技术就是人本的因素，市场就是资本的因素。

企业制度的演变过程最初为农业时代下的独资企业，改革的起点也是独资企业。当独资企业力量不足时，人们设计出了有福同享、有难同当、有债同还的无限合伙企业，以朋友间加盟的力量做更大的事情，但由于缺乏资本的力量，且其责任为无限连带责任，因而无限合伙企业虽符合感情道德标准，却不能用于工业发展，无限合伙制作为一个制度存在，具有以诚信为产品维持社会稳定的功能，适用于评估师、会计师、律师类企业，却不适用于工农商类的企业，随着大生产、大贸易的到来，人们在集资时为了防范风险，创设了股份制和公司制，公司的力量推动了工业革命完成、经济社会发展以及社会财富向机构的集中。随着社会财富的增加，办企业的资本不通过股市，仅凭借几个机构的出资就能实现。股份制的一个缺点在于股东之间相互不认识，它不要求股东之间做任何协同合作，然而人们天然都希望彼此认识、彼此了解、彼此交流、共同合作，因此当有限责任公司不通过 IPO 也能募集到一个企业发展的资本的时候，便得到了发展。有限责任公司的股东低于 50 人，不用向社会披露信息，不用政府审定其公司章程；其股东之间彼此熟悉，共同商定发展策略；一个股东的退出需征得其余股东的同意，若其他股东不同意，则需购买退出股东的股权；股东出售股权时可以向外询价，且老股东具有优先购买权，以上人合制度因素支持形成了有限责任公司，更好地推动了各行各业的发展。近几十年来，适应创新发展的需要，以人合为基础兼顾资合的有限合伙制度飞速发展。有限合伙企业的经营管理者对企业债务承担无限责任，出资人承担有限责任，使企业的债务责任闭合，赢得了出资人的信任和资本支持。股份公司变形出有限责任公司，无限合伙企业和有限制度结合形成了有限合伙企业，这就是企业制度发展的逻辑。

人合和资合是企业力量的源泉，办企业需要资本，做企业需要人本，资本和人本两合是企业发展的客观要求，两合的核心标志是资本与人本共同发展的利润分享，在未来的创新时代，保持住资合与人合应有力量的双合将构建出最强的企业制度。

（三）市场形态与生产主体变化因素

信息智能时代，消费者日益深入地参与设计、实验、生产、消费等各个环节，消费者与创业者、生产者以多种方式合作互动、角色互换，生产者与消费者的边界日益模糊和消失，能综合配置全球各种资源的平台型企业在促进社会双创中加快发展。协同、开放、共享的创新发展要求国有资本与大众个人资源融合发展。市场也不断适应社会生产力的发展创新自身的形态，促进资源融通，推进企业发展。

市场有四种形态——离散化市场、中心化市场、平台化市场以及分布式的市场，这些市场的区分是以市场节点之间的互动关系，即节点机制为标志的。离散化的市场，如农贸市场，它的市场之间没有中心，没有关联，各自做自己区域内的市场交易。中心化的市场，如股票市场、金融市场，都因垄断而集中，形成了中心，并以法律巩固这个中心。中心化的市场虽有中心，但是它的节点之间只有上下互动，如中信证券，其上一级与下一级之间是紧密互动的，但中信证券和中信建投之间则完全不互动，这是链条式的多对一，而非一对一、一对多的机制。第三个是平台化市场，产权市场是最典型的平台化市场，互联网市场、电商市场也都属于平台化市场，其特点是多对一，有一个中心，这一个中心在制定出一套规则机制之后能够让所有的买方卖方自发活动，因而又是多对多互动的市场。未来，随着区块链技术的发展，将会出现没有中心，却具有市场秩序监督保障功能的纯粹的多对多的分布式市场，从一对一到多对多，技术和市场支持混合发展的力量越来越强。

（四）企业资本形成与运营方式更新因素

资本市场的信息通常会掩盖真实情况，就全球而论，2005年后，企业资本的形成渠道就不再以股市融资为主，2018年中国的股市为企业融资的占比仅为13%。中国的股市成立之后为中国企业融来资本最多时为21%，即大多数企业要么不是上市公司，要么即便是上市公司也不易融资，其融资并不通过股市获取。2018年全球PE股权融资与私募股权投资中可用于投资的资本为股市投资的8倍，这个数字反映出了有限合伙企业制度的快速普及。因此，为适应创新发展的需要，应将在国有企业中建立现代企业制度的改革目标适时前移，并将有限合伙企业制度纳入现代企业制度建设的目标中。有限合伙企业制度具有明显的人本挂帅特点，国有企业制度与有限合伙企业制度的结合是一种混合所有制的形式。

PE能够实现大发展有以下四个原因：第一是由于金融资本日益扩大并向机构投资人集中，因此机构手里的资金日益增多，而机构进行投资时更侧重于非上市公司而不是上市公司，股市通常是PE的退出通道而非融资渠道。第二是科技发展使得人本成为企业的核心竞争力，诱导期企业的投资需求带动了PE的发展。第三是全球化市场的开放使并购成为跨国经营企业的重要竞争手段，从1983年前后开始，跨国经营企业开始创设并购基金，跨国并购推动了并购基金的大发展。第四是公众公司的基本矛盾日益暴露且无从解决，公众公司最基本的矛盾同时也是它的优点所在，即有限责任制度。有限责任制度虽然解除了人们对投资问题的无限连带责任，调动了社会投资的积极性，但它同时也意味着有一些责任无人承担，如对于一个60%负债率的企业，60%以内的债务责任可以用资本金去应对，而剩下的40%则无人承担。因此公司制是债务责任敞口的制度，尤其在金融资本市场，会推动管理层更多地进行高收益与高风险经营，从而加剧经济中的泡沫与杠杆。

以上四个原因促进了PE的发展，也从资本形成方式变化的角度解释了要加快混合所有制发展的原因。

（五）深化国企体制机制改革因素

虽然混合所有制企业、国有企业以及私人企业都是基本经济的支柱，但深化国资国企改革，需要将三者严格区分开来。迄今为止，多数国企改制都是改为国有控股的混合所有制企业，却仍然按照国有企业方式对国有控股企业管人、管事、管资产，造成了体制改革（从国有到混合）但机制不变的现象。国有企业改为国有控股企业后仍按国有企业管理，导致改革不能深入。进一步的深化改革应将国有控股企业和国有企业严格区分开来，国有控股企业不应作为国有企业对待，而应作为混合所有制企业对待，国有控股企业的治理应由各方股东共同商定章程，按企业章程来管人、管事、管资产。同样，对于国资参股企业也应按照混合所有制企业进行管理，私人控股企业中的国有资本应有新的投资监管办法，否则将导致国企领导人不敢，或不愿，或随意向私人企业参股投资。因此，深化国企改革因素主要讲的是我们把企业改成了国有控股企业后，不应再按照国有企业来管理，否则机制转化无法实现。

混合所有制企业应按公司股东共同商议的企业章程运行，章程方向是扬长避短，优化组合，发挥两种体制的各自优势，以产权融合实现效率和公平的均衡。

（六）生产资料和生活资料相互融合因素

互联网和物联网的发展使社会生产资料和生活资料的边界日益模糊，手机、计算机、汽车、房产等大量物品既用于生产也用于生活，生产资料所有权与生活资料所有权越来越融为一体，创新型小微企业尤其如此。为了提高全社会资源利用效率并减少环境污染，应鼓励私人生活资料融于社会生产，通过混合经济和共享经济等制度安排实现与国有资产的有机结合。国有资本应该更多地投向事关千家万户企业生产与居民生活的网络型、平台型企业，在竞争领域优胜劣汰，推进具有好的渠道、好的品牌、好的团队的继续运作，如果不具备这些条件，则应在市场中及时调整，对国有资本进行更加高效的配置。

（七）境外投资风险防范因素

中国的进一步发展需要扩大高水平的开放，共建人类命运共同体要求中国资本走出去，与"一带一路"沿线地区资本有效结合。在这个过程中，国有资本应发挥好引领作用，为减少走出去的阻力、降低境外投资风险，应增进与相关国家的合作与友谊。有些项目应先混合好再走出去，有些项目应与所在国资本相互融合，有些项目应结合国际资本共同运作，而国有独资形态的境外投资应尽量减少。我们做过一个分析，自从 2010 年国家把"走出去"作为一个战略安排之后，虽然总体上是成功的，但遭遇到的"交学费的项目"有一个共同的特点，就是资源型企业由中方独资的结构。对资源型企业，如铁矿、有色金属矿、石油矿以及油气矿，以国有独资的形式竞标的多数没有好结果。因此，在国资委 35 号令《中央企业境外投资监督管理办法》中明确规定：如果项目是资源型的且大到一定程度，必须在其他三类股东（即本地股东、国际同行股东、国内国有资本投资公司）中找到一个以上愿意合作者才能进行投资，否则董事会应直接否决。本地没有任何人愿意投资，表示项目风险很大，国际同行中没有任何人愿意参与投资，表示这个项目不成熟。国内的资本投资公司与国有资本投资公司是行业的翘楚，是引领行业发展的主力军，它们都不看好的项目，则十有八九会出问题。

（八）企业员工积极性调动因素

混改中有这样的说法：由于内部职工持股要得到试点的批准才能推进，因此现在企业搞不了员工持股。这话是真的，这个现象应该是这样形成的，混合所有制的改革是以全国人民的产权去与几个具体的人进行合作，如果出资人对这块完全不管，造成的问题将难以收拾，因此要经过试点是有必要的。但是试点并不妨碍推动混合所有制改革，不纳入试点依旧可以推进员工持股，原因是什么？我来解读一下内部职工持股政策，如果你是内部职工，维持内部职工身份需要持股，那就需要得到出资人代表机构的审核；如果你辞职后不再是内部职工，变成了外部人，那就不受内部职工政策规定约束了。其实内部员工一旦个人持股，持股人就变成了代表自己利益的股东，成为国有资本和国有企业的外部人，持股员工代表自己的股权的同时是不能代表国有股权的，因此只要成为持股的内部职工，即成了产权上的外部人，就不能代表国有股东。正是因为如此，员工持股属于混合所有制改革事项。如海康威视52所的所长，在带领团队进行内部持股之后，他就不能担任公司的董事长，不能做国有资本的代表了，但是他依然可以做混改后公司的总经理。这里有一个很考验人的问题，当他持股较少的时候，未来的股东为什么会让他当总经理？这取决于他的团队到底有什么能耐，对所承诺的事情能做成什么样子。事实证明他们确实做得很好。因此，新老股东都选择他当总经理。所以，外部人不一定是歧视，而是对持股人实力的考验。将敢于持股的人结合在一起，构建出一个新公司，由这个新公司对原来的企业进行参股投资，就实现了原来骨干力量的持股。

上述八条理由，科技创新、市场演化、深化改革、扩大开放、制度更新、社会发展、巩固基本经济制度、发挥员工积极性都要求我们大力发展混合所有制经济。面向未来，我们要结合国情以及企业情况，既关注两端产权保护，又重视中间混合发展，着力解决好混改中的一系列难题，创造出独具中国特色的社会主义市场经济体制、机制和制度。

三、混改的市场准备

（一）混改的问题与解决措施

混改的市场准备是很特殊的一个结构，要理解中国的改革，要理解社会主义市场经济，这些必不可少。混改的市场准备当然是从解决问题出发的，混改到底有什么问题？我认为有五个问题：第一，该不该混？第二，该由谁来混？第三，该与谁混？第四，该以什么方式混？第五，该以什么对价混？

这里每一个问题都关乎产权。《宪法》规定国有企业就是全民所有制企业，产权是全民的，全民都有发言权，如果不创造出一定的形式与机制让全国人民都能知情、参与，而是很快把它混了，那一定会导致事后旧账说不清。因此要设计出一个机制，使全国人民都能知情、能参与，至少没有反对这个事，才能把这个事情做好。2002年中纪委向全国各地发布，要在土地批注、工程承包、政府采购、国有产权转让四个领域建立阳光的市场制度来控制腐败，因此解题的思路就是阳光化、市场化。实现低成本高效率的方式就是借助信息化，让群众能知情、可参与，实现阳光，消除腐败，让市场决定价值。具体做法为创设产权交易市场，即各地政府设立产权交易中心，由其中愿意接受我们的制度、能够为中央企业的产权流转与市场化流转提供服务的机构来建立产权交易市场。并要求各个省、各个地区之间同步建立产权交易市场体系。

混改是不同性质产权的嫁接，是不同性质资本的运作，因此应该在资本市场中公开竞争、阳光操作，以提高交易效率，降低交易成本，优化资源配置，防止国资流失，预防交易原罪，控制权力腐败。为解决这个问题，我们到十几个国家进行了交流，考察它们当年是如何做的。大家一致认同的办法就是改制上市。如果通过改制，引入A轮、B轮、C轮资本改造企业，随后上市，便能在资本市场规则的保障之下实现人人知情、人人参与，从而使得反对者的声音相对较小。因此改制上市，相对而言是全世界都接受的一种状况，对于中国的国有企业，改制上市同样是最主要的混改渠道。但是，只有少数企业有机会改制上市，多数企业没有机会进入股票市场。也就是说绝大多数企业的混合运作无法借用股票市场，此时便必须建立一个新的市场，即产权交易市场，以此来服务国有产权交易，防止原罪，控制腐败，防止国资流失。由股票市场推动混改是全球的共识，而由产权市场来服务于国企混改，解决非上市企业、非上市部分的产权流转则是中国的经验与特色。

注意，从建设中国特色社会主义、走中国特色社会主义道路以及国企改革中可以看出，我们也在对"资本市场"这个最有成就、最稳定的概念进行创新。如果不创新，就没有市场可以为非上市企业服务，就不能进行市场化的混改，不能进行市场化、阳光化的混改，就将导致非上市企业无法在市场中实现有效的配置资源，其结果是公有经济与国有资本不能与市场相结合，这个结论再往后推导就是社会主义市场经济体制不可能建立。由于我们意识到了建立社会主义市场经济必须解决好非上市公司产权的市场化形成和流转问题，因此下定决心推进产权市场建设。

（二）认识资本市场

如果建立一个坐标系，纵轴是市场交易方式，从非连续到连续，横轴是标准，从非标准到标准，那么第一象限就是标准化产品的连续交易，体现了股票市场的情况；第二象限是非标准化产品的连续交易，非标的连续交易是中国资本市场现在禁止的领域，非标就表示无人监管，其连续交易的风险是巨大的，会带来系统性风险、区域性风险等，因此这类交易是被严禁、被封杀的；第三象限是非标准化产品的非连续交易，其标的是非标准的，交易方式是非连续的，即不是 T+0 与 T+1，而是 T+N 个工作日才能办一单，所以是非标准市场，资本市场就是这样的；第四象限是标准化产品的非连续交易，非常典型，如新三板和股权交易市场都属于这个市场。标准化产品的非连续交易一定缺乏效力，不具备发现价格的功能，从而导致即使有几万家上市公司在这个市场上，但是依旧不能有效地推动交易，原因是股民们有钱时不会选择投资这个市场。全球主要经济体都有第一象限的股票市场，中国借助信息化的基础和国有产权交易的推动建立了非标的产权市场。股票市场是资本市场的头部市场，产权市场是资本市场的长尾市场，我们建立了股票市场和产权市场两相结合的复合资本市场，既能为上市公司服务，也能为非上市公司服务，上市公司通过股票市场实现混合，非上市公司通过产权市场实现混合。资本市场上的混合典型化的标志可归结为两点：第一是能够形成产权，通过增资扩股、招商引资形成产权；第二是可以流转产权，通过有效的价格发现来流转产权，使其同时具备一级市场与二级市场的功能。

这两个市场一个是以投行机制为交易机制的中心化市场，一个是以平台机制为交易机制的产权市场。股票市场是以投行的经验来运行的机制，产权市场则是通过众多买方和卖方共同进入一个平台，在服务的催生上实现买方和卖方多对多的互动，从而形成交易效率。在股票市场上不能交易的东西却能够在产权市场发现买主、发现价格，所以产权市场是一个"一对多"＋"多对多"的自助交易平台，可为参与混改的各类交易主体创造更多的资本形成和流转机会。产权市场的独特性在于其超越交易中介机制的信息化平台机制，其交易是众多买方和卖方之间的自主交易，各市场主体之间形成了多对多的利益互动关系。

（三）产权市场发展的基本情况

根据《长江日报》的报道，1988 年武汉设立了并购交易所，这标志着中国产权市场的产生，它是随着企业兼并、产权兼并而诞生的，一开始就服务于企业国有产权。国资委按照中纪委的要求，出台了《企业国有产权转让管理暂行办法》，建立起了国有产权进场交易制度。国有产权进场交易制度得到了 2009 年《中华人民共和国企业国有资产法》的肯定，从而在法律上明确了企业产权进场交易，随后，在全面深化改革的过程中逐渐出台了"1+N"文件，其中"1"就是 22 号文件。《关于深化国有企业改革的指导意见》中明确要求：企业在深化改革的过程中要积极利用证券市场、产权市场等资本市场来深化国企国资改革。这是产权交易市场第一次出现在党和国家的文件中，并且是出现在党中央国务院直接发布的文件中，代表着我国最高的文件领域承认并肯定了产权市场是资本市场，意味着中国在世界上第一个拥有了既包含为上市公司服务的股票市场部分，也包含为非上市公司服务的产权市场部分的复合资本市场。

经过 22 号文件的肯定，产权交易市场得到了更好的发展动力。国资委根据 22 号文件的要求出台了 32 号令，32 号令中提出了"三进场"：第一，肯定 3 号令中的产权转让进场；第二，推动增资扩股进场；第三，推动国有资产与企业资产进场，意味着除了产权以外，债权等资产形态也要进场交易。"三进场"使得国有产权与国有资产的管理全部实行了市场化交易制度，因此在 22 号文件与 32 号令之后，中国的资本市场就建立了全流程、全周期、全方面的服务。产权市场的交易全流程服务的特性，为混合经济的发展提供了阳光诚信的保障，在形成阶段提供合资新设、产权界定和登记等服务，在产权运营阶段提供增资扩股、资产整合和并购重组等服务，在流转阶段提供产权转让、资产剥离和破产清算等服务。

实践证明，通过实行企业国有产权进场交易，有效控制了国有资产交易过程中的腐败现象，防止了国有资产的流失，实现了卖方公开规范地卖、买方公平合法地买和相关方公正高效地办，使得卖方没有流失罪，买方没有原罪，相关方也少了腐败嫌疑。

透明国际组织的腐败指数总负责人在考察了我国产权市场后给中央写信说道：我们深刻感受到你们在反腐败斗争中所取得的成就，政府采购和国有资产转让在全世界都是滋生腐败的土壤，但是在中国，你们却用复杂而成熟的技术、透明的程序和明确的指导把这项工作组织得很好，我们钦佩你们能够如此迅速地在反腐败斗争中进行最好的实践，相信其他国家可以从你们的经验中学到很多。第一个来学习的是联合国，联合国在石油等一些南南合作、南北合作项目中面临着腐败问题的挑战，使得把发达国家的资源配置给哪一个发展中国家成为一个没有逻辑和道理的过程，在了解了中国的产权交易市场之后，联合国选用了上海联合产权交易所作为全球技术交易中心，建立了 SS-GATE 系统，作为联合国开展和推动南南合作的三大工作平台之一。

四、混改的七种方式

混改有七种最基本的方式，即改制上市、产权转让、增资扩股、合资新设、投资并购、资产处置以及 PPP。这七种方式有专门的制度规范，我们平常见到的混改是这七种方式中的一种或若干种方式的组合或融合嫁接，所以要理解好这最基本的七种方式。

（一）改制上市

国企改制上市的制度规定，原来主要按国资委 19 号令规范，现在按 36 号令规范。对于改制上市的时点选择，我讲的有两点：

第一点，不要把上市作为改革的目标，上市是企业发展的手段，把这个手段作为目标来设计是错误的。

第二点，什么时候企业需要上市？企业发展的第一个阶段为诱导期，此时即使想上市也上不了；第二个阶段是成长期，很多人说成长期就是企业应该上市的时候，但大的独资企业私人老板会认为，如果企业在快速成长中，既没有其他企业短期内可以覆盖自己，企业又有足够的可用资金，那么企业绝对不会上市，所以成长期并不是上市的唯一选择。只有当企业处于成长期并引起了市场的重视，后来的追兵正在追赶过来，企业仅凭借老股东的钱不足以加快发展时，企业才会选择利用资本市场募集资本，加快发展以确保自身竞争能力。所以并不是成长期的企业都应该上市，如果没有后来人追赶，如果不存在不引进资本市场的资本就将被超越，超越之后企业价值就面临贬损的问题，企业是可以充分享受成长的快乐和阳光的。成熟期是不是该上市了？这是投资型股东们的选择，但是成熟期的企业由于未来期望回报成长性较低，因此不太受股民的欢迎。那些给企业众多股本作为投资以追求投资回报的股东，都希望企业在进入成熟期之前上市。成长期的上市和成熟期的上市是一样的吗？成长期的上市是为了成长，是为了发展而上市，而成熟期的上市则是为了退出混合而上市，所以一个是为了进入混合而上市，一个是为了退出而上市。作为一个股票投资人，应投资什么企业？如果你投资成长型的企业，那么恭喜你；如果你投资了以成长期面貌展示的成熟期企业，那你十有八九是上当了。进入衰退期的企业无法上市，需要对其进行市场的重整，任何企业、任何项目、任何产品都是这样的，因此必须不断地进行这样的曲线嫁接，一条又一条地接上，才能形成持续的上升。全球股市历经400年的发展，上市企业仅占万分之一。因此，其他的企业需要有别的混合办法。

（二）产权转让

对于产权转让，其中的可行性研究、资产评估、方案与决议是由企业内部来做的，企业为做出这些方案与评估召开了行政会议、党委会议，涉及职工利益的还要召开职工代表大会，并将结果报送给相关方进行审查（相关方指劳动部门、税务部门、银行部门）。相关方通过后则报送到国资委，由国资委审批，这是过去的老办法。国资委拿到这些文件后，要审核以什么条件卖以及买方所具备的条件，如果买方条件集合起来的最终结果没有妨碍竞争或竞争依然存在，比如有两个以上满足所有的条件，则同意挂牌，产权转让才开始进入市场；如果只有一个满足条件则无法通过挂牌，方案将被打回。国资委同意挂牌之后需要到交易所进行挂牌21个工作日，并选择交易方式、组织交易、签订合同、实际交割、费用到位、交易签证，从而完成进场交易程序。随后企业需要到国资部门办理产权变动，到工商部门办理工商变动，至此一个产权转让得以完成。

这样的大步骤有十五六个，进入软件操作后，电子化操作过程中每一步又分成五六步，最后形成了70多个步骤构成的企业国有产权流转的流程图，显然，在这样的交易方式下，任何人想要同时搞定这个过程中所有环节的成本将无限高，因此这套制度颁布之后实现了卖方公平地卖，买方规范地买，相关方高效地办，既很好地发挥了市场发现买主、发现价格的决定性作用，又更好地发挥了政府的作用。这个过程是在全民知情全民参与下完成的，企业在互联网上发布转让消息，21个工作日内，如果这个过程中有人提出异议则转让过程被叫停，如果没有人提出异议则继续转让。对产权转让有兴趣的公民都可以去看交易过程，看到后没有提意见则表示认可。不参加交易竞价就表示认可别人竞价的结果，若参加竞价，则出价最高者得。在这个过程中，知情是通过充分信息披露产生的，参与是通过参与交易表达的，这两个行为都通过网络进行，公民足不出户就可以参加，交易主体、交易平台和交易监管方的交易费用与成本都很低。由此可见，没有信息化就没有产权交易市场，而没有国有产权作为交易对象，就撑不起一个个产权市场。信息化是产权市场产生和发展的必要条件，企业国有产权进场交易是产权市场产生和发展的充分条件。这就是产权交易市场和国有产权流转之间的关系。国有产权进场交易，信息对称是基础，挑起竞价是关键，靠市场化机制、用信息化手段是发展好产权市场的根本前提。

（三）增资扩股

增资扩股与产权转让非常类似，其不同之处是，产权转让是股东收钱，增资扩股是标的企业收钱，增资扩股除了找资本还要看伙伴。因此，增资扩股不完全以价格决定，而产权转让是对人民的产权表示敬意，要以最高的价格拿走。增资扩股有时候不视价格为唯一，它强调股东和股东之间的某种战略合作，因此战略性股东要做出某种选择，战略性股东因为当时不能转让，一年不能转让，两年不能转让，甚至锁定五年不能转让，不能转让的东西价格就会降低，因此可以给其一定的价格转让，但是各个竞争者的价格还应该一致，表达在合同上的就是策略性的股东价格要高一些，战略性股东价格要低一些。增资扩股比较复杂的地方在于增资扩股中新的投资方与融资方的战略协同等非价格因素也是达成交易的重点关注对象，因此会有价格不是成交唯一的因素的考虑。什么是战略性投资人，对引入的战略性投资人如何定价，会引起很多争论，要十分慎重地处置。为此，一要公开披露信息，二要明确优惠底线。战投条件要事先确定，最基本的战投条件是投资持股时长，时间越长加分越多，持股一两年的投资人不能视为战投。对战投的价格折让应与其持股时长挂钩，以弥补其资本的流动性收益损失为底线。

（四）合资新设

合资新设的过程可以是双方都出钱，也可以是一方出钱一方出资产，出资产的一方拿出的可能是土地、资源、品牌、商誉或技术等需要经过复杂评估的东西，从而影响我们对相关价格的判断。因此，合资新设可能是简单的，也可能是复杂的，需要看拿来合资的东西是什么，如果那个东西是民营的，民营拿东西来你会特别紧张，如果这个东西是国有的，国有企业要紧张拿出去的东西作价是不是低了，从而产生很多挑战。合资新设中谁与谁相混需要由市场竞争决定，要通过充分披露信息以及专业会员的广泛推介加以实现。在这方面，中国铁路总公司用进场挂牌方式完成合资新设高铁 WIFI 公司，是北交所推进混改的一个好案例，大家可以找来看看，吸取经验。

（五）投资并购

投资并购并不要求国有企业一定到产权交易市场去做，而是要到广义的并购市场中去做。投资并购比较公认的经验有一个"六看"，即：第一看空间，看去哪一个国家，去哪一个洲，去哪一个地点；第二看时间，看什么时候去，看标志性交易问题的解决完成的时间；第三看行业，看到了哪个国家，根据国别选择什么样的行业作为投资对象，通常是选择前三个最好、最有潜力的行业；第四看企业；第五看管理团队，通过对各个团队进行认真的考察，选择有诚信、善于管理、具有企业家精神和合作文化的团队为对象；第六看股权结构，看其是否满足中国的战略需要、公司的战略需要，以及未来长远地站立在这个国家进行发展的需要。看完这些东西，再看回报、看动能、看风险，以此做好我们的并购安排。为了做好并购，要熟悉各种各样的市场。需要强调的是，中国的产权市场本身就是一个买产权的好地方，最近五年其成交额达到 18 万亿元，而在这里交易的东西的共同特点就是按产权转让的流程一步一步来，为了转让，在持牌之前要做成本，因此拿来挂牌的东西多数都有志在必卖的特点，所以挂牌价一定不会贵。因此产权交易市场卖的东西是投资者可以关注的。

（六）资产处置

除了非上市、非标准化的产权股权等资本品之外，产权市场还可以交易形态各异的物权、债权、知识产权，比如债转股工作中的以股抵债、发股还债、收债转股，又比如说企业科技成果的产权化、市场化等。与合资新设类似，资产处置可能是简单的，也可能非常复杂。当资产中包含上市公司资产，或有问题资产、境外资产的时候，资产交易事项就会变得非常复杂。为此，资产交易应坚持进场交易，争取竞价交易，在公开、公平、公正、竞争中完成。

（七）PPP

PPP 是各国政府最近十几年一起探索出来的在基础性公共设施建设资本不足的情况下，由政府动员社会资本一起投资基础性设施，让社会能够更早地用上这些基础性设施的一种新的投资行为，它是政府敢于担当的一种表现，是政府有作为、往前走的行为。这里就有了政府找哪家社会资本来合作的问题，和人民群众对这个合作过程是否知情的问题。其中的政府经营权转让和企业国有产权转让是一样的事情。因此，财政部明确要求PPP 项目要利用各类产权股权市场为社会资本提供多元化、规范化的市场退出服务与资本形成服务，政府的 PPP 项目具体与哪一个社会资本合作，以什么条件合作应该通过产权市场进行公开操作。此外，产权交易市场也应积极主动地去与各类 PPP 合作，中国的 PPP 项目发展速度非常快的原因是我们正处于一个基础设施建设的高潮之中。但它有一个特殊的问题，即政府换届太快，使得 PPP 项目的可持续性令人怀疑。如果能每一步操作都在产权市场公开进行，充分向社会披露信息并立档存证，对解决政府变动带来的项目衔接问题肯定会大有好处的。

最后讲讲混改方式的组合利用问题。经过 40 多年的努力，我国国有企业从政府的附属物——一个无手无脚的不倒翁，逐渐改革成为身强体壮的独立市场主体。在改革发展过程中，采用了国有企业、有限公司、有限合伙三种不同的企业制度，进入了股票市场、产权市场、并购市场三个市场，对接集成了国家资本、机构资本、公众资本三类资本，多渠道、多方式地推动国有资本与社会各种资本相互混合，有效增强了国有企业的活力，持续促进了国有资本做强做优做大。

中国国有企业的市场化改革，有很多经验值得总结。在资本混合运作方面，上述七种方式可以有众多不同的组合。在我看来，其中最值得肯定的是综合利用各类资本的三主体孵化注资模式。

中央企业集团是第一个主体，集团控股的上市公司是第二个主体，集团参与或主导的 PE 基金是第三个主体，这三个主体协同运作，可以形成高效的资本混合运作。事实上，每个上市公司总有披露信息等原因不方便去做而又急需要做的事情，为此，上市公司找到集团投资参与的 PE 基金开展合作。双方通过签订协议，约定先由 PE 基金去做这个项目，在 2~3 年内由 PE 帮上市公司解决这个上市公司想做但不便做的事情，并明确规定做到哪个程度后，就由上市公司收购回去。这样，上市公司及时做大，PE 基金有效退出，集团公司实现资源优化配置，并分别通过 PE 和上市公司引入更多新的社会资本。如此一轮轮操作，国有资本和非国有资本充分混合，促进集团公司和上市公司双双实现良性循环。集团有几个上市公司，就可建多少个这样的孵化注资组合，来全方位推动企业充分利用市场机制，实现高效发展。

举个例子，比如一个黄金集团，其业务包括探矿、采矿、选矿、冶炼、制造和销售，后面五个环节上市公司自身都可以做好，但是上市公司不便于做探矿业务，为什么呢？因为探矿项目会十探九无，其信息披露会引发上市公司股价剧烈波动。因此在中国的现有状况下，探矿业务由集团公司完成更适宜，而集团公司缺乏资金，故而需要结合 PE 基金一起运作，既引入资本，也转化机制，提高效率。当 PE 基金及时向上市公司转让足够的探矿成果，PE 基金实现了融投管退的良性循环，上市公司的做大做强做优有了资源保障，集团公司也因 PE 和上市公司的双双成长而持续增长，由此实现三主体联动的孵化注资健康发展。

点　评

刘纪鹏：如此令人困惑又费解的混合所有制，在志雄两个小时的讲座中，从定义、内涵，到产权的清晰化和流动性，都得到了全面阐述，我确实没有想到混合所有制可以这样讲，特别是以国有独资以及国有全资的角度解释混合所有制创新。

孔丹：我为大家有投身到企业运营战场上去的热情而受到鼓舞，因为我已经脱离这个战场了。我曾经在这个战场上拼搏了几十年，2010 年年底当时的习副主席跟我谈话说你可以退了，你在中国的两个窗口公司——光大和中信工作很多年，还是卓有成效的。但是我是带着很多遗憾脱离战场的，我觉得还有很多的事情可以做，当然后面继任的同志都继续推进了。我说这个的意思是，从企业的角度，搞企业的人如果一路搞下去会发现企业是一条没有回头路的不归路，是一直在往前走，不以一代一代经营者的更替为转移的，因此企业的命运是决定性的。

前段时间有人在网络上攻击我说，孔丹主张消灭私有制，实际情况是什么呢？我在去年学习习近平新时代中国特色社会主义思想的时候谈到一个看法：虽然从《中国共产党宣言》中可以看出它是以消灭私有制为目标的，但是它能不能一下解决问题呢？我引用了邓小平的话，即我们搞社会主义要几代人、十几代人甚至几十代人才能解决问题。总书记就问几十代是多长呢？1000年。小平同志说这个话其实并没有说多长时间，但是雄安为什么叫千年大业？为什么对青年人的培育是千秋伟业？所以1000年的概念是时间的维度，把社会主义简单理解为消灭私有制是脱离现实的，是很愚蠢的。

我没有想到混合所有制能够对国家的道路、体制以及发展前景产生如此影响，我们能不能找到这种方式来真正消灭传统意义上的私有制，用混合所有制，用公有产权的方式，用各种方式来探索这条道路？邓志雄同志做过厂长、矿长、上市公司董事长、国家经贸委领导干部以及国资委干部，他在整个实践中的思考已经超出了原来一般意义上的理论和实践。

从宏观的角度，邓志雄同志讲资本和劳动之间的关系时提到国有和私有之间像一个哑铃，在社会分配上可能劳动和资本之间也是一个哑铃，这是全球的普遍现象。但是在中国，如果不通过我们的制度供给解决哑铃问题，那中国特色社会主义的前途在什么地方都将会是一个严重的挑战。邓志雄同志提出，我们能不能用一种所有制的方式来化解要解决的大问题，即执其两端而取其中，提出了三生万物，用儒、道、释来解读，用方法论以及认识来解读。我认为这是难得的思考，已经超出了一般意义上我们对这个问题的探讨。

从中观的角度，我认为现在国家所面临的是在最后的、出现顶峰时的一个非常严峻的局面。我们很艰难地在克服中美博弈，此时我们要找到合适的体制机制才能解决在经济以及科技创新方面的严重短板。怎么去解决，怎么建立体制机制以解决问题是一个很重要的视角。我个人对"为混而混"、用各种方式说"我们要努力使自己的企业变成混合所有制"是不以为然的。混合所有制的观念不是目标，党的十九大报告中讲到，一个很重要的目标是竞争力，即世界一流、全球竞争力以及世界一流企业，这是说国企的发展观也是对中国所有企业的要求。有一段时间舆论对国企有偏激的看法，认为国企就是低效、腐败、垄断，后来有一段时间舆论说民企的分量重，"五六七八九"，即民企创造了 50% 的税收、60% 的 GDP、70% 的专利、80% 的就业以及 90% 以上的企业数量，那"五四三二一"是不是也应该提提呢？50% 的税收来自 2700 万家民营企业以及 7000 万家个体工商户，我们企业的经营主体只有一家，各级国资委管理的企业只有 15 万户，有一个同志说民企效率高，我说十几万户国企上缴的税收也有 50%，还有 40% 的 GDP 可能是由国企加外企带来的，30% 的专利中可能还有属于国企的，尤其是在关键领域以及大国竞争领域。就业方面国企相对差一点，只占有两成，3000 多万。所以我很注意刚才讲的应尽快打消国进民退、国退民进的思维定式，有些同志老是在两边偏来偏去，从这方面来讲，混合所有制提供了化解这个问题的思路，所以我们最后要解决的问题是发展、是竞争力的提升，是我们要在最后爬坡的过程中找到好的制度。这是我们的目标，而不是为混而混，为改而改。

从微观的角度，今天志雄同志基本是搞了一个浓缩版的企业运作指南，我一边听一边想哪些方式是中信在发展过程中克服的困难以及发展的过程中没有采用的呢？我们都采用了。因此我认为这是非常贴近实际、非常具有实践性的指南。

我们中信在发展中虽然遇到了很多挫折，但是包括挫折和问题在内，整体上是符合中国企业的发展规律的。当然我们也有解决问题的方式，我们在做自己的事，而没有用概念来说这个问题。比如我们很努力地做了一个整体上市，这在香港是比较难的一件事情，有人问中信在混合所有制改革方面应该做什么动作？我的回答是这些动作我们都已经做了，我们已经是混合所有制了。此外，我认为原来用国企、民企的概念来概括企业的发展是有问题的，不能把"国有企业"这个词废掉，我们要解决的是企业的发展问题，是关乎国家发展基本命运的发展，而不是简单的所有制的争论，甚至走向私有化改革的路。邪路、保守的路我们都不能走。混合所有制如果从这个意义上来说，对整个经济体制将有一个很大的推进。

李冰：从经济，从农业社会、工业社会以及信息化社会，从 400 年的股票历史、40 年的改革开放、资本市场以及有 28 年历史的证券市场的角度讲，我认为历史观是邓局讲座非常重要的基础。

贾涛：我认为邓局长所讲的最大的亮点就是从历史的角度，从生产力和生产关系的角度来阐释为什么搞混合所有制，第一个就是现在的时代是以脑力为生产力的时代；第二个是科技的发展使人本成为企业的主要竞争力。在这个时代什么东西最宝贵？就是人力资本。我个人在此延伸邓局长的一个观点，我认为混合所有制不仅仅是公有资本和私有资本的结合，还应该是资本和人本的完美结合。对于人本，大家可以看到在独角兽企业中，A 轮、B 轮、C 轮以及 D 轮中初创团队什么都没有，就靠想法（Idea）便能从多轮融资中获得很大的股权，上市后一夜暴富。就像周局长讲过的曹家大院的例子，伙计们不用出钱，在劳动中人力资本是可以分享的，是可以被评估作价的。改革开放这么多年，国企改革一直在转弯弯，其中很大的问题就是激励机制的问题。怎么对国有企业领导者以及核心员工的能力进行估价？我们试点了员工持股，但是新出的规定对于这些员工持股是没有折价的，员工依旧按市场价格购买股份，而若他们没有享受优惠，那么跟外面的人有什么差别？为什么不在二级市场买呢？因此对国有企业家以及核心人才的人力资本如何作价是需要关注的问题。邓局长指出在市场上可以通过竞价方式把一些资本或股权拍卖出很好的价格，我在想以后有没有另外的机制，使得产权市场也可以通过市场竞争机制发行价格，通过一轮竞价找到合适的股权？我们可以看到，独角兽企业的每轮融资都接触了投资方，现在是钱多的时代，存在好的资本与人才，那么最终创始团队会通过谈判得到合理的股份。国企的资本中也应体现出人才优势。

第三篇
中国民营经济司法保护的难点及对策

蓟门法治金融论坛第 69 讲

主讲：吕良彪　北京大成律师事务所律师、高级合伙人

主持：刘纪鹏

时间：2019 年 3 月 27 日

地点：中国政法大学蓟门桥校区

点评：许身健、李欣宇、周放生

纪鹏荐语

今天讲座的题目是《中国民营经济司法保护的难点及对策》，选择这个题目的背景是去年（2018 年）经济形势和社会形势各个方面都遇到了很多的困难，很多人感到悲观失望。面对经济上的起伏，有些人形容金融是黑天鹅满天飞，灰犀牛满地跑，这是夸张了。但最重要的是我们经济的发展中，企业家的信心有所

丧失。

党中央召开民营企业家座谈会，习主席提出要把民营企业和民营企业家当成自己人。这个提法跟过去有很大的转变，现在我们谈自己人，就是要解决民营企业家现在顾虑最多的两个问题。一个就是他们的安全问题，包括人身安全、财产安全；一个是民营企业家的发展问题。在习主席这番讲话之后，我们的司法部门、执法部门、立法部门，包括"一行两会"纷纷行动，主管领导纷纷表态。所以保护民营企业家的问题已经是我们当前政治经济生活当中最大的政治问题，各个省也都在谈如何保护民营企业家的积极性，想方设法解决这个问题。

我在最近的调查中感觉到，相当多的民营企业家现在不是最渴望听到怎么帮他们去融资去发展，他们更爱听安全问题。所以周强院长在两会上明确地提出了不能够把企业家的经济纠纷当刑事犯罪，同时也要让民营企业能够专心创业、安心经营，等等。

我们今天这个讲座正是在这样的背景下展开的。今天的主讲嘉宾是吕良彪律师。吕良彪律师是著名的大成律师事务所的高级合伙人，他这些年做了很多关于对民营企业家诉讼方面、保护方面的案例，可以用多元的方法处理各种各样的纠纷。并且他最近特别提出了怎么把习主席在保护民营企业家问题上提出的"当成自己人"真正落到实处。同时他还提出了要防止利用公权力合法侵犯民营企业家的权利。

我们今天的话题，引来了一些著名的民营企业家的关注，所以今天给吕良彪致辞的是国美电器董事局主席、中国政法大学资本金融研究院理事长、商学院理事张大中先生。张大中理事长38年来在中国改革浪潮中的奋进勃发，取得了引人注目的成就，而且在大中电器、国美电器的案例中提出了公司治理当中的一个很大的问题，就是怎么看待治理当中管家劳动和资本的关系。所以今天的讲座，无论是主讲人，还是致辞人都是非常杰出的人物，也是著名的实践者。当然今天还有两位点评人，中国政法大学法律硕士学院院长许身健教授，中国政法大学商学院分党委书记、副院长李欣宇教授。

致 辞

张大中：我非常庆幸从1980年开始，身体力行参与到国家经济改革这样一个当时不起眼，后来波澜壮阔的伟大历程当中。我的第一笔生意是在农贸市场卖我自己做的落地灯，当时我在自家厨房把饼铛打一个眼弄一个塑料袋，就在农贸市场出售，现在想起来那就是经济体制改革的触角刚开始蔓延。

现在我是一个企业家了，诸位学法律的以后谁想当"资本家"，我告诉你以一个什么心态起步。我当年的心态是要脱贫，我当时年富力强，30岁，每天上下班可以跑步十公里，精力充沛，但是我一看到单位退休的老职工去领微薄的工资的时候我心里就觉得非常凄凉，我想我不要退休的时候也像他们一样，世界很大我想走出去看看，当时我就有强烈的脱贫意识，不像现在，大家那么有钱，当时仅仅是想脱贫，所以利用节假日休息，自己在家里厨房做点东西，到农贸市场去兜售。成功之后第二年，我就开始继续琢磨，开始走上我自己选择的路，生产电子产品，一直到现在。

改革开放到今天，我感觉非常好，为什么？经过40年，人民群众对民营经济的态度发生了变化，但是当年不是这样，20世纪80年代人们对非公经济充满歧视。我到工商局办理营业执照，取名叫"张记电器加工处"，这个名字就导致我的生意不好做，而且雇人严格限制在八人以下。现在没有歧视了，现在是说保护，我是从那个时候过来的，这让我觉得非常庆幸。

对目前的形势我非常乐观，社会有很大的进步。今天国家不断进步，能有今天的幸福生活应该说非公经济的企业家们贡献了一半的力量。另外我们的改革开放主要是经济上有了巨大的进步，对我们人民群众的手脚由原来的捆绑到松绑，一直到现在的扶持，我觉得这个局面很不错，强调使非公经济更加健康稳定发展，这是我们经历40多年的改革开放后的感悟。

吕良彪律师经历的非公经济的案例非常之多，他以前也当过法官，经历非常丰富。预祝吕良彪律师今天演讲成功！

刚刚听纪鹏教授高屋建瓴的总结和大中先生那么深切的回望，用三个字形容就是"历史感"。我们每一个人都会经历历史，每个人也都在见证历史，像大中先生这样的人能够创造历史，但是最终我们都要成为历史。所以我们的事业肯定是需要传承的，需要我们这样代代相传，也把我们的精神传承下去。这种薪火相传的精神我觉得带来的一个是创造性，一个是安全感。

刘教授把民营企业的问题归纳为安全和发展的问题，去年总书记召开民营企业家座谈会，给大家这个定心丸是为什么呢？第一，民营企业很重要；第二，民营企业发展碰到问题了；第三，社会上出幺蛾子了。总书记觉得非常有必要来澄清这些事情，给大家一颗定心丸。总书记的观点非常明确，民营经济是我国经济制度的内在要素，民营企业和民营企业家是我们自己人，完全可以吃下定心丸，安心谋发展。

一、企业家保护的历史回眸

2018 年是戊戌年，1838 年也是戊戌年。在 1840 年鸦片战争时期，国外的坚船利炮打破了中国的大门，这是工业文明和农业文明的碰撞，也是中国封建制度和西方资本主义制度间的碰撞。尽管当时中国的 GDP 远远领先于其他国家，但在不同文明之间的落差面前，中国人提出了"师夷长技以制夷"。所以那时候就出现了洋务运动，按现在的话来说就是改革开放，学习西方。在洋务运动以后中国的民营经济得到了一些发展，社会富裕程度也有一些提高，民间的经济活力也得以增强，作为官商的盛宣怀是比较有代表性的人物。

我想说的是什么呢？是民间的经济发展到了一定程度以后，它必然要求政治上的变革，诉求政治上的权利。1898年的戊戌变法，实际上就是经济发展对政治提出要求和主张，并在政权内部产生分歧的结果。在那样一个事变中，以慈禧为代表的守旧势力摧毁了变革，继续走老路，但是她后来又派人去西方学改革，搞君主立宪。这个道路走通了吗？也没有。1911年辛亥革命，依然是军阀混战。中国道路怎么走？谁说了也不算，一直到北伐成功，这个时候政治总算稳定了下来。1927年到1937年是一个黄金时代，发展是非常好的，一直到1937年卢沟桥事变，日本全面侵华。到了1945年以后又面临一个问题，中国的社会应该怎么走？共产党有共产党的主张，国民党有国民党的想法，四年的解放战争付出了大量鲜血。到1949年终于选择了苏联模式和苏联道路，经过社会主义改革和经济的发展，到了1957年开始反右，经济发展对政治形态的一些要求在反右当中得到体现，第二年是1958年，也是戊戌年，这时候"大跃进"，造成了经济灾难。

在这样一个过程当中，我想到几个有代表性的企业家，一个叫卢作孚，我们的船运大王、教育家，他在长江内河上搞运输是独一份，做得非常大，在1938年日本大举侵略中国的时候，他组织了大批的船只，花了40天的时间从长江下游抢运了150万人和工业设备到后方，可以说他拯救了中国的民族工业，无论是蒋介石还是毛泽东对他的评价都非常之高。还有一位是荣毅仁，他选择把财产全部捐献给党，成了红色资本家，这也是一种民营企业家在社会变革时期的选择。当然，另外还有一些民营企业家选择了离开。以上三种选择是中国民营企业家在社会巨大变革面前的三种态度。

中国近现代以来，经济得以稳定发展不到一半时间，大部分时间都在进行政治路径选择，这种政治路径的选择有哪几种方式呢？第一种是1898年的宫廷政变，在1945年则是国共内战，1958年是群众运动加国家政治运动。整个过程表现出，每当中国经济发展对政治提出要求的时候，往往缺乏一个比较稳定的方式。

民营企业家能不能真正成为我们的自己人？其实是对中国民营经济和中国民营企业家的保护最大、最重要的一个问题，同时也是最大的障碍。改革开放以前是捆绑的时代，那个时候是计划经济，希望营造理想化的大众社会，出门要有介绍信，总而言之一切都得听组织的。所以在这样一种严密管控之下，不可能有私营经济的发展。

这个时候，民营经济和政权是什么关系呢？我们说晚清和民国的时候，私营经济是权力的附庸，中华人民共和国成立后到改革开放之前，这个阶段私营经济则是政权的敌人。这样一种状态在中国持续了30年，当中有很多观念、理念根深蒂固，很容易让人产生误解。

首先现在国家都是根据社会经验来建立的，政府和国家的建立是为了保护国民。国如家园，民是业主，政府如物业，就是这么一个理念。政府提供公共服务，所以它是公仆，要接受监督。但是在阶级斗争理论之下却不是的，国家和政府是一部分人统治另一部分人的暴力工具。接受这种理论成长起来的人，往往对权力、对暴力有一种特别的向往。

其次是剥削理论，社会生产是各种生产元素在一起，比如说你有人力资源，他有资本资源，再加上其他各种资源，大家一起合作，来创造价值，分配财富。但如果把财富的升值简单归因于工人的简单劳动，认为企业家是不劳而获是不准确的。经过前30年对社会的捆绑，对社会意识的灌输，大家形成了很多偏见。

小平同志讲到三个有利原则，十一届三中全会是说"解放思想、实事求是、团结一致向前看"。江泽民提出"三个代表"，胡锦涛提出三个"不折腾"，一直到习主席提出的"自己人"，党内最高领导人都有明确的指示，但是党内和社会上极左的力量是存在的，所以总是有一些东西需要防范。

二、当前民营企业家保护的主要问题

我们讲第二个问题，总书记的讲话中有九句话，三个意思。第一个意思是说民营企业很重要。第二个意思说民营企业为什么出问题，有市场的问题，有国内外大形势的问题，也有民营企业家自身的问题。第三个意思是说我们要采取六大措施来保护和促进民营企业的发展。这六大措施一个方面是说保护，一个方面是说发展，还有一个方面涉及了对全社会的治理模式和管理方式的一种变革。

如果问题戴着法律的面具出现，就会产生一种合法的伤害权，权力应当有自由性、灵活性，权力一旦不受约束就会造成巨大的危害。这种情况在现实生活中怎么判断，哪一种是合理合法的？判断的标准：第一，这样一种公共权力有没有合理的依据，是不是有公益性在里面，是不是有事实的基础。第二，有没有经过正当的程序。第三，有没有超过必要性。

这种公共权力不受到有效的约束，可能企业家，包括每个人都好似行进在通往监狱的道路上，私权得不到保护，任何财富都不过是浮云。切实保护企业家关键是改善社会的治理模式，有效制止公权力的滥用。

总书记讲到亲清政商关系，既亲也清是一个理想状态。但是能做到吗？后来有人说新型的政商关系用得着行贿吗？腐败有一种叫黑色腐败，权钱交易；有一种叫灰色腐败，走在政策、法律和现实的模糊地带；最高明的叫白色腐败，通过立法，搞部门立法，去分配利益和用其他的一些合法的方式来取得利益。所以在这样的情形下怎么样建构合理的政商关系呢？

中国反腐败有的时候给人一种感觉，是越反越腐败，这肯定是一种错觉，但是为什么会给人这种错觉呢？我觉得关键是仅仅依靠权力内部，体系内部反腐是不够的。我提出需要群众反腐，老百姓和政府结合起来才有

效果，制度才更科学。以前因为涉税的问题企业家涉案的很多，在2009年年底的时候，《刑法修正案（七）》就出来了，如果因为税务问题抓企业家不能抓，必须是他已经犯过一些事了，处罚过他了，他还不改，才能抓他。明星刘晓庆是在这个规则出台前，而范冰冰是在这个规则出台后，所以一个进去了，一个没进。

另外还有利用抽逃出资和虚假注册抓企业家的，在21世纪初用得很多。公安部和最高检出台规定，说这种情况下，没有造成恶劣后果的不能抓人。顾雏军案有一项罪名挪用资金，2.9亿元，作为科龙电器的股东，科龙电器和他有债权债务的往来，科龙电器欠他的钱，同时他在科龙电器多年没有分过红，后来他从科龙电器调了钱去注册公司。从法律上看没有经过程序把钱拿走了，完全构成犯罪，但是从实际上看，他在科龙电器所享有的权益可能是10亿元，可能是5亿元，远远超过了他所拿走的钱。这里问题就出现了，实际权益远远超过了抽走的资金，但是的确跳过了这些程序，违反了法律的规定，这种情形下判决是很为难的。

公众监督及时能够防止权力任性，让老百姓说话，大家监督。比如说吉林法院刑庭庭长审民庭庭长这个案子，法院搞直播，大家都盯着。2018年昆山反杀案视频把整个过程都还原了，因为有互联网大家知道了真相，因为有互联网大家知道了法律常识和道理，因为互联网大家可以发出声音。最后，这个案子是正当防卫，启动了僵尸条文。

还有司法，要让司法裁判有效制止权力的任性。有一个独立的权威的裁判机制其实是很重要的，我简单说说美国有一个马伯里诉麦迪逊的案子，麦迪逊是美国第五任国务卿，第四任国务卿走的时候任命了42个法官，但是走得太匆忙了，其中有17人没有发给他们任命状。新上任的麦迪逊说不发给他们了，马伯里说，我好不容易熬到当法官却不任命，那我就去告你们。然后这个案子审了两年多，最终做出伟大的判决，即马伯里经过了国家正当的法律程序任命为法官，这是公平正义的要求，麦迪逊应发放任命状。确立司法的权威，对党的领导、社会的稳定和经济的发展，其实是非常有好处的。

我们简单说说，保障民营企业家人身财产安全需要解决的八个问题。

第一个，咱们国家遇到案件要抓人的时候，是以羁押为原则，以取保候审为例外。最近因为中美贸易战，我们看到孟晚舟在加拿大出事了，该不该抓她？按理来说，法官要听证，原则上是不抓人的，除非这人具有社会危害性，才把人抓起来，这是人权保护，在法院判决这个人有罪之前应当推定她是无罪的，所以应该以取保为原则，以羁押为例外。不是说发现一个人有事了，就要把他抓起来，尤其是经济犯罪，有的企业家 70 多岁了，身体也不那么灵便了，而且到了二审，各种证据都固定了，跑也跑不掉，也不能串供，还要把他抓起来干吗？

第二个，管辖异议的问题，不能让哪里的警察都有权抓人，有些案子不同的司法机关来办是不同的结果。比较有争议的是吴长江案，重庆万州认为是他们管，惠州认为是他们管，我们知道在万州和惠州是完全不一样的，但是民事诉讼可以提管辖异议，而刑事不可以，当事人自己不可以。

第三个，非法证据排除的问题，刑讯逼供的证据是不能用的。我们现在的举证制度，受到刑讯逼供的人让他们自己去证明容易吗？还有一个问题，同步的录音录像不能拿出来用，因为那是材料不是证据。非法证据排除的规则还是挺成熟的，但是履行起来不容易。

第四个，证人出庭问题，如果是检察机关拿来的证人证言，你就不能质疑它。李庄案出了以后，我到湖北开庭，头一天晚上我会见被告，第二天被告翻供了。这里存在的问题是什么呢？证人不出庭，他不对质，公诉人怎么说就怎么认。在法庭上出现最极端的情况，被告人要求证人出庭，但证人不出庭，就跟公诉人、警察诅咒发誓说："你坑我你死全家。"

第五个，刑民交叉的问题，不能确定是刑事犯罪问题，还是民事争议问题，有的是以民事争议问题化解刑事矛盾，有的是用刑事手段把人抓起来，再解决民事问题。比如我们现在处理的很多的非法集资案，很多的中小投资人告非法融资的公司，但是公司找不着了，或者公司根本没有钱了，这些钱到了项目公司账上去了，而这家项目公司往往在当地是比较有势力的，所以投资人告项目公司的时候，投资人的权利有可能就得不到保护。周强院长上任以后有两项阳光工程，第一个是庭审直播，这个挺好的，还有一个是判决书上网。庭审一直播，大家都可以看，玩猫腻儿的难度就大多了，对司法公正的约束性就强多了。

第六个，补充侦查的问题，折腾人不能没完没了。现在补充侦查一个罪搞几年，一点办法都没有。

第七个，赃款赃物处置的问题，我们现在是案款提留，公检法办案是可以提留的，查到钱是有好处的，我一直在抨击这个问题。包括我办的中纪委的一些专案，检察院把钱拿到了，没有随案移送到法院，法院拿不到钱就没法结案，不结案就会影响到这个当事人减刑。这个赃款赃物跟办案单位利益相关，这是一件特别要命的事情。

第八个，国家赔偿和错案追究的问题，国家赔偿就是说当事人受了冤屈理当受到赔偿，但是有的当事人不敢提。我们总说作恶的成本太低了，这面临的问题就是怎么提升作恶的成本，怎么降低行善的成本？社会治理怎么科学化？

三、时代的民营企业家何以自持？

简单地说一下，值此特别的时代，民营企业家当何以自持？

第一个，怎么解决安全的问题，我提出一个案件犯罪和被犯罪的问题，是有预谋的、有组织地干什么事，还是不知不觉地掉进去了，不知道自己犯罪；还有被嫖娼的问题。这都是当下中国在转型时期社会矛盾尖锐的非常特别的表象，我们应该怎么防范？

第二个，怎么运用法律解决好发展的问题，我有一个理念，我经常说法律首先是帮人赚钱的。法律是规则，是公众的契约，契约是私人的法律，法律是批发的契约，契约是零售的法律。什么意思？我有一个小兄弟叫程维，做了一个东西叫滴滴，滴滴的模式很简单，你要成为我的驾驶员，他要成为我的用户，然后他在我的平台上叫你的车，我可以替你监控车。他就是把这三个模式合而为一了，第一是淘宝的模式，去匹配资源，找到车，找到车主。第二是国美的模式，你砍价不具备优势，我来给你砍价。第三是支付宝的模式，钱的支付我来监控，我来服务，我来担保。所以其实就是几份协议形成游戏规则，那么就凝聚了社会资源，搭建了商业平台，然后大家共同创造价值，再分配利益。

所谓"自家人"至少分两种情况：第一种一起发财，一起干活，一起创造财富，不管是特朗普，还是金正恩，他们都乐意和企业家共同创造财富；第二种怎么分财富，谁来享受成果？而法律就是规范和保障这一流程的。

第三个，讲到企业家，我一直说企业家的高度，我到华盛顿讲课时我说企业家的高度决定企业的高度。企业家最核心的因素是企业家精神，企业家是社会财富最核心的组织者，是社会最稀缺的资源，和平时期的英雄。当时有些争论，有些知名企业在遭遇控制权之争的时候，我就讲过，当家人不可畏缩，企业家不能活成"土豪"。而且这个时代需要讲真话的英雄，需要勇敢的英雄。以上这些就是我想说的企业家的责任和担当。

面对这些纷繁复杂的社会矛盾，我总结了以下两点。

一个是，我们解决问题要用多元的方法。东北某地有一家上市公司挂两年了，要退市了，政府很着急，就问实际控制人怎么办，实际控制人觉得自己的利益没有得到回报就不想干了，那他就面临资金抽逃的刑事风险，后来找我给他做辩护律师，我建议让这个公司破产，当地领导当时就翻脸了，我解释说，破产不是把企业搞黄，是保护，是重整。我建议迅速重启，最后很顺利地完成了企业重组。这样一来，政府也就不找他麻烦了，刑事风险也没有了。这个案子本来是刑事辩护，但是最后变为了怎么解救企业，怎么让一家发展得很好的企业借壳上市。所以，我是觉得多元的思路很重要，多方贵人相助，大家集思广益。人是一切资源的载体，有人相助就有了思路、智慧、方法和能量。

另外一个，我觉得社会不管怎么变，我们内心总有一些东西不应该变。我们老祖宗讲过做人先立德，其次立功，然后立言。我想生命它不是一场冲刺，是接力赛，是一代一代人的传承，红二代、学二代、官二代，是传承下来的，中国人最重要的德是祖辈荫德，其次是个人的德行。我们每一个人都应该把自己变成格局更高的人，帮助更多的人，成就更多的事业。中国社会发展到今天、有今天的进步，民营企业家功不可没。当时的政策松绑，就是把民营企业家这些"饿狼"给松开了，他们带领大家创业、致富。我们大成律师有一个梦想，到哪里都有兄弟，在什么领域都可以沟通，时间不长我们就做到了这一点。

人是一切资源的载体，贵人身上有更多的资源、有更大的能量，所以我们时刻准备好自己，可以抓住很多的机会，成就很多的事业。另外给大家八个字——淡静凡心，别无生境。把我们的每一天，每一件事情做好，就可以成为圣人，没有别的办法。

点　评

刘纪鹏：改革深处经济领先，最后真正要解决战斗的还得是法律。吕良彪的表达方式和我们的不太一样，应如何理解呢？从他的角度来说，法律既是一个经济问题，经济的制度保证就是法律，还是一个政治问题，一谈制度保证必谈到政治，它既是中国历史不同时间的对比问题，又是跟国外不同区域比较的问题，同时还得要考虑到中国的国情。

40多年来，在党的领导下，我们国家实现了从站起来到富起来的伟大历程。我们的国家在进步，我们的党也在进步，特别是习主席提出要把民营企业家当成自己人，这个思想号角已经吹响。但是在具体的行动中，特别是体现在公权力的部门怎么落实？所以今天的讲座，我们一定是要抱着这样建设性的思路来听，矛盾我们不回避，因为很多历史的东西都摆在这儿了，但是我们每一个人怎么用发展的眼光、中国国情的眼光、法律和经济相结合的眼光，去看待和分析这些问题，是非常重要的。

比如说企业家的原罪，当年很多人被判刑就是因为投机倒把，这是很重的罪，但在今天的市场经济条件下，这个罪已经没了。如果按发展的眼光来看，要是地下钱庄，在西方都不是罪，汇率是自由的，市场经济最终都要统一。在我们现实生活中也很普遍，但是它还是罪，这个罪随着我们的改革开放，就不再是了。面对这一系列的问题怎么跳出狭隘的偏见？这就要从中国的国情出发，从自己的体系出发借鉴西方国家。同时我们也在强调制约，我们党在内部制约方面在加强，特别是在习主席的带领下，我们的反腐败已经获得了巨大的成功，这个进步是要看到的。

从这个意义上来讲，良彪今天的讲座包含了这些问题，谈到民营经济的保护，并不是简单的微观或者企业家个人的问题，很不容易。

许身健：良彪律师第一点是讲了历史，也讲了现在，还讲了民营企业家的未来，让历史告诉未来。为什么在当下这个时候要谈历史呢？因为改革开放40多年波澜壮阔的历史确实值得我们反思，值得我们总结，也值得我们骄傲。在座的很多来宾可能年龄都非常小，很难想象改革开放之前，中国是一个什么样的状态，那个时代的中国和苏联都是共同的经济体制，都是短缺经济。我记得当时苏联有一些笑话说，到了共产主义，每个城市、每个小县城都要建飞机场，每家每户都要有架飞机。那个人讲，为什么每家每户都要有一架这样的东西呢？因为当时买不到面包，买不到肉，如果听说哪一个城市敞开供应肉食，那就可以开着飞机到那个城市去排队。那个时候，中国也是国民经济到了崩溃的边缘，外汇存比不到1亿美元，按照汇率远远不止 1 亿美元，可以想象中国当时是一个民穷财尽的地方。2008 年中国政法大学在昌平建分校区，是我们国家当年的 100 件大事。但是，今天再做同样的事，就不会再说"厉害了我的国"了，这就体现了我们这些年的发展。但是我们国家的发展道路，我们的经济模式确实和西方不一样，我们的政治体制在西方人看来那么不同，但是今天我们国家国民的生活水平、财富的积累证明我们做对了，这是没有问题的。

我们再看看俄罗斯，当年也是很霸气的国家，但是现在它的国民生产总值比不上广东，为什么会这样呢？当然它有寡头。俄罗斯的经济和中国的经济总量已经完全不是一个数量级了，到底发生了什么？这说明，中国肯定做对了什么。

所以当我听良彪律师回顾历史时，我想起一个 40 年前的故事来，在湖北圣安大学有一个青年人叫梁衡，爱上美国来的一个教英语的老师，后来他们两个交流以后，这个叫梁衡的中国青年写了一本书《革命之子》，就讲他爱上了一位美国资产阶级的小姐，要跟她结婚。这个事情一直上报到外交部，最后是邓小平同志亲自做出了批示，允许他们两个结婚，后来梁衡到了美国，还成了金融大鳄索罗斯的助手。今天每个人都在追求财富，甚至我们的年轻人都想成功、想创业，而日本，好多的年轻人没有什么动力，看上去好像一切都很完美，但是没有希望，年轻人低欲望，叫什么？叫草食族。

俄罗斯人也做过总结，结论和中国有显著的不同，怎么不同呢？对待资本家的态度不同。大家想想 1917 年俄国十月革命以后，沙皇一家满门抄斩，但是我们解放以后，把皇帝变成了公民，没有杀皇帝。苏联尽管不得已实行了一段时间的新经济政策，但是他们有计划、有步骤地，在 70 年的时间内消灭了资本家，消灭了企业家，消灭了企业家精神。俄罗斯的经济学家讲：为什么我们发展不起来？我们把资本家都杀光了。中国第一没有杀资本家，第二这些资本家或者是资本家的后人还知道怎么发展经济，这是俄罗斯跟中国的不同。

当然我不能讲，中华人民共和国成立后所有的经济政策都是对的。我们知道中华人民共和国成立后，曾有人嘲笑共产党，说你们可以打进上海，但是你们没有办法统治这样的大都市，当时陈云调了大量的物资进行了金融战，"两白一黑"，"白"是大米、白面，就是粮食，"黑"就是煤炭，共产党打赢了这一仗。我们在1956年还有一个赎买，不管怎么讲，让资本家吃股息，不是每个人都心甘情愿的。但我要说的是，相对来说，和苏联那样的政策相比，我们温和得多。

改革开放发展了经济，中国发生了变化。当时有人说"傻子瓜子"的创始人年广九这个人要不要抓，小平同志思考后还是不抓他了。我认为小平同志是比较务实的，年广九这个人，有很多的问题，有很多的劣迹，但是出于各种各样的考虑，邓小平做出了务实的决定。

所以从苏联的教训，以及良彪律师的发言，可以看出民营企业家确实是我们国家的财富。大中先生讲他到自由市场去卖灯，获得微薄报酬的故事，这就是天然的企业家精神，他想经营、想发展，这是非常好的、可贵的。

所以说我们这40多年的发展，我们财富的积累，除了要感谢我们党的好的政策以外，也要感谢大批的企业家。当然现在，良彪律师提出来说保护民营企业需要一些措施、一些制度，但是在我看来，按照法律面前人人平等的原则，我认为法律赋予的辩护权，是赋予每一个人的，不意味着企业家是特殊的。所有公民在法律面前都是平等的，他的人身权利、财产权利，尊严和生命没有任何差别。

我们要关注另外一个问题，相对来说"两高一黑"（高管、高官，黑社会），有实力可以请得起非常贵的律师辩护，但是我们国家通过法律援助赋予每一个人充分的辩护权，我要说的是，一个国家刑事诉讼是衡量一个国家人权保护的测振仪，当出现对人权的侵犯时，它就会像测振仪一样反应激烈地变动。在一个国家妇女的权利，被告人的权利，被害人的权利，包括动物的福利，这些都反映出一个国家人权保护的状况，这是基本的前提。

我还要说的是，虽然说每一个公民在法律面前都有平等的辩护权，但是为什么还有一些企业家尽管他们有雄厚的资产和实力，可以请到律师和专家，权利依然得不到保护？这是我们需要警惕的。中国经济发展到今天做对了什么？一个家底殷实的企业家，当他面对政府的时候，他还会感到无奈，还需要大声疾呼，那么那些无权无势的人呢？这不是说企业家更需要关怀，而是想说如果企业家在实现辩护权的时候都那么无奈，那么辛苦，那就要反思我们的刑事诉讼制度还需要改善。

虽然相对来说，我们对国家权力还是非常信赖的，种种原因我们对于当下的刑事诉讼的完善还需要进一步反思，保护企业家最终的落脚点是保护每个人，因为在阳光下面每个人都要享有充分的权利，所以今天的讲座，我觉得题目选得非常好，讲得也非常好，特别是在当下中美贸易战的时候。美国的发展，就是因为不断地有各种各样的企业家改变了美国的命运，改变了世界的命运。

黑格尔有这样一句话：密涅瓦的猫头鹰在黄昏起飞。回顾历史是为了走向未来，我们在这里经过反思，期待我们的企业家能够享受自由，享受到文明，让我们每一个人都享受到文明和自由，更希望我们祖国经济的发展有一个更加美好的未来。

刘纪鹏：在立法和执法之间，现在的状况是"立法过严，违法普遍，执法必松，法外特权"。这个问题在哪？比如说部门立法，都想对自己有利，恨不得让别人都在犯罪的边缘，想抓人都可以找出理由来，但是他又抓不过来，那抓谁不抓谁呢？这里面的随意性就滋生了腐败。如何把法律人士引导到更深的研究层面，从这个制度上进行反思，把习主席保护民营企业、民营企业家的指导思想落到实处，这是一个重要的问题。我特别希望在蓟门法治金融论坛，搞经济的和搞法律的通过彼此交流，寻求一种更高层次的制度性的保护。

李欣宇：其实点评良彪律师精彩的讲座是很困难的。大家可以看到良彪律师其实并没有局限在法律保护民营企业家这个简单的逻辑概念里，而是拉广视野，把这个镜头一直拉到了洋务运动，放在历史的时间轴上，放在政治、法律、经济这样的一个背景下来论述，既有大的宏观的历史感，又有很具体的现实感，他没有完全展开，这里其实有很多精彩、惊心动魄的大案、要案，还有理论分析，还讲了几个在经济立法和司法当中出现的漏洞和问题。这是一幅全景画卷。

我也抓住关键词，谈谈我的感受，就是"保护"这个词。先谈保护这个概念，刚才良彪律师的讲座从洋务运动开始，讲了洋务运动以来中国近代民营经济的发展，确实我们大家都有共识，在近代，乃至在中国历史上，中国的政治力量从来都是大于经济力量的，政治力量是强于经济力量的。那么，如果我们跳出中国历史看看世界，看看其他的国家，就会发现有一些反例，它的经济力量大于政治力量。在经济力量和政治力量之间并不存在一个孰大孰小的应然关系。我想化解矛盾的最佳出路就是我们今天的主题，实际上要有一个中间的纽带，在两者之间加一个法治，就可以有效地规制和平衡经济力量和政治力量，才能够更好地做到亲和清，并推动社会发展。

在法治的作用下，平衡好经济力量和政治力量的关系，使得这个保护有丰富的含义。它不是简单的宽容、放纵、任意。怎么理解保护？举两个例子，比如说美国，我们知道它是一个法治比较发达，以私营经济为主的国家。那么它法律的态度非常耐人寻味，我给大家举例来说，它曾经颁布了《反垄断法》，还颁布了《反海外腐败法》，在美国境外的企业如果出现腐败，回到美国之后也要受到处理，如果简单地理解保护，我想这种全世界的追缴和管制自己的企业，就很难说是一种单纯字面上的保护。那么我说的法律的保护应该怎么理解？我想法治的作用体现在经济当中，世界银行每年颁布的《营商法律环境报告》，其中有一个观点，即法律规则在经济生活当中的作用。对于各种各样的经济形势，法律规则就像交通规则来规划和调整这个交通运输一样，这个和刘院长说的是有相通之处的。交通规则是为了保障道路交通的顺畅的，那么你要制定好，能够保障所有的路口顺畅通行，如果你制定不好，哪怕初衷是好的，但是达不到目的。所以我觉得应该正确地理解法律的保护作用，不是简单的纵容、宽容、放纵，它是一种规则、公平条件下的促进和调整。这是第一个体会。

第二个体会，我想说说平等保护，刚才良彪律师谈的更多是民营企业，那么我记得2017年的时候我们提出了一个对国有企业的经营者的正式称呼，叫国有企业家。然后2018年，习主席也召开了民营经济的座谈会，所以从时间上来看，其实离得很近，2017年的时候要关注的是国有企业家，2018年关注的是民营企业家，他们都是企业家，在本质上他们都是一类人，都是创新、创业、创造财富的优秀的管理者和组织者，在本质上其实是没有区别的。

但是在实际当中，在我们的司法环境当中，他们又呈现出不同的特点。我这里有一份资料，是最新的2018年出的关于中国当前企业家犯罪的一份报告，在这个报告里，把民营企业家和国有企业家分开看，有一个数据化的展示，在高发的罪名当中两类企业家完全不同，国有企业家第一个是受贿，第二个是贪污，第三个是私分国有资产，第四个是行贿。民营企业家第一个是非法吸收公众存款，金融类的犯罪，当然也包括单位的行贿，还有虚开增值税发票、合同诈骗、非法经营等罪名。两类企业家本质上是一样的，但是在法律环境的呈现当中却有不同的面相，有不同的特色。对他们的态度应该是同等的保护，体现一种平等。

为什么要这样做？其实刚才刘院长也提示了，这样的一个理论上的证明，比较权威的，就是跟我们专业相关的法律经济学，那么法律经济学最著名的所谓的"四剑客"——"LLSV 组合"首次提出法律是促进经济的，甚至在一定程度上决定经济，是资本市场的一个重要的要素，他们研究了49 个国家的数据得出结论：好的有利的法律可以促进经济发展；保护不周的法律，则可能导致那个国家的股票市场和资本市场发展不起来，另外还分析了股权集中的程度及其关系。

法律的平等保护对于民营企业家和国有企业家，以至所有的企业家，所有的经营者其实都具有同等重要的意义。我们现在必须格外关注以前没有关注的，相对数量更大的民营企业家群体，但是现在确实也存在一些法律环境、立法技术上的问题。我对刘院长说的有同感，比如科学立法这个问题，环节上是不是存在这样的问题？科学在立法层面上，是不是能够精确、精细？而不是那么粗糙，或者说掺杂了利益。

刚才刘院长提到法律门槛低的问题，处罚的门槛低，立案的门槛低，实际上就扩大了执法部门的权力。现在我们提出"科学立法、严格执法、公正司法、全民守法"，这 16 个字实际上就是对于经济活动整体的保护，也是破解现在所谓选择性执法、普遍违法，还有休眠式立法难题的一剂良方。这是我讲的第二个平等保护。

第三个我想作为企业的经营者，那么还是要有一个法律的意识，良彪律师也提到了这一点，一个成熟的经营者、企业家，他不应该把法律视为外在的环境，法律应该是企业经营的应有之义，题中之义。企业的经营决策当中自然包括法律决策风险的考量，那么我们一般提法律是一种资源，是企业经营的一种资源，是一种能够利用的生产要素，像资金，像土地，像人力一样，当然这个法律可以扩大政策制度，它实际上是一种可利用的资源。

所有的企业都应该有法律意识，应该有法律技术，应该有法律方法，也应该有法律的视野，这样才能实现保护平等。保护不是坐等政府，寄希望于个别的执法人员，而是自己有能力规避、保护和善于在法律的环境当中获得自己的发展。这是一个成熟的企业家在新时代应该具备的基本素质。

原来我们谈得更多是体制，政府形式。前两年著名的政治学家亨廷顿提出一个新的观点，他说政府之间，形式是重要的，但是更重要的是国家的治理能力，治理能力是衡量一个政府水平高低，决定一个国家发展与否的最关键的因素，而不完全看它的外壳和形式。我想法律力量、法制也是一样，要有能力，这也是治理能力的一部分。法律应该更精细、更科学、更有效、更灵活、更适用，这样无论是民营经济还是中国整体的经济才能更好地发展。

周放生：我补充两点内容，第一个是顾雏军案，顾雏军案发生在 15 年前，判了 10 年，最后刑满释放，他一直在申诉，他认为这是冤案。前年中央发了一个保护民营企业家的文件，在这个文件出台之后最高人民法院宣布三个案件重审，既然重审就说明这三个案件是有可疑之处的。现在三个案件中有两个案件都彻底改正了，顾雏军案到现在为止没有最终判，2018 年开庭的时候是全程公开的，那一天从早晨 9 点到晚上 10 点，连续进行审判，在最高人民法院的网上没有视频，但是文字全部公开，我是整整跟了一天，看了一天，他现在有三项罪名，有两项最高检已经撤了，只有一个挪用资金罪，这个罪是怎么回事？顾雏军之前到海外留学，在国外发明了冷却技术，然后注册了专利，用这个专利挣了 1.7 亿美元，没有原罪，这一条他没有，他从国外挣的钱。他还是非常爱国的，后来回国创业了，先注册了一个公司用自己的技术搞生产，受政府邀请去收购科龙，就成了这两个公司的股东，实际控制人。他新成立的公司是科龙的供应商，那么二者之间必然有资金往来，高法的意见就是说在某一个时点上，一个纵截面上看，顾雏军这个零部件供应商欠了上市公司钱，但是十年前会计事务所审计完了发现，年底截止的时候是国有资产欠供应商的钱，但是最高检说我只管当时那一个时点。最后说减两年，判八年。但是顾雏军认为不公平，所以到现在也没有判。

这个案子在国内对民营企业家来说影响非常大，我想以此为审判依据，那么所有上市公司几乎都逃不掉。你想供应商和上市公司之间，供货的资金往来，不可能说我给你钱，你马上给我货，总有一个滞后期，那就判人家挪用资金罪？那哪一个企业没有罪啊？我请了很多的会计师和律师，他们给我一个结论，说挪用资金罪制定边界本身就不清晰，而且顾雏军案这个解释是无法服众的。谈到民营企业家的司法保护，在当下顾雏军案就是一个最直观的、明显的案例，到现在为止没有解决。

从这一条看，在司法保护上，我们还有很长的路要走，当下顾雏军案就是一个考验，到底挪用资金罪成立还是不成立？我看的辩论现场的文字和刚才良彪讲的情况有些差异。这是第一点。

第二个我想讲讲破产，我拍了一个纪录片，就是破产终审案，叫《绝地求生》，这里面的问题是什么呢？那个片子里面讲的就是民营企业家面临的各种各样的问题，比如说民营企业家的一个竞争对手诬告这位民营企业家，结果省长接到诬告信，就派国资委的干部查，查了一圈之后没有问题，就给省长写了一个报告，省长一看，又派了退休的国资委领导带着退休的干部查，因为他怀疑之前那拨人是不是被民营企业家收买了，这拨人查完得出的结论完全一样。我那个片子非常真实地反映了我们民营企业家的困境。

互动提问

提问1：第一个问题是我国民营经济的司法保护有没有地域性的问题？不同的地方是不是不一样的？第二个问题是我国的法律供给是真的能使民营企业家赚钱吗？我们的制度足够让民营企业家赚到钱吗？

提问2：企业家，国企和民企有什么区别呢？作为国企的领导人还是一纸调令就会丧失控制权，对国企企业家的保护怎么看，怎么办？

提问3：在刑事辩护成功率比较低的大环境下，对于从事律师职业的这些学生，或者是从事刑事辩护的律师来说有什么建议吗？

吕良彪：第一个司法保护的地域性问题，或者说权力的地方化问题，这显然是存在的，这个利益格局，地方保护也是现实存在的问题。一是市场准入，总书记也提出要改善竞争的环境。二是保护的含义，保护我的企业就是你休想到我这儿来挣钱，那反过去我到你那儿也没门儿，这是个人管个人，但这是破坏法律的，这里显示出的问题是法律成为利益博弈的工具和利益分配的规则。所以这种现实的不公平性是很难避免的，就需要中央政府协调它。

第二个问题，它不是一个法律问题，它是制度经济学的问题，是说这个制度，这个法律怎么给社会的运营提供足够的力量。中国的国有经济很大程度上不仅仅是市场主体，更是一个国家调节市场、调节经济的工具，同时也是政权行使的手段，一方面是市场主体，一方面又不是一般的市场主体，这是很拧巴的事。张大中这样的民营企业家正在用自己的胆识，用自己的资本等去做这件事情。像早期的褚时健先生，我们说企业管理者，他是标准意义上的企业家。我更觉得，因为中国最精英的人才在体制内，第一是官员，第二是国企老总，国企老总我认为他们是公共事务和公共资产的管理者，并不是一个企业的经营者，他们需要经营企业，但是他们更需要的是忠诚和管理。从这个角度上看，他们的管理和他们面临的法律风险以及他们的职责都是有区别的。

还有一个问题就是理想很丰满，现实很骨感，这个非常正常。我们不仅有眼前的苟且，还有诗和远方。你看准你自己的目标去做，还是那句话，淡静凡心，别无生境。

我离开法学院的时候做过一个专访，有一万多字，我觉得当下的时代是中国有史以来最好的时代。为什么呢？社会财富最大化，这是毫无疑问的，民智空前开启。为什么大家觉得现在乱呢？不是社会越来越乱了，是大家知道的信息越来越多了，是原来大家不知道。大家的需求也越来越多，想的越来越多，大家的生活品质越来越高。还有，大家的权利意识和公民意识在提升，对政府和管理者提出的要求越来越多。我们现在来看这些，和以前是不可同日而语的。

刘纪鹏：我最后总结一下上述讨论的民营企业家和国有企业家的问题，我在这里提两个问题：第一个问题是，国有企业有企业家吗？第二个是说都是自家人，自家人里还分长子和次子吗？我们前一段说过"共和国的长子"，这个提法也有很多争议，大家就感觉到就是因为国有企业，美国批评我们，跟我们"打仗"，特朗普逼着我们倒逼改革，核心问题是对国有经济补贴，这是市场经济吗？公平竞争了吗？今天的话题再往下深入讨论，我认为会找到对当下最困难问题的对策。

这里面还有一个矛盾，有一个观点说国有企业是我们党执政的基础，这个话不在外面提，但是在思想上，关键时刻还是国有企业更靠得住，因为我们党管的就是国有资产。从理论上，现实的扣子怎么把它解开？我们是劳动党、无产阶级政党、共产主义政党，我们的初心就是打倒资本。但是今天又确实遇到一个现实问题，国有资本和民营资本有区别吗？在这个过程当中，怎么把市场经济和我们要探索的道路融合起来？包括今天的话题就是国有企业必须继续往前推进，资本可以和市场经济对接，无论如何要守住市场经济的底线。民营企业司法保护的背后是中国进一步改革开放的法律和经济制度的相互呼应。

所以今天谈的保护民营经济的核心就是保护民营企业家，提到民营企业家就引出了对"国有企业家""企业家"概念的讨论，又引出了改革开放的大方向问题。我想得出这样一种结论，保护民营经济，落实习主席讲话精神，把民营企业家真正当成自己人，立法者要反思，执法者要先受教育。

第四篇
2018 年中国经济研究
热点排名与分析

蓟门法治金融论坛第 70 讲

主讲：黄泰岩　中央民族大学校长

主持：刘纪鹏

时间：2019 年 4 月 3 日

地点：中国政法大学蓟门桥校区

点评：时建中

纪鹏荐语

2018 年是中国改革开放 40 周年的重要年份，40 年的高速增长使中国跃居为世界第二大经济体，成就举世瞩目。中国改革成功在哪儿？需要系统总结。2018 年又是中国经历太多政治、经济、金融、外贸变化的一年，令人难以忘怀。

首先，从经济形势看，是"三期叠加"、"新常态"、推动供给侧结构性改革的关键一年，既要推进改革，又要保持政治稳定；既要调整结构，又要保证一定的经济增长和充分就业；既要挤压金融泡沫，又要确保不发生金融危机；既要实现金融从间接融资体制向直接投融资转型，又要满足金融为实体经济服务的现实要求；既要避免银行信贷的过度扩张，又要避免影子银行表外资产层层嵌套、刚性兑付的金融风险；既要防止房地产泡沫，又要承认房地产今天仍是拉动经济增长支柱的现实；既要大力发展资本市场，又要苦寻股市健康发展之路；既要化解中美贸易摩擦，又不能丧失国际竞争的主动权。

其次，今年（2019年）也是国资企业改革和民营企业发展的焦点之年，国企改革的22号文件自2015年颁布至今已近5年，仍寻找不到突破口。而从民营企业的安全和发展看，年初吴小平发表"私营企业离场论"到邱小平"让职工直接参与民企管理"，引发民营企业家的不安。党中央、国务院洞察秋毫，总书记亲自主持召开民营企业座谈会，创新性地提出了"民营企业和民营企业家是自己人"的理念。

2018年有太多的重大政治、经济、金融问题需要我们认真总结和盘点。

4月3日晚6点30分，蓟门法治金融论坛邀请中央民族大学黄泰岩校长以《2018年中国经济研究热点排名与分析》为演讲主题，以19本经济学权威期刊统计为依据对诸多大家关注的问题进行分析和解读。让2018年承上启下、继往开来，为开创新时代做贡献。

泰岩同志长期工作在教育战线，曾先后担任中国人民大学经济学院副院长、辽宁大学校长，出版著作30多部，论文450多篇，是长江学者和国家"百千万人才工程"的优秀入选人，在国内外学术界都享有很高的声誉。

我和泰岩校长相识十几年，因支持中国沿着市场化方向坚定不移地推进改革而相识相知，有着共同的理念。此次他在百忙之中拨冗，慷慨应允在蓟门法治金融论坛开讲，相信会给听众带来一场丰盛的精神大餐。

致　辞

刘纪鹏：今天是蓟门法治金融论坛的第 70 讲，主题紧密地围绕着当前大家最关注的政治、经济、社会的热点问题。2018 年既是改革开放 40 周年，又是经济转型的关键之年，热点问题在 2018 年表现得最为突出。十八大后，习主席也先后提出了新常态、供给侧改革等热点问题。

经济政策在速度和质量、结构调整和现有产业结构、金融和实体、股市和房市关系等一系列问题上去向何处，是从长远出发进行结构和速度调整，把三期叠加推进下来，还是继续追求高速度发展，在 2018 年非常关键。此外，还涉及国企改革以及民营企业发展如何进行的问题。2018 年 11 月，习主席召开民营企业家座谈会，有别于以往给民营企业家"吃定心丸"式的做法，创新地提出了"把民营企业家当自己人"。在此经济背景下，2018 年的热点问题分析对确立今后改革发展的指导思想十分重要。

今天的学术氛围将会非常浓厚，因为今天我们请来的主讲人是泰岩校长。泰岩教授是国务院学位委员会最早特聘的博士生导师，长江学者特聘教授，国务院学科评议组成员，也是第一批跨世纪人才、第一批北迁人才。今天泰岩校长到政法大学来做讲座，不仅仅是一个专家在经济问题上的个人演讲，也是两所大学的交流与探讨，还意味着今后彼此更深合作的可能性。

中国经济研究热点，我从 2003 年一直研究到现在，有关文章发表在《经济学家》《光明日报》上，这 16 年里有了一些积累和感想，今天跟各位一同探讨。

一、经济研究热点筛选

首先，在做热点筛选的时候，应该用什么方法？怎样更科学地使用方法？标准毫无疑问是质和量。质是所选的影响因子，每年根据影响因子对杂志进行排名，选取约前 20 名的杂志，这是教育部人文社科的标准；量是指发表的论文数量。

根据我们统计的情况，2017 年、2018 年经济学类选取的前 20 名杂志中有一些二级学科同类，比如实业经济方面的《国际经济评论》《世界经济》；农村经济方面的《农村经济》《农村论坛》。平衡同类杂志后，选取 15 本杂志：《经济研究》《经济学》《世界经济》《金融研究》《中国工业经济》《数量经济技术经济研究》《经济学家》《经济科学》《中国农村观察》《财经研究》《南开经济研究》《财贸经济》《经济评论》《经济理论与经济管理》《产业经济研究》。这些杂志基本上是综合类的，还有二级学科设计，我们把它们称为权威杂志。其他的期刊也发表过经济学的文章，为了扩大覆盖面，选择了另外四类杂志，影响因子排名第一的，纳入同级期刊，分别是马克思主义类的《马克思主义研究》、管理学类的《管理世界》、社会科学纵论类的《中国社会科学》以及中国人民大学的高校综合性社科学报，共是 19 本。

在 19 本杂志中，2018 年一共发表论文 1825 篇，2017 年发表 1833 篇。从 2003 年到现在，趋势是文章数量减少、杂志厚度增加，表明每一篇文章的篇幅都在增加。原因有两个，第一是要把问题说清楚，特别是前面的文献综述；第二是各个杂志为了提高自己的影响因子，减少了杂志的发文数量。比如说 20 篇文章变成了 15 篇，影响因子就提高了。我在中国人民大学经济学院办了五年的杂志，作为主编我很清楚一本杂志包含十七八篇文章，其中 1/3 是约稿。基于这样的情况，文章数量越来越少，发文越来越难。现在老师评职称、学科评估、学生特别是博士生要求发文的时候，以论文特别是以高端论文论英雄。然而在高端杂志上发表论文难度越来越大，竞争越来越激烈。

按专题对这 1825 篇论文进行分类，但专题不好设定，用国际标准和国内标准都很难做。社科院的一位所长从 2018 年开始研究热点，用关键词分类。但最大的问题是关键词只是一个词，不表明问题。社会资本、马克思主义、收入分配、收入差距都是关键词，但是没有办法作为问题来探讨。第二个问题，2018 年研究关键词，发现"马克思主义"的位置上升了 158 位，但是没有办法与过去比较，跟踪统计较为困难。"新时代"是近两年迅速蹿高的一个关键词，就没有可比较性，波动比较大。第三个问题是关键词的重复率极高，比如收入分配、收入差距、收入调节等都是关键词，但这几个词相互之间有联系，很难分为三个题目。所以我舍弃了关键词的概念。

最后确定了"黄氏的专题分类法"。按照设想的概念，经济学是学以致用，第一是要解释问题，所以首先是问题。当不是问题的时候，你去解释是不对的。第二是要解决问题，所有的问题落在问题上。当解释问题和解决问题都不具备的时候，选专题就没有意义。基于这样的考虑，我把它做成了"黄氏的专题分类法"。

1825篇文章大概是这样分布的：第一位是经济增长与发展的问题，体现中国"发展是第一要务"的基本特征；第二位是自主创新，体现创新是第一动力、创新发展驱动战略等概念；第三位是资本市场；第四位是产业结构和产业政策，是产业结构调整问题，属于产业经济学的范畴；第五位是收入分配与收入差距；第六位是"三农"问题；第七位是对外贸易与贸易政策，特别是2018年的中美贸易战，一个全面的经济战，甚至是全面战争的概念；第八位是马克思主义经济学及其中国化，推进中国社会主义经济学社会体系、话语体系、学术体系建设，体现了中国经济学的建设；第九位是经济机制改革；第十位是金融秩序与金融安全。十大热点中和蓟门法治金融论坛相关的有两个——资本市场和金融秩序与金融安全。

后十个供大家参考：第十一位是货币政策；第十二位是区域经济发展，从过去的东部、中部、西部、东北振兴这几大板块，提出了京津冀、长三角、"一带一路"、大湾区等概念；第十三位是公共经济，从政府职能转化，提供教育、医疗保障这样的基本问题上，探讨公共经济的问题；第十四位是绿色发展；第十五位是就业；第十六位是企业融资；第十七位是金融体制，从金融的角度来说，涉及的内容比较多，金融体制主要涉及深化改革的问题；第十八位是企业成长，2018年大规模的民营企业死亡；第十九位是财政体制，中国的财税体制改革的问题；第二十位是消费，消费在"三驾马车"中十分重要，2018年拥有76.2%的贡献率，接近80%，消费对于国家经济增长、稳中求进极其重要，所以现在很多宏观政策围着消费转，从消费中可以看到一系列的政策改变。这就是2018年中国经济研究的二十大热点问题。

可以看到，中国经济学人对经济学的研究，还没有像西方学者那样真正进入理论的殿堂，做一些理论体系的构架和某个环节的修缮，因为中国整个体系的构架还没有完成。中国经济学研究最大的特点就是面对现实问题，面对改革发展中的重大难点。习总书记讲，以问题为导向，以解决问题为目的，从而真正指导和解决中国改革发展中的问题。

从十大热点问题的集中度来看，由 2003 年 32% 的集中度提高到 2018 年 57% 的集中度，1825 篇论文中有近 1000 个问题在研究经济。这充分体现了进入科研前沿的方法，即不要主动边缘化，研究一个没有人研究的小问题是错误的。从社会需要的角度来讲，选题、研究、发文，要的是前沿的东西，偏僻的成果不会得到大家的重视，当然纯做研究是另外一个概念。中国经济学当下阶段的任务是要解决问题，真正指导中国的发展，这也是大家看到的排名持续提高的经济热点。再来看二十大热点问题的集中度，79.8% 的文章在 20 个主题范围里面，非常清晰地表明了大家找选题、真正做学问的时候，应该从社会关注的热点问题下手，找到特定的视角或层面。下面我挑了 2018 年几个主要的研究热点。

二、2018 年主要的几个研究热点

（一）经济增长与发展

第一个热点是增长与发展问题。经济增长问题从 2008 年起就排名第 1 位，连续十年稳居第一。为什么发展是第一要务？为什么发展是硬道理？为什么 2008 年成为一个分界点？2008 年之前中国的增长问题不是问题。2001 年加入世界贸易组织，开展大规模的外贸，2002 年经济进入高速增长周期，2003 年高速增长，一直到 2007 年、2008 年，这个时段经济始终保持高速增长，探讨不具有意义。

而 2008 年世界金融危机给中国带来了巨大的改变，我国大进大出，通过占领世界市场，拉动国内投资，压低工资，增长模式发生改变，把增长的力量放到了国内。国内靠内需，内需就是消费和投资，中间需求是投资，最终需求是消费。按照国际经济发展的规律，当人均 GDP 达到 3000

美元的时候，消费进入快速增长阶段，我国 2008 年人均 GDP 正好是 3000 美元，时间节点非常准。中国总是能把握住关键节点的节奏，到 2008 年需要扩大内需依靠消费的时候，人均 GDP 增长到了 3000 美元，消费成为拉动中国经济最重要的力量。

2008 年的危机之后，增长、稳增长的概念就出现了。2008 年之前的规律和 2008 年之后的规律完全不同，按照正常的周期规律，中国经济应该在 2008 年、2009 年下来，但是事实上经济没有下来，一直持续 9% 到 10% 以上的增长。真正下行是在 2012 年，破了 8%，之后持续下行。所以每年都讲，中国经济面临着巨大的压力和困难，明年的问题很复杂，情况很艰难。年年难，每年都比前一年难。但是年年都难过，年年都能过，年年过得都还不错，这是中国的基本状况。

从投资角度来讲，持续的下行非常明显。2012 年质量下行，房地产投资、社会消费品零售总额也在持续下行，"三驾马车"带来了巨大影响。关于出口，在 2009 年下行、2010 年上行后，持续在下行，到 2015 年、2016 年出现负增长。2018 年虽然经历了中美贸易战，经济还保持了正增长。从中可以看到"三驾马车"持续下行的格局与经济下行的压力。

西方一直讲中国经济即将崩溃，就是从"中等收入陷阱"这个概念上来讲的。世界银行做过一个统计，从 20 世纪 60 年代到现在，100 个经济体进入中等阶段，最终走出中等收入陷阱的只有 13 个。这 13 个走出来的经济体都是小的经济体，最大的是日本，还有韩国、新加坡、中国台湾、中国香港等，没有像中国内地如此庞大、拥有 14 亿人口的经济体。此外，这些经济体都受美国保护，美国提供资金、技术、市场。而中国跨越陷阱的时候恰恰面对着美国等发达国家的遏制。我到日本讲学的时候跟日本人讲，今天日本和中国应该形成一个联合体，因为当年日本成为第二、GDP 总量相当于美国总量 70% 的时候，美国开始绞杀日本，今天中国的 GDP 也相当于美国的 70% 左右，美国又对中国采取了一系列措施。一个大国和一个新兴崛起的国家的关系，或者说是博弈，被称为"修昔底德陷阱"。有一个专家认为，中国陷入中等收入陷阱的概率是 50%。但是我认为，全世界走出来的只有 13%，意味着中国陷入这种陷阱的概率很大。基于一直往下走的趋势，西方基本认为中国已经进入了中等收入陷阱。如果把人口因素等其他因素纳入考虑，这个问题将更加明显。在这种情况下中国要稳住，就要稳在中高速增长阶段。

总理一直讲，追求速度首先是解决就业问题。实际上不仅是就业问题，还有预期问题，对预期不好会带来更大的下行压力。我们当前为什么在新动能不足的情况下启动旧动能，从 2018 年 1—2 月发改委批复项目的投资规模就可以看出启动旧项目的格局，包括房地产，这说明稳住经济发展极其重要。

现在的经济下行是必然现象还是短期现象？如果是必然现象如何稳？对稳怎么理解？如果是短期现象，短期下行周期，进入新周期以后还会继续上行，今天的政策又会不一样，这是两个完全不同的概念。先用一个人口的概念去分析一下日本的案例，日本 65 岁老人的比例在 1992—1993 年超过美国，此时日本的平均年龄是 48 岁，美国是 38 岁，日本 GDP 增长是 0.9%，美国是 2.5%。

2018 年韩国经济达到日本 1992 年的水平，2018 年韩国的经济增长低于美国，如果这两个都得到验证的话，就意味着经济下行是一个必然现象，而不是一个短期现象。中国预计 2021 年、2023 年达到日本 1992 年水平，2021 年实现全面小康，下一个 15 年进入基本现代化建设阶段。如果我国经济增长 15 年之后像日本这样，哪怕是下行到美国 2% 左右的水平，中国不可能超越美国成为世界第一。中国要超过美国，需要实现 15 年中经济增长超过 5%。从大家目前关注最多的、人口红利的视角进行解释的话，我们国家现在放开二孩，预期的新增人口是 1700 万到 1800 万。2017 年是 1700 万，但是 2018 年降至 1500 万，这是富裕以后出现的问题，加上独生子女政策出台后这些孩子"长不大"等一系列的社会问题，都可能会对中国构成影响。

在最乐观的情况下，考虑进人口问题、技术进步，我们做了这样一个测算：2020 年之前，经济能够达到 6.3% 的增长；在较好的情景下，2021 年到 2035 年能够达到 5% 的增长，而美国从 2% 多最高增长到 3%，15 年左右中国 GDP 可以超过美国。如果同时考虑技术问题，中国可能会下降 0.8%，达到 4% 左右的增长，这时中国在和美国的博弈中就不占优势。中国 2035 年将进入世界创新中心，处在技术前沿，2036 年到 2050 年技术扩大以后是 3%~3.5% 的增长，中国将在 2050 年进入中等水平的发达国家行列。

上述情况基于一个非常重要的概念——技术进步。麦肯锡做了一个统计，全要素生产率带来的经济增长在 GDP 中所占的份额，已经从 20 世纪 90 年代的接近 50% 下降到过去 5 年的约 30%，全要素生产率持续下降，清晰地表明技术进步放慢了。为什么放慢？很简单，过去 40 年，因为与发达国家的技术差距非常大，所以我国可以通过学习、引进、消化、吸收再创新。但今天中国已经不能采用这种方式了，因为核心技术、关键技术拿不到，加之美国的遏制。这种情况下，未来中国如果能够做到把全要素生产率提升到 50%，那就可能解决人口问题、土地问题、环境问题等一系列要素投入所造成的天花板效应，突破增长。今天的增长问题、发展问题，核心是全要素生产率低的问题，关键是技术进步问题。

观察日本的经济增长图会发现，从 20 世纪 50 年代开始，这个增长过程，基本是三段式：50 年代到 70 年代的高速增长；石油危机之后进入中高速增长，也就是增长 4% 左右的状态，持续了 10 多年的时间；泡沫经济崩溃从 90 年代到现在，进入第三阶段的增长。

我国过去 40 年，经济是 9% 以上的高速增长，日本、韩国等国也都做到了，但是没有持续这么长的时间。那中国是不是进入了所谓的中高速增长阶段？中高速怎么理解？是不是像日本这样 4% 左右的增长，还是我们希望的 5%~6% 的增长？日本在 70 年代，城市化、现代化基本实现，但是中国没有完成。把这个概念加进去之后，中国会不会实现比日本更高速的增长？

经济学严格来说是一个经验科学，是一个历史科学。马云说，投资千万不要听经济学家的，投资是向未来投资，经济学家总是讲过去。但是，经济学家讲的东西就是通过过去来看未来趋势的，经济学是一个循环往复的过程，进行不断的周期变化。经济学家的任务是从过去的经验中知道未来的大致趋势，以及怎么把握趋势、把握概念。我们从日本的经验中，可以梳理出一个概念。

再看韩国，韩国经济从 60 年代开始高速增长，持续的时间远比日本要长，进入 90 年代之后，当工业化、城市化、现代化完成之后，也下降一挡，进入第二挡，2018 年进入第三挡，表明了经济增长的格局。中国台湾也是同样的情况，20 世纪 60 年代到 90 年代，虽然当中有波动，但是总的来说，经济高速增长，之后进入了一个下行阶段，即中高速增长阶段。

通过这三个经济体长时期的经济增长过程，再来看中国今天的情况，理解中国今天经济下行的情况。人们常说，经济下行压力很大，这是否是对的？从趋势的角度来说，我们习惯于高速增长的评价方式，习惯于高速增长的状态。谈到中高速增长，可能认为是一个错误。但是那如果不是错误，就是常态，那今天的宏观政策以及很多做法可能会不同。但是我们应该从日本、韩国、中国台湾的经验中看到，这是一个趋势性的下降，是一个长期的过程。中国到 2030 年左右才能完成工业化、现代化、城市化，这个时候我国平均增长率可能要高于日本、韩国，但不可能回到 9% 以上的高速增长时代。我们要把握的是经济增速下滑的底线，可以从数理、经验、理论角度讨论这个问题。

（二）自主创新

中国增长是全要素生产，主要靠自主创新。自主创新在 2006 年进入前 8 名，中国进入自主创新时代，在 2018 年达到历史的最高水平。但是在 2008 年、2009 年降至第 12 名，因为 2008 年金融危机，自主创新水平不高。之后两年降低，然后再增长，一直到 2018 年排在第 3 位，体现了我国对技术创新的巨大需求。中国能否成功，中华民族能否崛起，取决于自主创新。

经济学研究的是社会问题，要从社会的角度去研究技术创新问题，和自然科学不一样的地方，在于其要解放生产力。放在生产力的角度来说，科学技术是第一生产力。经济学研究的东西是技术创新的社会方面、制度方面和体制方面，和自然科学是相辅相成的关系。

从历史和现实来看，没有过硬的核心技术，就没有办法参与全球贸易和风控，也不可能立足于世界之林。回顾历史，1894 年甲午中日战争，当时中国的 GDP 总量是日本的 5 倍，中国的海军的吨位量或者排水量，远远超过日本，但是被日本打败了，为什么？1840 年中国进入百年屈辱时代，按照麦迪逊的测算，那时候中国的 GDP 总量在世界占的比重是 28%，远远超过当时英国的 10%、美国的 5%、日本的 2%。但就是这样一个经济大国，被这些国家给打败了。其中原因很简单，那时中国的 GDP 是农业 GDP，是农业的辉煌，而同时期英国已完成工业革命，用工业来打农业，不在一个维度上，所以中国失败了，这是非常惨痛的历史教训。我国的 GDP 总量占比从 28% 逐渐下降，每年下降接近一个百分点，到 1978 年改革开放只剩下 1% 多，这是我国在经济上没有完成工业化所付出的巨大代价，是历史教训。

从今天的角度来说，中兴就是因为芯片失败了，无力还手。美国今天对中国做的事情，是贸易战、技术战，还是金融战。下一个可能是粮食战，因为我国现在的粮食，特别是大豆，80% 以上都是依赖美国，种子

92%依赖美国。我国在很多地方受制于人，不利于中国经济发展。我国毫无疑问是第二大经济体，但是结构上是以低端产业为主，而高端产业较少，特别是核心技术、关键技术。

在这个问题上，我们还有很多能做的事情。今天美国在绞杀华为，但是华为没有死，还站在那个地方。华为在最具价值全球 100 强品牌中排名第 49 位，2017 年世界 500 强中排名第 83 位，上升 46 位。华为能达到这种水平是因为研发技术、专利，而且 90%都是发明专利，专注于核心技术。最近有人采访华为的任正非，问他为什么要研发芯片？是要替代美国的芯片吗？任正非清楚地表示，即使华为的芯片研发出来也不如美国的好，如果美国愿意和华为合作，华为一定买美国的，但是如果有一天美国要压制华为，而华为没有研发出芯片技术，那么华为就活不下去了。所以华为研发芯片，就是想要在美国断粮的时候，做到"手里有粮，心中不慌"，这是一个企业家的战略眼光。任正非的最高战略就是活着。从一个微观的、成功的企业的视角看中国的未来，中国要做的事情就是技术研发，这就是方向。

华为每年 1000 多亿元的"弹药量"，研发近 600 亿元，市场服务 500 亿元到 600 亿元，只对准通信领域这个城墙口冲锋，最终在这个领域领先了世界。这给我们每个学校、老师、学生一个启迪：做喜欢的事情，做到死就成功了。2018 年全球创新指数排行中，中国首次进入前 20 名，位列第 17，成为前 20 位中唯一的发展中经济体，展现了中国这些年加大科技投入来加快自主创新的成果。从 2006 年到 2018 年，中国自主创新取得了巨大的成就，科技论文和专利量都排在第一。

麦肯锡认为，迄今为止中国大部分的创新都是比较容易进行的，因为这是一个学习、引进、消化、吸收、再创新的过程，中国主要是间接性的创新，在更具有挑战性的创新领域成就有限，这种挑战性的东西要依赖于科学与工程的重大突破，而中国在核心技术、关键技术中的工程突破和科学突破远远不够。今天我国为什么要加大技术创新、技术研究，因为科学研究没有技术理论的突破是很难做到的。

工信部的调研表明，在130多种关键技术材料中，计算机和服务器、通用服务器的高端专用芯片95%依靠进口。芯片被称为"中国之痛"，比如中兴的惨痛教训。我国的运载火箭、大飞机，甚至包括汽车在内的多个领域的关键加工生产线，95%的制造和检测设备依赖于进口。中国核心的东西、关键的东西，甚至在世界上较为先进的东西，都存在短板。我们需要清醒地认识到自主创新的重要性，加大创新力度。

再看一下科技进步对经济增长的贡献度，我国是60%，发达国家达到70%，美国达到80%。中国要超越美国，不是GDP总量简简单单的超越。假定我国经济正常增长，即使在2035年前后的某一天，GDP总量超越美国，中国也不是世界第一，回过头看，美国1900年GDP超越英国成为世界第一，但直到两次世界大战结束后，美国才真正成为世界第一。习总书记在湖北考察的时候强调的几句话，我们应该把它作为非常重要的概念去理解，放到关系国家命运的层面。核心技术是国之重器，是实现跨越式发展的支柱，也是国家经济安全、国防安全的底线。真正的大国重器，一定要掌握在自己手里，靠自己拼搏。在这个阶段上，我国如何扩大科学进步，把我国的科技体制、教育体制改革向前推进，进一步提高我国的科研经费等问题就变得非常重要。以上是从自主创新的角度，去理解我国的大致情况。

中国未来的目标很清晰，2020年步入创新国家行列，2030年进入前列，2050年进入科技强国行列。我国科技的压力非常大，大飞机90%依靠进口。到2020年要努力实现40%的核心基础零部件、关键技术材料拥有自主保障，到2025年要将这一比例提高到70%。

美国今天针对中国真正的用意在哪里？白宫前办公室顾问说，对他来说和中国的经济战就是一切，要全力以赴，因为如果不打赢这场战争的话，最短 5 年，最长 10 年，美国将迎来一个经济的下滑期。5 到 10 年的时间，经济一旦下滑，美国将没有未来。关键是我们怎么按照国家规划的这种布点往前走，必须实现 5 年一个大台阶地往上走，至少赶上国家的步伐，否则就会被这个时代淘汰。大学期间我们干什么、学什么、怎么学，都是需要重新思考的问题。创新是第一动力，人才是第一资源。这是第二个热点。

（三）经济机制改革

第三个热点是改革，从 2017 年的第 20 位上升到 2018 年的第 9 位，上升了 11 名，是 2018 年所有的热点当中升幅最大的。为什么？经济热点的排名非常凌乱，好像没有规律，但是经济学一定要在混乱、复杂当中找到规律性的东西。

2003 年我国做出了一个改革的决定，改革成了热点；2008 年是改革开放 30 周年，"改革"的名次提高。2014 年后，虽然有所波动，但是改革基本都在前 20 位以内，反映了自 2013 年全面深化体制改革决定之后，改革的难度、改革的攻坚等一系列问题，改革的红利没有像前几次那么明显，改革在推进，但是改革的过程艰难，问题是如何攻坚克难。改革在 2018 年又回到第 9 位，因为 2018 年是改革开放 40 周年。我们可以看到改革热点的变动规律，第一个改革周期，即 1984 年中国第一个改革决定，1993 年第二个改革决定，相差 9 年；2003 年第三个改革决定，2013 年第四个改革决定，都相差 10 年。所以中国的改革周期是 9—10 年，经济周期的时间也是 9—10 年，改革周期与经济周期完全吻合。

可以从中国 1978 年以来 GDP 增长看到两者的关系。1980 年、1981 年中国经济进入低点，只有 5.1% 的增长，在最困难的时候恰恰是改革最好的时候，改革容易达成共识。1984 年，我国出台第一个改革决定，GDP 增长达到了 15.2%，改革的红利立马显现，经济极快增长。增长到 1990 年又进入一个低段。1984 年到 1990 年的发展周期，是从上升周期到下行周期的一个过程。邓小平南方谈话后，又是增长周期。中国过去改革的红利是匀速显现的，到1998年亚洲危机，进入第三个低点。2003年体制改革决定拉动经济发展，拉动5年的增长，然后又出现下行。严格地说，到2008年，中国经济遇上世界金融危机开始下行，把既有的产能、落后的产能淘汰掉，进入新的周期。但我国的四万亿又拉动了增长，通过大量的货币发行，产生了新的概念，到2012年才开始持续地下行。今天我国还在去产能、去杠杆、去库存，原本可以通过市场解决的问题，我们通过政府的方式解决了，这是一个比较难的转换过程。

当经济下行到最低点的时候恰恰是改革最好的时候，改革决定一旦出台，经济迅速增长，进入5年的成长周期，改革的红利在缩减，下行5年，到了低点再改革，基本形成了改革周期。2013年我国做出了第四个改革决定，但没有引起像前三轮那样的变化，原因是多方面的，改革可能进入了深水区、关键期，改革的红利没有释放出来。我想从改革周期和发展周期两个角度，带大家去理解改革热点的变动规律。

第二个重大事件，2008年是改革开放30周年，而2018年中共中央又做出《关于深化党和国家机构改革的决定》，这是政府体制改革，所以2008年、2018年"改革"排名到了第9位。今天怎么理解改革？怎么推进改革？可能还是一个比较大的问题，在理论上还需要进一步探讨。纪鹏院长提到民营企业的概念、民营企业的作用，那么民营企业是不是完成历史任务、该退场了？我们的经济又该如何设定？我国出台了1600多份改革决定，包括产权体制改革、金融体制改革，以及经济体制改革等，但是这些改革决定还没有真正落地。中央对改革的期盼、对改革的要求，以及具体地在这个过程当中怎么做，就是第三个热点——改革。

（四）金融秩序与金融安全

第四个热点是金融秩序与金融安全，这是金融首次进入前10。2005年第41位，2009年上升到第26位，原因是2008年的金融危机后，国家加强了对金融方面的监管。2011 年进入第 18 位后不断上升，到 2018 年进入前 10。从这 16 年的变化当中，我们可以看到金融秩序、金融安全已经成为中国当下非常重要、值得关注的问题。

中央经济工作会议讲的三大攻坚战，第一个就是防范重大风险，重大风险当中最核心的风险就是系统性的金融风险。为什么今天把它提到这么高的位置上？大家可以从数据中得出，货币发行量到 2018 年年底已经达到 180 万亿元，GDP 是 90 万亿元，当然有货币化的过程等因素的影响，但是这些年中，货币发行量一直高于 GDP 的增长量。

中国这么大的货币发行量为什么没有出现严重的通货膨胀？我们来看看房市和股市。先看房市，在北京一套房 5000 万元，购买后 5 年不能交易。2018 年房市和股市把很多人的资金吸进去了，所以通货膨胀没有那么明显，但是通货膨胀的压力依然存在。所以我们今天强调供给侧改革，如果完全靠需求侧这种凯恩斯主义的政策很难推动中国经济的增长，推动的将全是泡沫。

按照目前中国房地产总值，房地产泡沫已经相当于 GDP 的 250%，超过了日本 200% 的房地产泡沫，也超过了美国 2008 年发生次贷危机时的 170%。中国人对房子十分热爱，美国人的住房自有率是 60%，而中国高达 90%，甚至 20% 的家庭还拥有两套、三套房子。日本只有 1.23 亿的人口，而中国有 14 亿，为什么会崩呢？14 亿中有 10% 的富人就是 1.4 亿，超过全日本人口，而且日本还不都是富人。美国 3.23 亿人口，中国 14 亿，多 10 多个亿。今天房地产的政策，为什么一定要锁定？或者说叫冰封？因为不能再涨，再涨风险巨大，当然也不能降，降了也存在巨大的风险，封锁在这儿，等中国经济崛起，才能相对地解决问题。为什么这样讲？在今天的房地产市场，1000 万很多，但 10 年以后、20 年以后，大家都成为富翁的时候，可能这点钱就不是钱了，就不是问题了，承受力就不一样了。十大房地产商的资产负债率都达到了极高的水平，融创已经达到 92%，最好的是金地，也达到了69%，所以房地产市场急于融资，处境艰难。

从日本的经验来看，房地产泡沫破灭是衰退的一个重要因素。1985年到1990年，日本城市地价增长了200%，20年来日本六大主要城市住宅用地价格跌幅达到65%。东京的土地均价已经是4万元/平方米，北京现在是6万多元/平方米，远远高于东京价格。北京人口是2200万，东京是3500万，北京的土地面积大概是1300多平方公里，比东京要多300多平方公里，再加上东京的房子接近一半是别墅，北京基本上都是高楼，所以日本到现在还没有恢复至最高的房价。这是日本的大致情况，中国不一定出现相似的结果，但是泡沫非常明显。

第二是银行风险。房地产贷款中，给家庭的贷款占整个银行贷款的20%左右，如果加上不动产的抵押贷款应该占到40%以上，这就是出现房地产以及中国金融问题的原因之一，所以"封住"至少账面不会出大问题。

从金融不良资产的市场调查报告中可以看出2017年年末中国金融不良资产贷款和增长的情况，当大中城市房价下跌20%到30%的时候，银行就会无法承受。在北京房子均价每平方米6万多、东京4万多这样的水平下，中国跌30%应该是极其正常的，但是银行无法承受这样的结果，个人也将受到极大的影响。

另一个就是债务问题。2008年债务总额占GDP的比重是147%，债务风险处在比较合理的水平。但是短短10年时间里，这一数据达到了284%，增长了一倍。这些年我国采取凯恩斯主义需求管理的宏观政策，通过大量的货币刺激，需求拉动来解决稳增长问题。今天泡沫已经到天花板了，所以我国实施供给侧的结构性改革。美国260%的时候泡沫崩溃，2008年危机出现。日本泡沫崩溃以后达到415%，但是中国已经进入250%这个状态，如果维持现状到2020年，中国的负债率会达到300%，将会出现严重后果，因此中国要去杠杆。如果国有企业和银行业能加快改革，控制在 270%，将是比较好的水平。

2018 年年初，国际清算银行中，中国大陆的债务规模和偿债负担已经进入红色区域，中国的债务情况拉响了警报。从地方债务风险来看，2018 年 10 月末，全国地方政府债务余额 18.4 万亿元，平均期限 4.5 年。很多地方现在长期处于入不敷出的状态。解决地方债务的压力非常大。所以对西方在地方债务问题上对中国的探讨，应该给予重点关注。

中国的地方收入很大程度来自房地产，大概统计来看，这些年地方财政收入，土地包括土地出让金，加上房地产各种税费等所有的收入占地方财政之比在 50%~60%。当我们把握房地产风动的时候，地方政府的资金来源是什么？前天我去内蒙古，问了当地的财政状况，情况令人担忧，办一个中学大概要投资 10 个亿。最后书记说还有多少地没有卖，卖了以后就回来了。最严重的时候，像经济相当不错的苏州，土地依赖度最高达到了 80%，这是一个非常严重的问题。

所以，一方面，房地产一定要控制，泡沫严重；但是另一方面，控制以后地方财政容易出现问题，为了地方财政，我们不得不在某种意义上松动。前段时间一个问题讨论得很火热，中国房地产会不会进入一个新的上升周期？包括山东在内的一些地方在放松，房地产处于一种两难的困境，而且风险也很大。

在《经济观察报》对 22 个知名金融机构进行的《2018 年宏观经济调查》中，显示了中国潜在的十大风险，地方债务处理占据了最高的选票，达到了 68.2%，国内外达成一致的看法，这说明了我国地方债务存在问题。按照高盛的统计，2017 年的企业债负债率达到了 178%，远远高于发达国家。从理论上说，整体已经破产了。

家庭债务来看，过去中国人节俭、储蓄的传统现在也结束了，大家都去负债，所以家庭杠杆率从 2006 年到 2016 年，短短 10 年时间，从 11% 涨到 45%，2018 年到 50%，在去杠杆的大背景下，达到了相当高的水平。我常说，钱可能是最不是问题的问题，我国既有内债也有外债，为什么不去借？这是从这个角度看到的问题。

从杠杆率上升的角度看，不是和发展中国家比，而是和美国、英国、加拿大这样的发达国家比较，红线是中国的。这些国家是储蓄率极低的，都是用阶段消费完成发展，我国已经接近它们的下限，意味着我国"80后""90后"成长后，我国进入借债生存的家庭状态。

负债率方面，美国用了 40 年的时间，实现居民家庭负债率从 20% 到 50%。和发达国家相比，我国只用了 10 年的时间，是极高的增长、极快的推进。2016 年，中国居民部门负债和劳动报酬之比是 90%。而今天，中国究竟是消费升级还是消费降级？中国家庭为什么不敢消费？可以看到我国家庭的压力。比如说在北京，家庭负债基本上都是房地产负债。中央民族大学 2000 位老师，1000 位没有房子。

中国的金融风险，无论从国家层面、地方政府层面、企业层面，还是家庭层面，都已经到了一个非常高的位置。发达国家负债率达到 76%，新兴经济体 39.8%，我国已经达到了 51%。房地产必须封死，这是 2008 年的美国次贷危机所显现的结果。今天为什么把金融风险问题放在头等重要的位置？中央工作经济会议讲得非常清楚，要绝对守住系统性金融风险问题的底线。

（五）资本市场

第五个热点是资本市场。2003 年从我们开始做热点的排名开始，就一直持续关注资本市场。2003 年资本市场是在第 1 位，2008 年降到第 2 的位置，2018 年降到第 3 的位置，不讨论个别年份，大致上是分三个阶段，是台阶式的过程。

资本市场为什么值得关注？我从政治经济学的视角探讨，从国家发展的大逻辑来看，资本市场是营养因素。

首先，中国改革开放七八年后，是低收入迈向中高收入的阶段。发展经济学解决的就是低收入起步问题、低收入陷阱问题、发展问题、贫困问题。发展中国家劳动力过剩，无限供给，是发展经济学的基本道理。有了充足的资本，现成的土地，充裕的劳动，三个要素结合经济就发达了。发展经济学探讨的核心问题是什么，储蓄；第二个问题，储蓄如何转化为投资。把这两个问题解决了，发展中的问题就能得到解决。中国资本市场起步的时候就是解决资本问题，解决发展中低收入国家的发展问题、融资问题。我们已知的思路就是通过资本市场解决融资问题，把好的企业上市，解决钱的问题等。另外，通过制度经济学的制度变迁理论解释我国现代制度的构建问题，通过上市公司、股份公司的改造来进行，中国改革开放就是按照这两个线路走过来的。

进入新时代，我国从中高收入进入向高收入迈进的阶段，融资还重要吗？严格讲，资本是过剩的。当资本过剩的时候，资本市场的融资功能大大下降，或者变得不重要。那在中高收入迈向高收入、迈过中等这个阶段中，什么最重要？

第一是消费，扩大内需，靠消费拉动经济。就资本市场而言，扩大居民收入的来源成为扩大财产收入，或者是资本收入的一个重要渠道。所以是不是应该从融资功能转向收入功能呢？从支撑消费增长，扩大内需的概念中如何理解呢？如果变成投资的概念，我们原有的资本市场的那一套逻辑是否会发生改变？融资保护企业，投资是保护投资者。那么现有的规则、制度，还有资本市场发展的逻辑，是否应该有所调整？改革的方向应该怎么确定？收入光靠工资无法实现增长，扩大居民的财产性收入、经营性收入是将来一个很重要的方向。一个朋友做了江苏和浙江的居民收入比较，发现浙江更富，江苏虽然 GDP 排名第二，但是居民收入低。原因就是，江苏的绝大部分收入来自工资，而浙江很大一部分来自经营性收入。资本市场是不是应该从融资向投资转变？这是出于对投资者的保护，有投资者的相对概念在里面，还有大的改革的逻辑。

第二是技术。从需求的角度来讲，是消费；从供给侧的角度，那就是技术了。既然需要技术，上市公司的结构应该是怎样的？谁应该上市、谁不应该上市？上市公司的标准、衡量的概念等是不是要发生一些改变？比如过去要求三年必须赢利的指标、必须分红等。从科技的角度和创新的角度来看，是否可行？今天为什么要推科创板？大家在讨论科创板时有着不同的意见，从资本市场的视角和国家的战略角度去考虑可能会得出不一样的结论。以美国纳斯达克成立的时间和美国的科技创新为例，20世纪70年代开始，美国信息技术改革所推行的一系列措施给我们什么启示？从90年代开始，特别是在推进重化工业化这个过程当中，中国的重化工业化的实现和资本市场之间有什么样的关系？用短短10年时间就把重化工业化推进完成了，两者之间有没有对应关系？我们进入到创新阶段，资本市场应该怎么调整？这些都应该引发一些思考，我们的重化工业是成功的，资本市场发挥着重要作用。那么现在这个特定的阶段，要消费，要技术，资本市场的改革应该如何进行？

（六）收入分配和收入差距

第六个热点是收入分配和收入差距，这是社会一直非常关注的问题。在2008年之前，这个问题只在2006年进入过第10位，基本在第10~20位。2009年之后，迅速上升到前10位，最高达到了第3位，形成了明显的两段式过程与巨大的反差。

2008年世界金融危机，大规模的出口到此结束，通过"大进大出"拉动国内经济的模式结束，转向扩大内需，内需中主要是靠消费，消费的基础是收入，但有收入也未必会消费。实际上，现在我国拥有较强的消费能力，但没有转化成消费的水平和消费的结果。有各方面的原因，比如供给需求之间的错位，大家到海外去购物，拉动海外市场，2016年到2017年，由于中国人去日本大量消费，日本从负增长变成了正增长。

扩大内需要求进行收入分配改革，把收入分配体制改革提高到战略性的位置。第一，居民收入增长要和经济增长同步，2008 年之后，收入增长甚至高于经济增长，近两年开始基本同步。我国在国民收入分配中，将更大的一块蛋糕切给了居民。企业家是国家发展非常重要的主体，但是相对地位在下降，是由于过去我国发展靠企业家投资，而今天靠消费。经济的增长 76.2% 来自消费，消费方面的问题一出现，国家自上而下给予极高的关注，要把消费者保护起来。如长春疫苗问题，从省长一撤到底。

第二个问题是收入差距。要结构化理解哪一个消费者群体更重要。据现在的调查结果，"50 后"消费最少，而储蓄率高。"90 后""95 后"是现在消费最多的两个群体，他们在消费群体中约占 16%，对消费的贡献超过 24%。"00 后"这一代个性化极强，过去那种排浪式的、大批量的消费不可能出现。了解这个群体的需要以及消费习惯变成了今天非常重要的课题。从国家分配的角度来讲，要向重要的地方分配、倾斜，通过结构性的调整来解决收入差距过大的一系列问题。再一个问题就是扶贫攻坚，共同富裕，享受改革发展的成果。收入分配体制改革是从大的国家收入分配格局中着手，从收入差距角度以及扶贫角度进行的。

当下中国面临最大的问题是如何跨越中等收入陷阱。将跨过去和还没有跨过去的两个经济体进行比较，基尼系数达到 0.5 已经是收入严重不平衡了，我国 2016 年为 0.465，2017 年为 0.467，2018 年达到 0.491。根据美国的数据，科技创新、新兴战略产业发展，伴随着收入差距的扩大。而目前从韩国和日本的数据当中并没有发现这个规律，韩国的基尼系数在这些年控制在 0.4 以下，日本长期稳定在 0.3 ~ 0.37，我国台湾始终保持在 0.35 以下。日本 20 年没有涨工资，日本的消费者为什么没有意见？是因为消费价格没有变动，甚至有所下降，物价得到控制，成本就控制住了。我国成本无法控制，工资也无法控制，所以在不动产，或者是大规模的变动中，收入会出现更大的差距。当人们，特别是科技人员、高附加劳动力、高教育人群，进入高端产业的时候，会带动整个基尼系数的上升。

陷入中等收入陷阱的国家有马来西亚 0.492，墨西哥 0.531，智利 0.571，巴西 0.553，中国 0.491。为什么这些国家会陷入中等收入陷阱？为什么要进行收入分配？收入差距如何做大幅度调整呢？1933 年美国进行技术变动，爆发经济危机，验证了马克思主义资本论的正确性。2008 年世界金融危机爆发，又是金融最高点，两个高点发生了两次最严重的全球性的经济危机。经济系数最高点是 0.442，中国是 0.491，我国很多线都是在外国之上，但是我国的宏观管理水平极高。

今天我们要跨越中等收入陷阱必须解决收入差距问题。因为在收入差距大的情况下，消费的扩大会出现问题，社会的矛盾会激化，对经济增长是不利的。今天社会矛盾发生转化，人们要求公平公正，寒门难出贵子，阶层的固化越来越严重，这对发展来说是一个相当大的障碍。

教育的公平、由教育带动的流动性有助于打破阶层的固化，给人们更多的发展、成长的机会。参加高考的、考进普通大学的人和考进清华、北大的人比例差距很大。严重的城乡差异也带来一系列的问题，农民问题、农村问题变得很重要。北大招收的学生中来自农村的比重、人数确实体现出了一些问题。2014 年、2015 年一流学校发生了一些改变，要求增加农村学生的比例。农村和城市之间的差异，农民的子弟怎样去改变自己的命运，怎样在这个社会当中找到自己的位置，这些都是值得关注的问题。扶质、扶知都是大学和社会应考虑的问题，要从收入分配的视角看当下的社会矛盾，以及思考怎么解决这些社会矛盾。

（七）马克思主义经济学及其中国化

最后的热点是马克思主义经济学及其中国化。这个热点 2015 年排第 26 位，2016 年排第 10 位，2017 年排第 10 位，2018 年排第 8 位，这说明中国政治经济学迎来春天，研究发展进入新时代。为什么说研究发展进入了新时代？为什么要推动研究发展的中国化？因为中国缺乏相应的资本和条件。经济学的创新，学术体系、话语体系的建立最早是在英国，马克思主义的发端在英国，后来发展到了美国。美国是最发达的国家，下一个最发达的国家就是中国。

中国有 40 多年的经验，走了不同的道路，用了不同的政策和制度，但是中国没有完成总结的过程。到 2050 年的时候，我们可能会完成这个过程，实现中华民族的崛起。在前半段的 40 年中，我们实现了成功，值得我们用经济学规范的方法去总结很多问题。在最早推动工业化的时候，英国的年均经济增长率很高，后来美国代替英国成为霸主，到现在中国经济增长率是第一。中国经济学创新的土壤是存在的，我国成功了，就要敢于总结经验，不成功就不好总结经验。

日本经济从 1961 年到 1973 年高速增长，1973 年到 1992 年中高速增长，有产业经济学、产业政策的原因，中国学日本就是学习这方面的因素，美国也在学习这方面。与此同时，韩国也完成了高增长，那么韩国是怎么做到的呢？工业化过程、产业结构变化、制造业占 GDP 的比重都成为发展实体经济重要的参照因素。中国有自己的资本和条件，坚持基本经济制度不动摇，坚持社会主义市场经济和公有制加市场经济的概念。中国与外国的发展道路完全不同，为什么也会成功呢？因为中国可以用市场经济学规范社会主义国有经济改革，但是如果反过来，社会主义可不可以规范市场经济呢？对此做出总结，在运营当中，市场和政府之间的关系也就显现了。

总结不一定是总结原来的信条和模式，如总结我国的 40 年是否正确等，而可以将 40 年的数据做计量与数理的分析，构建中国特色的经济学，或是中国学派的经济学、中国气派的经济学。我们以前都是用西方经济学原有理论框架来解释中国经验，现在无法解释，所以现在国际上要的是以中国学派解释中国经验。西方经济理论解决的是西方发达国家的问题，作为发展中国家的中国如何进行技术赶超？仅仅用发展经济学的理论是不够的，发展经济学解决了低收入的问题，但是缺少解释中国高质量发展经济学的内容。

那么能不能创造中国学派？可能这就是我们今天要做的事情。考虑到已有理论的局限性，发展的局限性，增长的局限性，日本、韩国等跨越中等收入陷阱的局限性，中国需要新的经济学理论带来的自主创新。最近习总书记告诫文艺界和社科界，要用中国理论解释中国实践，每个人都应该担起这个责任。

点　评

刘纪鹏：第一点，泰岩用 19 本权威期刊评出了 20 个热点问题，重点分析了其中的 7 个，把定量分析和经济现象的本质结合起来，比如说改革周期与发展周期的关系，这种观点引人入胜。2013 年全面改革之后，2015 年中共中央、国务院印发"22 号文件"——《关于深化国有企业改革的指导意见》，全面拉开国企改革的大幕。但是为什么没有带来一次高潮？是不是我们的改革放了空炮？我们未来改革道路怎么走？在重大的改革文件颁布之后，经济持续徘徊在低点很长时间，中间当然有大的经济结构调整，但是分析改革周期与发展周期是非常重要的。此外，其他的问题也都讲到了关键，包括股市、融资，为什么大家对科创板很忧虑？他提出的每一个问题都发人深省。

第二点我想表达对泰岩的相见恨晚之情。泰岩反复强调是当兵出身，拥有文人的儒雅与军人的刚毅。在谈到金融安全、中美贸易战时，他释放出了一种正能量。我也是当兵出身，能够体会这种感觉。因为如果没有当过兵是很难将儒雅与刚毅完美结合的。

时建中：感谢黄校长为我们分享了非常有学术价值和实践价值的研究热点排名与分析，对我们学术研究具有指导意义。市面上有很多研究热点的排名和分析的书，但是图书质量良莠不齐，有相当一部分是为了制造话语权、蹭热点。今天黄校长介绍的经济热点的研究排名和分析，给所有的排名和分析树立了一个标杆和榜样。

黄校长的演讲解决了三个基本的问题。第一，研究热点的现状是什么？这个需要文献计量学的知识，需要把知识图谱整理得非常清楚，分析时要有足够的专业和理性，一个好的排名必须回答"是什么"的问题。第二，为什么这个问题能成为热点？第三，研究热点能指导我们做什么？比如，在面对 2018 年的研究热点时，我们经济学要做什么，最后落实到怎么做。黄校长的演讲非常好地回答了这三个问题。我认为，如果不能回答这三个基本问题，这个排名一定是一个糟糕的排名。黄校长今天介绍的经济热点的排名和分析是一个标杆式的、榜样式的排名，所以我们应向黄校长表示敬意。

黄校长的演讲对我个人有几点启示：第一，我受我们法大黄校长的委托，协助黄校长分管科研工作，经济学是我们关注的重点。这个排名直接的受益者是经济学这个学科，经济学就放在商学院，所以商学院是最直接的受益者。但是这个排名本身是一个方法，或者说有些分析的内容是方法，从方法的角度来讲，在座的所有人都是受益者。

从更高的层次思考问题，就回到学术的使命上来了，或者说是学者的使命、学科的使命，甚至是大学的使命。在我个人看来，学术的使命分为上线的使命和底线的使命。上线的使命是不断地发现真问题，探索正确的答案。没有真问题就没有正确的答案，答案对不对一定是相对真问题而言的，只有真正的问题才是有正确答案和错误答案的，一个错误问题是没有正确答案和错误答案的。通过这样一种方法，我们可以找到真问题。我们强调学术有问题导向，需要明确问题在哪里，问题是什么，问题靠什么发现。黄校长今天的演讲就给我们提供了发现真的学术研究问题的方法。从学术的角度来讲底线问题，要杜绝伪命题，杜绝假问题，因为那是浪费资源、浪费生命的研究。假问题、伪命题研究越多，浪费越多，浪费学科，浪费自己，浪费时间，浪费精力。底线是不研究假问题，上线是尽可能研究真问题。

黄校长几乎是在介绍每一个热点之后，用大量历史的、现实的、国内的和国外的数据来分析，为什么它能成为一个研究的热点，实际上就是在寻找成为热点背后的原因。如果能把这个关联度、相关性找到，就可以看到，学者应当从哪些方面来做贡献。为什么说这个排名和分析非常有价值呢？我们可以在每一个问题、每一个热点研究的背后，看到大量经济的热点，当经济研究的热点和经济的热点实现高度吻合的时候，可以看到排名的有效性和研究的价值所在，说明研究的是真问题。

热点的排名是跨学科的研究，不是经济学家单独就能完成的，还需要涉及另外一个学科——情报学。这个学科需要大量的科学计量、科学分析，必须梳理历史上的知识图谱，通过知识之间的关系发现相关性。所以排名的分析部分既需要多个学科的结合，还需要像黄泰岩校长这样对学科的发展有深刻的学术洞察能力和引领学科发展能力的人，才能够进行非常深入的、精准的分析。

前两天我跟法大的黄校长报告，我们想对政法大学的法学学科进行分析，政法大学学生所做的研究，主要是看博士论文跟中国法治建设的路径的吻合度。比如说，有研究海洋法的，研究南海问题的。假如有博士论文在南海仲裁之前，就已经对南海问题做出了深入的研究，这个研究就具有高度的前瞻性。

刚才黄校长介绍的第六个问题，关于收入分配不公的问题。如果说今天黄校长在这个报告当中提出，2008年收入不公是一个热点问题，现在研究是可以的。但如果我们早在之前就进入研究，提供了大量的学术成果，这样的研究是更有价值的。研究成果和热点的相关性，从世界的维度来看，相关性是前瞻的、滞后的，还是同步的？如果是滞后的研究也可以，那么就会有更多的、更系统的、更全面的贡献，因为需要面临大量的现实问题，这个问题就不是假设的问题。不同的时间维度有不同的要求。

现在学术研究存在的问题是，仅仅为了评职称而研究。我们在努力地构建一套符合大学科研规律，符合年轻学者职业生涯规划规律的一些管理办法。

我的专业是经济法学，属于法学的范畴，也要大量阅读经济学的文章。黄校长一开始披露的20个热点，以及介绍的7个热点，特别是前6个热点，几乎每一个热点都是法学的热点。比如说收入分配不公的问题，创新驱动经济增长和经济发展的问题，如何驱动？靠什么驱动？驱动的体制是什么？驱动的机制是什么？如果说优化资源的配置和提升是经济学核心的观点或者是方法、目标，那么这个资源配置的公平性和正义则是法学研究的重点。经济学科的核心是研究资源的优化配置和再生，最佳的资源配置机制要求予以制度保障，而法学主要是通过研究义务、权利和责任的配置，来构建配置资源的有效的体制和机制，来规范资源配置行为，所以说，经济学和经济法学的联系是天然的。

第五篇
从长安汽车发展看国企改革的难点与对策

蓟门法治金融论坛第 71 讲

主讲：朱华荣　长安汽车公司总裁、十三届全国人大代表

主持：刘纪鹏

时间：2019 年 4 月 10 日

地点：中国政法大学蓟门桥校区

点评：李冰、李庆文、王霆

纪鹏荐语

4 月 2 日，国务院国资委郝鹏书记和教育部陈宝生部长联袂邀请央企领军人物到清华大学宣讲，首场报告的主题是新时代国有企业的改革发展。这是落实 2018 年 9 月习近平总书记在全国教育大会上提出的"培养什么人、怎样培养人、为谁培养人"重大命题后，央企企业家走进大学讲堂的具体行动。此举既宣传了国

资企业在中国市场经济模式中的重要地位，又鼓舞了大学生理论联系实际，加强学以致用的能力，具有双重战略意义。

中国政法大学商学院2017年成立了以杰出企业家为主要成员的理事会，首届理事会上，孔丹理事长、宋志平副理事长就明确指出了"大学要请企业家进讲堂"的办学方向。两年来，央企领军人物孔丹、杨凯生、宋志平、周渝波，民企掌门人洪崎、王健林、刘永好、张大中均做客蓟门法治金融论坛，通过讲解各自领衔企业的创业奋斗史，把大学生们带上了鲜活的社会实践课堂。一个个理论联系实际的生动案例，充分论证了中国坚持市场经济改革是一条成功之路。正是在此基础上，蓟门论坛得出了"实事求是，坚定市场经济方向，践行中国道路"是唯一正确的论坛方向。

本次蓟门论坛邀请著名企业家，我国制造业的一位传奇人物，长安汽车公司总裁朱华荣，他的演讲主题是《从长安汽车发展看国企改革的难点与对策》。

1984年，长安汽车在国企改革与"军转民"的历史大环境中转型进入汽车行业。1986年，朱华荣艰难起步，投身于年产量只有200辆的长安汽车。历经36年的奋斗，今天的长安汽车已跻身中国汽车六大集团之一、全球汽车排名第16位、《财富》世界500强第140名的强企之列，年产量300万辆。

长安汽车还是国务院五部委命名的自主品牌领军企业，在我国汽车工业自主品牌研发领域位居首位。不仅在"五国九地"建立了全球化研发体系，而且形成了一万多人的研发队伍，研发实力连续五届十年位居中国汽车行业第一，并且在新能源、无人驾驶等多项汽车先进技术领域名列前茅。长安汽车30多年的成长史，堪称我国"军转民"的一个奇迹。

我与长安汽车及朱华荣总裁结缘于2015年，我有幸受聘为长安汽车的独立董事。在参加长安汽车的首次董事会上，我就被朱华荣总裁高瞻远瞩的战略眼光、温文儒雅而又果敢刚毅的气质、对每一项议案条理清晰的分析以及他脱口而出的一个个长安故事深深吸引。会后，他亲自陪同全体董事参观了长安汽车陈列馆，并邀请我们这些"门外汉"乘坐长安人自主研发的无人驾驶汽车，更是给我留下了深刻印象，那时我就萌生了一定要请华荣同志到蓟门论坛演讲的初心。

朱华荣总裁是一位融合现代科技与管理于一身的复合型企业家。不知为何，写这篇荐语时，一想到华荣同志的才华与性格特点就不由自主地想到任正非。设想如果把华为这家民营企业的共享产权和自主激励等体制优势赋予长安汽车这家国有企业的话，相信朱华荣同志完全有可能成为"中国汽车界的任正非"。

由于环境因素，华荣同志为人极为低调。据我了解，他除了在他的母校演讲过一次以外，此次蓟门论坛是他第二次走进大学讲堂。

华荣同志此次演讲的主题是他与我共同商定的，内容将涉及三个方面：一、长安汽车30多年发展所走过的艰辛历程；二、当前汽车工业面临的机遇和挑战；三、国企改革的难点和对策。

一位著名企业家的亲身经历，三个重磅话题，相信莅临本次蓟门论坛的听众将会享受一次集汽车工业新趋势、国资改革新方向于一体的丰盛大餐。

致　辞

刘纪鹏：今天是蓟门法治金融论坛的第71讲，题目为《从长安汽车发展看国企改革的难点与对策》，但实际上今天的讲座不仅仅针对国企改革，不仅仅讨论长安汽车的发展，还会谈到为什么汽车将是继智能手机之后未来互联网移动中心的第二个制高点，最后还会涉及一个引人注目的话题：国企改革。朱华荣先生作为这三大重磅话题的亲身经历者，一定会给大家带来一场思想盛宴。

今天的主讲题目很大，一个多月前，我就在想这个问题应该怎么解读，因为国企改革是世界性难题。当前，在中国特色社会主义思想指导下，随着市场经济不断地融合发展，中国在持续探索，每个企业和各个层级也在探索。尽管国企改革还存在很多问题，但取得的成绩也是需要重点关注的。

一、从长安汽车的改革来看国企改革

今天的讲座实际上是从一个点出发，即从长安汽车的 40 年改革、当下面临的问题以及长安汽车的未来发展方向这一角度来看国企改革。改革开放 40 多年成就巨大，中国确实发生了翻天覆地的变化。中国作为全球第二大经济体，是走进了还是靠近了世界经济舞台？对于这一问题大家会产生争论，而在我看来，这两个词都是对的。有的领域中国已经走进去了，而且走到中心了，甚至处于世界领先地位。以汽车制造为例，中国汽车制造已达到世界最先进水平，在全世界汽车制造的水平故障率、软件劳动效率等若干指标上已是最先进的，而且全世界的知名汽车制造企业集团都把中国汽车制造运营指标作为目标来进行定标。

2018 年是中国汽车产业连续保持产销第一纪录的第 10 年，而今年中国汽车产销量也毫无疑问会是全世界第一。数据表明，2018 年中国汽车年产量达 2800 万辆，世界总产量为 9000 万辆。而在中国生产的 2800 万辆中，中国自主品牌占比 42.46%，这是很伟大的成就。国家改革开放初期汽车生产是什么情况？近乎是 0。这是中国改革开放影响汽车产业的一个基本情况。

改革开放 40 多年里涌现了各种经济模式，改革开放前只有国企经济模式，改革开放后民营经济涌现，还出现了混合所有制。很多人会认为民营经济、混合所有制更适合发展国家经济，而将国有经济妖魔化，把国有企业看成腐败等负面词的象征，这种观点其实是错误的。汽车界民营企业家代表李书福说，民营企业的腐败程度比国有企业要严重得多。其实腐败是所有企业存在的一个普遍问题，而在这 40 多年的改革中国有企业取得了长足的发展。

历经改革开放 40 多年风雨，长安汽车资产总值从不足 1 亿元到如今的 2500 亿元，汽车的销量从 0 增长到 2018 年的 2800 万辆，员工规模从 2 万人增长到 9 万人。9 万人是长安汽车的企业职工人数，而长安汽车的整个产业链大概有员工 150 万人，所以长安汽车带来的巨大效益确实使其成为国民经济的重要支柱，有很多的指标可以反映这一事实。长安汽车在发展过程中也备受社会各层级的关注。中国老百姓关注自主品牌的发展，而国外的竞争对手也开始对中国品牌予以关注。以前中国品牌推出一款新车，没有人关注，现在长安汽车每开发一款汽车，国际上的主流汽车公司都会购买从而进行研究，这已然成为全球汽车行业的一个惯例。这可以从长安汽车 4S 店的消费统计数据中看到变化。同时，长安汽车也受到了美国特朗普政府的关注。为什么现在全世界在各个方面都十分重视中国呢？因为中国各方面的快速发展对其产生了威胁。这些年长安汽车从一个几乎没有研发技术的企业发展成为引起国内外汽车同行关注的企业，已经是中国最强大的研发力量之一。

在新一轮国企改革中，从党中央到国务院，到各级政府，再到国资委，都为国企改革做了大量的工作。聚焦基层单位，像长安汽车这样的国有企业是怎么进行改革的？我们从一个对外根本谈不上开放，所有的改革都停滞不前、思想混乱、问题若干的这样一种状态，通过改革开放发生了翻天覆地的变化。接下来我将跟大家探讨长安汽车的改革开放之路。

二、长安汽车的改革之路

长安汽车的前身是李鸿章于 1862 年创办的一所军工企业——上海洋炮局，首任总经理是英国人马格里。这个企业建址上海，后来又辗转搬去苏州、南京，1937 年迁到重庆，1984 年后从重庆逐步走向了世界。长安汽车在全球拥有 15 个基地，35 个工厂，10 个重点市场，还有 41 个一般性市场，这是长安汽车一个基本的情况。

下面为大家介绍长安汽车在国企改革之初的情况以及做一系列调整的原因。长安汽车在改革之初主要生产军工产品，代表着中国小口径炮和弹防御协同的最高水平。当年还有很多的副业，如家畜养殖，以及其他小的产业。现在大家听起来可能会觉得很好笑，要批判当时的做法，但是一个时代有一个时代的责任，一个时代有一个时代的选择。如果当年没有这些副业，我们的社会可能就会面临巨大的问题。

（一）长安汽车改革时面临的问题

如果一个人在长安汽车工作，那他的一生就只有一个问题没法解决，那就是火葬，其他所有的问题企业都给解决了。从结婚生子，到子女入学，这些在长安内部都可以完成；警局、医院包括殡仪馆，这些机构也都存在，就是没有火葬场。我考证了一下，这是因为我国火化程序的相关处理政策出台太晚，要是政策出台早一点，长安一定有一个火葬场。从这个角度看，长安汽车在当时不是一个真正的现代企业，它还面临很多问题。

长安汽车在完成现代企业转型的过程中，一直都在艰难探索，做过木钟、纺织设备、石油钻头，但是这些都不足以解决企业两万员工的生存问题。1986年，我进入公司，在此之前，长安汽车根本不敢做汽车。因为当时的长安在这方面可以说是一片空白：第一，缺乏战略，不知道汽车制造的具体情况，国家在这方面也不清楚；第二，没有资金，当时长安还是一个生产军工产品的企业，没有汽车制造的人才和相关技术，也不懂管理，只有大批量生产军工产品的管理经验。在这样的背景下，长安实际上是不应该做汽车制造的。这一时期长安的老一代领导人十分有魄力，就把这个决策给定下来了，但当时正处于计划经济时代转型过程中，肯定是行不通的。

改革在基层进行的时候难度很大。我亲身经历的是研发人员的工资事件。1998年，公司授命让我组建研究中心，由若干技术部门组建起来，员工大约200人。当时我就发现员工的收入和社会其他职业者的收入差距很大。当时长安的人均年收入是11000元，工程技术员的年收入是9700元，工程技术员的工资收入比制造一线的工人的平均工资还低，这是过去的计划经济没有激励机制造成的，当时的工资是按照工龄而不是按照个人贡献分发的。

我发现这个问题后果比较严重，到1998年春节的时候，我说要给工程技术员涨工资，人均要涨到20000元，与市场价格相匹配。这又是一个博弈，这些年轻的工程技术员才来多长时间，怎么比一线工人的工资还高呢？这个问题最后被报告到党委会，当时党委会98%的人代表的是工人阶级，2%的人代表的是学生及工程技术员，连开两次党委会会议都没有通过。当时临近春节了，作为有10年党龄的党员，我做了一个重大的决定：不把工程技术员的工资涨到20000元我就不去领工资。最后，党委会主席李家叙做了一个决定：给工程技术员涨工资的决定予以通过。

今天来看这件事，我认为它其实是新旧长安的转变点，在此之前长安的工程技术人员几乎都是培养五年，之后就走了，大家不再依赖于某一个企业，市场上人才流动已经开始了。自那以后，长安就有了以岗位确定人才价值的定岗定薪制度。所以一直到今天，长安除了高层管理人员以外，其余职工都是市场化薪酬，长安每年会对市场化的薪酬进行评价，这样做的结果就是人才保持得非常稳定，整个行业人才流失率近15%，而长安的人才流失率只有3%。在中国改革开放的历史大潮中这种偶然事件是非常多的，恰恰是这些偶然事件推动了很多企业乃至整个中国生死存亡问题的解决。

（二）长安汽车的转型

长安从1984年开始做微型汽车，到2005年的时候已经做成了行业老大，我们把这段时期叫作长安汽车的第一次创业。2000年，长安已经开始进行第二次创业，当时正面临消费升级，2000年年初已经出现了汽车金融加紧的趋势，再次创业也是市场需要。在这之前，国家连汽车的相关统计都还没有，每年的生产销售额也都没有统计。这一轮的改革中虽然长安仍存在不足，但是长安抓住了机遇，走向全球，整合全球资源，从而实现发展。长安汽车制定的战略是打造世界一流企业，中国品牌最后必须走向全球。长安是一个上市公司，出现人才不足的问题时会在全球进行招聘。早在2000年长安就敢任用外国人担任若干关键职务，甚至直接把研究院建到意大利、美国、英国、日本去。长安是中国最早在海外建立研究院的汽车企业。当时很多人认为在海外建立研究院比较困难，因为不了解当地的文化，所以提议合资。但长安坚定地认为研发是本企业的核心力量，和公司的战略极度吻合，再苦再难也要独资，所以长安在海外的研究院全部都是独资。我去拜访过各个国家的领导人，他们承诺解决某个产品研发或某项技术难题，但最后发现根本不可能解决，只能靠企业的自主创新。

长安创造了中国最长的无人驾驶汽车里程，从重庆到北京近2000公里，长安的这款无人驾驶汽车是全世界制造的第一辆。产品创新是长安一直在做的，L1、L2级的智能化汽车去年（2018年）已经上市。L1级不用踩刹车和油门；L2级不需要用手把控方向。明年（2020年）长安会推出

L3 级无人驾驶汽车，L3 级是不用眼睛，但是还是需要有人驾驶，遇到特殊情况还要驾驶员接管。L4 级是驾驶员可以睡觉，在特殊的工况下也需要接管。最高的是 L5 级，这是无人驾驶汽车的整个产品周期。

技术创新的核心是技术体系创新，长安有两个法宝，一个是 CA-PDS，一个是 CA-TVS。汽车是世界上最复杂、最难管理的产业，如果在汽车行业里面将管理体系理明白了，那其他任何一个产业都搞得懂了，因为汽车的管理体系是一个集资金、管理、艺术、心理学等众多学科于一体的综合体。汽车的管理也要富有前瞻性。当大家讨论开发一款汽车时，必须考虑到未来的 4~10 年消费者对这款汽车的偏好程度。这就要靠管理体系去解决它，而不是仅靠个人的简单判断，因为个人的简单判断往往会犯错误。管理体系依赖于人才创新，放眼全球，长安的在职研发人员从当年的 200 多人成长到现在的 1.2 万人，涵盖 18 个国家，整个人才体系其实已经非常国际化了。

管理体系也需要管理创新，在管理创新上长安提出要从资源效率、研发效率、流程效率的角度出发，将效率打造为组织的核心力和竞争力。长安集团有三条"凡字箴言"：凡投资必产出，凡资源必创效，凡多余的成本必有人买单（要不你让用户买单，要不你自己买单）。公司还有一个"资源二分之一"工程：考察个人占用的公司资源，原来聘用 50 个职工，现在用聘用 25 个职工的标准审视；去年开销 5000 万元，今年以 2500 万元为标准来审视。实践证明这个工程的收效非常可观。当然在审查过程中会有评价要素，审查组每个季度会对每一个部门的行为、会议、流程、组织、资源诸方面进行评比，产品部排名第一，战略部排名第二。按照马斯洛需求理论，个人发展到一定阶段，他的需求已经发生了高层次的变化。即便研发效率不展开，流程效率方面长安也还是按照二分之一原则进行审查。二分之一原则在企业中应用是很困难的，但是长安坚持了下来，因而整个公司的流程效率提升了 71%。

（三）改革的难点

改革的难点在于软效率无法衡量，因为软效率根本看不见，尤其是高层级骨干人员的软效率，更是看不清楚，他们坐在这里办公，想什么问题，思考什么问题，不能用考核来解决。很多创新的东西也很难把握，很难计算出其创新成果的时间，尤其是前瞻性技术和新的商业模式的推出，只能依赖于文化的自觉。长安拥有很多解决软效率无法衡量的问题的方法，其中一个就是和员工保持近距离的深度沟通。长安拥有 9 万名职工，一共有 22 级层级排序，员工要向上级反馈问题，只需要登录腾讯公司开发的企业微信，长安的每一个员工都可以直接将问题反馈到最高级别的管理层。必须让员工拥有安全感，因为这是最基本的需求。长安的每一级管理层都是有压力的，如果员工反馈的问题无法妥善解决，员工可以直接上报给总裁、党委书记，之后会有相关部门予以解决。

长安有一个沟通园地，员工们随时都可以在那里宣泄情绪、反映问题。一开始有员工抱怨这也不对，那也不对，到今天员工传达的全是正能量，全是给公司提的好建议，如长安在发展过程中应该怎么抓安全、怎么确保产品质量、怎么解决基层效率不高等问题，全都是正面的反馈。每年20 多万条建议，为公司节省了 1 亿元后续经费支出。

这次改革促使长安汽车成为中国品牌领跑者，长安自主品牌连续 10 年排在第一位，2018 年长安品牌产值累计突破 6700 万元。在这一轮国企改革中，长安解决的是中国企业改革中最初级、最简单的问题：从政企不分到政企分开，从计划经济到走向市场经济，从企业办社会到聚焦主业——汽车，从人浮于事到市场化的人才机制，从负债经营到融资发展，特别是建立现代化企业治理体系，使得企业产权清晰，长安最终成长为上市公司。本次改革也构建了"新三会"进一步完善了公司治理体系。在改革过程中，员工最早的"生是长安人，死是长安人"的落后理念被淘汰，长安开始实行淘汰制，长安每年会对 10% 的领导干部进行审视（长安拥有 21

级中层骨干，共 800 人，10%即 80 人，这 80 人中将会淘汰 40 人，无论个人业绩如何，只要是排在后面的 40 位都要进行岗位调整），这是长安一个非常大的用人机制的改革。在这个过程中也为妖魔化国企进行证言：尽管国企仍存在很多的问题，再往后发展也可能面临新的问题，但是国有企业在每一轮的改革中遇到的那些问题都是可以迎刃而解的。

三、长安汽车的未来发展

（一）长安汽车的发展方向

随着世界经济的新发展，整个社会从高速发展阶段进入高质量发展阶段，这要求企业顺应发展大势，基于此，全球汽车企业都在追求企业转型。每一轮新技术革命都会带来社会的巨大变革，推动社会高速发展。新一轮的技术革命已经到来，在这种新的模式下，国有企业是否需要转型？未来汽车又会迎来怎样的新发展？国家信息中心和长安汽车的研究结果显示，现在中国汽车年销量为 2800 万辆，未来中国汽车的年销量一定会上升到 4000 万辆。根据世界若干基础数据，各国的汽车千人保有量大概是 500辆，美国是 800 余辆，由此预测中国未来的汽车千人保有量为 400 辆的话，总保有量会达到 6 亿，现在中国汽车总保有量已经超过 2 亿，2018 年中国汽车总保有量达到了 2.4 亿。

整个制造业也面临向服务业转型的发展态势。长安之所以会和腾讯、小米、华为等多家企业展开合作，就是基于当今世界经济发展的趋势考虑。长安制定企业战略的出发点就是顺势而为，向服务业转型。长安强调"4+2"化、共享化、新零售化发展战略，助推产业变革。

汽车的未来是平台，汽车将会成为个人助手，提供办公、购物、娱乐等一系列服务，而不仅是冷冰冰的运载工具。未来的汽车甚至可以实现无证、无人驾驶合法化，可以根据个人的需求来定制。长安要从传统汽车企业转型成智能出行科技公司，因为出行作为一种生活方式，是汽车企业的重要销售渠道，长安必须予以高度重视。出行的背后是大数据，而这极具价值。

（二）长安汽车的三大新变化

现阶段的国企改革出现了一个关系上的新变化，即资本所有制的出现。立足于汽车这个竞争性行业，企业的国有由谁代表本身就是一个问题。对于资本本身，包括企业的管理制度，现在也越来越严格。

将目光投向经营者（长安汽车的经营者不仅仅是指公司这个层级，更具体指代公司的核心骨干），按照马斯洛需求理论，经营者要求成为经济的参与者，要求担任合作伙伴。所以在这一轮的国企改革中，人才大量外流，互联网造车和新兴产业全都在挖国有企业的人才。这也是长安汽车面临的一个变化。根据工龄分发公司股份吸引人才，是本轮国企改革需要着重解决的问题。

长安在新一轮国企改革中的再一个变化就是消费链延长，客户导向、趋势导向、竞争导向更加明显。核心管理层创新受约束越来越成为国企改革亟待解决的难题。创新是什么？创新需要突破界限，是有风险的，所以新一轮国企改革中核心管理层创新受阻问题和前述软效率问题，成为当前制约国企改革和效率提升的最大挑战。长安身处完全竞争性的行业，国有资产放弃控股是解决产业活力不足和竞争力偏弱问题最快、最有效的办法，从而释放企业活力，增强企业的市场竞争力。另外一个解决办法就是给国有企业减负，主要是减时间负担，因为时间资源是企业家最宝贵的资源，国有企业中的很多高层领导也意识到了这个问题。目前国有企业存在太多的非市场化的要求，拥有太多非经营性的事务，需要迎接太多打击积极性的检查。此外，还存在太多的新形式主义、太多制约创新的约束和太多的税负。

（三）国有企业改革的难点

税负是制约企业发展的一大难题，我在两会的时候给全国人大提出来的第一条建议就是减税。根据 2018 年政府工作报告，企业税负需从 16 万亿元减到 13 万亿元。这 3 万亿元给企业减去了负担，增加了企业的活力和生命力。根据 2017 年的数据，长安缴税 248 亿元。按照 2018 年政府工作报告给企业减负的要求，长安只需缴纳 230 亿元，企业税负大大减轻。大家可能认为企业应该多缴税，但企业税负过重带来的后果远远比想象的严重得多，这涉及国与国之间竞争的问题。资本是逐利的，会选择成本最低的地方去投放，如果印度、泰国等国全部按照美国税制来出台政策，那么对中国企业参与国际竞争是不利的。国与国之间的竞争问题，不单纯是税收的问题。所以作为人大代表，我明年提的建议还是要为企业减税。

随着国有企业改革的深入进行，管理体系更加科学，国有企业的考核体系存在的问题也更加凸显，最大的问题就是短期利益和长远利益怎样平衡的问题。作为汽车产业中的一分子，长安为了防止领导人的短期行为制定了管理原则，管理原则需经党委会通过实施，即每年研发投入不得低于5%；在 5% 的研发投入中，前瞻性技术不得低于 10%。但有时候考核体系会出现问题，比如说今年长安设定利润目标为 50 亿元，但考核体系中利润目标为 100 亿元，怎么解决目标差？长安每年投入的研发费用是 100 多亿元，如果不进行研发投入就解决不了目标差。因为大企业中本年度的考核指标需要时间检验，比如说现在的领导人预计自己两年后退休，而企业现在做的研发五年后才能产生效果，这就存在可操纵的余地。现任领导人退休以后，下任领导人掌管企业的时候不能推出新产品，企业研发投入不足，会导致没有后续的竞争力。所以考核体系的科学化十分重要。

国企改革的另外一个难点就是股权激励问题和薪酬激励问题。这个问题早已有解决答案，因为股权激励和薪酬激励在民营企业和混合所有制企业中已经形成了一套非常成熟的体系。资本本身没有姓"公"还是姓"私"的问题，你可以将资本看成是共有的，股权激励和薪酬激励问题的解决不涉及创新，因为成熟的解决方案已经摆在了我们眼前。

长安在发展过程中一直顺应潮流，任何一家企业，都一定要顺应历史、政治、经济、科技潮流，不要逆潮流而动。通过顺应时代发展潮流，企业进行了一系列改革从而打破僵局。长安第一次创业是做微车。第二次创业是做乘用车，特别是 SUV。长安现在在进行第三次创业，本次创业是创新创业，推动长安由创新制造企业向智能出行科技公司转型。"智能出行科技"这六个字在长安的内部宣讲会中被反复强调，因为一个企业最为重要的是团队的共识，如果共识没有达成，只凭领导人的个人力量带领企业向前发展是非常费劲的，一旦团队达成共识，整个企业就可以顺势而为。

企业发展需要解决战略问题、资金问题、人才问题，而人才问题的解决是重中之重。当长安面临企业转型时，突然发现人才结构不合理。原来长安是以传统机械技术为导向的人才体系，但当今长安推出的新产品当中全是软件，这时才发现长安缺少近 2000 人的软件技术人员、2500 人的新能源技术人员和研发人员。所以长安在这一轮的国企改革中也提出了四新原则：新形象、新渠道、新市场、新模式。新形象，长安作为中国品牌需要塑造新的更高一层的品牌形象；新渠道，长安需要拓展新的营销渠道；新市场，长安需要开拓新的海外市场；新模式，是这一轮改革中最为关键的部分，长安需要拥有能整合更多资源的新的管理模式。基于四新原则，我这两三年一直努力在和全球的互联网企业和科技创新公司——华为、腾讯等的高层构建一种朋友式的关系，从而更容易形成双方合作和发展的共识。

国企改革的关键同样在于组织优化，通过市场化薪酬解决组织中存在的问题，勇于试错并在发展中归零，敢于淘汰传统产能。近三年长安淘汰了整车产能 120 万辆、发动机产能 148 万台。淘汰落后产能最多是报表上有损失，但是第二年整个企业会轻装上阵，更加勇于变革。国企改革也需提高效率，开放合作。长安之所以强调从传统的汽车公司到智能出行科技公司的转变，是因为出行有产品，有营销，有大数据。智能是当今发展的大趋势，企业为了顺应这一趋势实现发展，就必须做智能产品、智能汽车、智能制造。智能制造肯定是企业生产的必然趋势，但是这也导致了一定的问题。长安汽车发动机的生产线原来大概要用工 30 人，现在实现智能制造只需要用工 1 人，这就导致了 29 人失业，理论上说当今无人化工程根本不是问题，因为技术和管理已经具备，而智能制造导致的工人失业问题是未来需要解决的一大问题。这个问题的严重程度已经显现：长安有一个工位，原来需用工 2 人，1 年开销为 20 万~30 万元，现在这个工位的工人被机器人替代，机器人成本不到 30 万元，1 年就能收回成本，30 万元的机器人取代 2 个人，从第二年开始就用一点电费。所以智能制造是好事，但是对整个社会来说也产生了很大的挑战。

此外，企业在改革时也要注意重新打造组织架构和战略架构，明确一个定位、一个核心和三大业务。既要做自主，也要做合成，更要做新产业，提高六大能力，确定八大基本保障。企业改革首先要做的就是组织调整，因为企业的持续成功依赖于战略层的组织能力。组织的上层架构应为小总部，总部不要大。总部大会带来什么问题？习近平主席说了：上面千条线，下面一根针。总部领导太多，下属企业或者部门受不了。第二个是组建事业群，一个事情个人决策容易片面，要放到事业群里面决策。这么大的产业，要懂得与员工共享。长安的党委系统是共享的，经兵装集团、国资委讨论认可合法合规，践行了从严治党。长安拥有 7 个研究院，3 个产品开发部，3 个研究中心，每个部门都建立一个分党委，采用商业计划书（BP）模式，构建共享平台，这也是长安的一种组织创意。

一个企业光靠规模大还不行，还要有小的孵化，从而催生新的商业模式、新的技术，实现创新的孵化。长安采取跟投机制，员工可以跟投公司项目，项目成功后公司返两倍跟投成本。

组织改革也涉及机制改革问题。长安在这方面做了一些尝试，长安把一部分板块拿出来做体制改革，如对新能源板块进行体制改革，引入社会资本参与，解决发展资金不足问题，因为长安的新能源项目目前还是一个亏损的产业。长安的新凯程、AB 汽车、长安出行等板块也在试推行体制改革。总的来看，整个汽车产业在迅速发生变化，这就是我们所面临的新格局。长安在新能源领域有"香格里拉计划"，针对智能化战略长安推出"北斗天枢计划"，在这一轮发展中需要解决企业自身不足的问题。长安作为一个传统汽车制造企业存在太多的不足，前面提到的有人才不足、资金不足等问题。长安现在每年光研发费用一项就耗资 50 亿元，相较长安当年刚刚起步时一年 2000 万元的研发费用已经是翻了几番，但当今长安需要解决的问题更多，即便投入 50 亿元进行研发，仍显不足。原来长安研发动力问题只需做内燃机和汽油机，而今天长安做动力要做纯电动，然后要做 PHEV，就是插电式混合动力，还要研究 HE，这就导致了资金不足的问题。

资源不足问题在新燃料动力的研发过程中体现了出来。新燃料动力也是动力的新发展方向，在可预见的未来也是必然的发展趋势。企业原来做一个动力，现在要做五个动力，企业以前花 1 个亿，现在要花 5 个亿。为了解决资源不足问题，需要企业整合资源，将全球最优秀的资源整合，实现合作。梧桐科技是长安和腾讯共同成立的合作企业，目的是整合资源，实现长安汽车的全方位服务功能。

通过整合资源，长安实现与新势力造车的结合，学习新势力造车研究客户、经营客户的模式，用它的长处来补长安的短板。

在新一轮的国企改革中，同业关系也发生了新变化：原来同业是竞争对手，现在的同业关系转变为竞合关系，既竞争又合作，这是商业模式和科技发展导致的新一轮巨变。中国最大的三家汽车企业是长安、一汽和东风，现今三大车企联合投入科技，建立共享出行公司。这是三大车企感应时间潮流的反应，为实现自身发展必须联合起来，如通过合作投资缩小成本，从而实现发展。

企业改革也必须注重企业的开放。长安投资 43 亿元建立全球研发中心，该全球智慧研究平台向社会开放。长安还和腾讯、华为等公司共建创新中心，共同投资，共同研发，将各自的资源整合放大，让国有资本的运行更加有效。

企业改革还需注重企业的文化建设。现在有很多新企业的发展面临人才流失和发展后劲不足等问题，其背后折射出企业文化软实力的虚弱。长安拥有 150 多年的企业文化，具体说来，长安有三个层级的治理：

第一个层级是管理治理，涉及每日流程安排和管理制度具体汇报的安排。

第二个层级是管理原则，制度建立得越严密、越完善，反而越会约束创新。当企业的管理制度具体到一定程度时，可能出现"唯留存论"，这就导致员工不关心结果，只关心自己是否需要承担责任。"唯留存论"下员工严格按照流程做事，无所谓事情的正确与否，这就涉及人性。而现在很多国企、大公司都出现了这个问题。长安敏锐地发现了这个问题并据此制定了管理原则，长安不把制度建立得那么严密，而把建立管理原则作为补充。当不同事务冲突时，由管理员根据公司管理原则进行评判，这就能非常明确地解决冲突，提高公司运营效率。

第三个层级是服从党的领导。打造中国最强大的研发力量是党委会上决定的，这就找到了企业发展的依据，大家就很容易统一思想，统一方向，统一共识。总的来看，企业的治理需有上述三个治理，从文化管理、原则到制度流程，缺一不可。长安的企业文化建设就是要建设领先文化，打造狼性长安。

四、结语

总而言之，长安过去的发展得益于国企改革。长安的未来虽然面临很多的问题，但我坚信改革是唯一的出路，不存在第二条路。企业必须顺应时代潮流，积极主动实践，坚定改革创新，打造世界一流。

最后，用一句话总结我今天的演讲，"长安行天下，明天更美好"。

点　评

刘纪鹏：本次论坛十分精彩，这是标准的学者型企业家，演讲既有国家宏观政策角度的阐述，也有微观经济角度的考量。

李冰：长安拥有157年的历史，历经晚清、民国到新中国。今天朱总一开始讲到长安的历史，实际就勾画出了国企改革近41年的历史，国企改革也伴随着国家改革开放的进程走过了近41年。国企改革的重点在于企业减负，第一轮国企改革从1978年12月18日党的十一届三中全会开始到1992年党的十四大，历经近15年。1982年到1984年，中国企业家不断呼吁松绑，才有了放权让利和扩大企业自主权，调整国家与企业的分配关系，企业与职工的分配关系。此后国企改革进一步探索股份制和税利分流的改革，从党的十八大，特别是党的十八届三中全会后，国企改革进入了第四个阶段。这一阶段的国企改革提出了要进一步为企业减负。

回首长安走过的改革开放这近41年历程，我有三点感受：第一，长安是"军转民"的典范。中央军工企业转向汽车制造的不止几家，也不止十几家，但是"军转民"的痛苦过程确实令人难忘。核工业、航空航天、船舶等相关央企都做过汽车制造，但大部分到90年代中后期经历三年脱困后陆续都倒下了，今天挺立桥头、非常闪耀的明星就是长安汽车。

第二，长安是中国三大汽车企业之一，有闻名中国的长安品牌汽车。大家熟知的一汽、二汽都是新中国成立以后，在工业化过程中成为国民经济中汽车产业的领军企业的，改革开放以后又出现了长安汽车。

第三，长安保持10年的自主品牌，令人敬佩。汽车工业现在正处在一个十字路口，正面临转型。新能源汽车、移动互联网和人工智能作为关系国家安全、国民经济命脉的战略性新兴产业，都与汽车产业高度相关。

中国现在在航天航空、探月工程、深海探测、特高压高铁制造，乃至于移动通信领域，都处在全球先进行列。但是，还有很多关键核心技术没有掌握，可见国有企业任重道远。

国企改革是经济体制改革的中心环节。1978年年底，中国开启了改革开放进程，但直到1984年10月才实际开启了整个经济体制改革，推动政企分开和所有权与经营权的分离。党的十六大又进一步推动政资分开，2019年政府工作报告按照中央经济工作要求进一步强调了要公平竞争，这也是为更好适应整个经济形势，特别是国内外环境的变化。国企改革简单来说，就是要继续坚持两个一以贯之，突出市场主体地位。

两个一以贯之就是：第一，坚持党对国有企业的全面领导，这是国有企业的根与魂；第二，坚持建立现代企业制度，要建立产权清晰、权责明确、政企分开、管理科学的现代企业制度，推动公司制改制，推动股份制改革，推动管人向管资本转变。改革要实现对企业主体地位的改革目标的实现，企业的主体地位是什么？就是自主经营，自负盈亏，自担风险，自我约束，自我发展。改革使国有企业真正地在现代化、市场化、国际化这个道路上，在大的国家形势下发挥好国有企业的力量。

李庆文：长安汽车是中国汽车品牌的代表，在几乎所有的世界汽车品牌都在中国大行其道的过程中，长安汽车杀出了一条血路，成为中国品牌的典型代表，为中国的汽车制造争了光。

长安汽车也是中国汽车自主研发的典范。汽车研发就得真金白银往里砸，需要资金雇一流的人才、买一流的设备，需要资金进行前瞻性的、战略性的先期探索，需要花钱买教训，需要资本。长安汽车的研发投入，在中国整个汽车行业里是领先者，也是态度最坚决的。长安集团党委会决定研发费用必须占5%，而5%的研发费用的比例，在世界各大汽车集团里也排在前列。5%的费用比例和本田汽车企业占比大致相同，而世界汽车研发费用最高的是奔驰，2018年研发费用占比7%。在中国汽车企业中长安科研费用投入排第一，所以没有投入就不可能有产出，没有投入就不可能有创新，没有投入也不可能有好的产品。长安的竞争对手不是中国品牌，而是世界品牌，是世界各大汽车公司和长安进行竞争。长安汽车还是创新的典范。长安汽车坚持自主创新，坚持自己主导这一点非常重要。中国企业工业常受大家诟病，说中国的企业就是借鉴抄袭外国品牌，其实不然，中国汽车也有自己的品牌、有自己的创新。中国汽车评价研究院推出中国汽车企业创新指数，长安汽车连续两年名列前茅。中国汽车企业创新指数把合资企业和内资企业放在一起做了一个创新投入、创新产出、创新结构的铁三角模型，通过这三个维度的考察决定了长安汽车名列前茅。

从中国汽车的版图来看，上汽条件比长安汽车好，湖北东风汽车的条件比长安好，北京汽车的条件比长安好，广州汽车的条件也比长安好。广汽集团，北汽集团，上汽集团，东风集团，这都是中国汽车的几大集团，但是在自主创新、自主品牌、自主研发上走在前列的是长安汽车，而不是它们。

长安汽车面临的改革难点主要有两点：

第一是汽车的颠覆性创新对重塑产业的挑战。这个挑战是汽车企业共有的挑战，包括互联网的挑战、人工智能的挑战、新能源的挑战、共享经济的挑战等一系列挑战，这种挑战不是修补性的，而是颠覆性的，是重塑性的，是历史上从来没有过的。汽车未来不只是一辆汽车，不只是一个运载工具，而是大型移动智能终端，是能源领域里的储能单元，是移动的办公空间，是数据采集的载体。汽车面临的是人性化的、有感情的、有温度的未来。

第二是全世界开放竞争的挑战。在中国这个市场上竞争的赢家就是世界的赢家，这是当今全世界汽车产业的格局，这也是当今汽车产业竞争的态势。长安汽车最大的制约就是体制机制和社会适应与世界范围内竞争的需要不协调，和世界性的一流跨国企业竞争，必须有根本性的体制机制创新。

王霆：刚才朱总所介绍的整个长安汽车企业改革史，基本是中国国有企业改革历程的一个缩影，且基本上把在 EMBA、MBA 教育里面的所有学科融会贯通，并形成了自己的体系，在实践中大放光彩，我主要和大家分享三个方面：

第一，顺势而为。刚才朱总也有强调。互联网、人工智能、大数据是这个时代经济社会发展的主旋律和特点，当今世界是易变的、不确定的、模糊的和复杂的，在这样一个时代里面，整个企业可能更多的要趋近于一线，趋近于市场，趋近于组织边界。企业响应市场的能力和速度是最快的，而管理学的传统组织理论有一个短板原理：一个组织的效率是短板决定的。在互联网时代，我们更加推崇的是长板原理，那短板怎么弥补呢？关键在于合作，企业可以通过互联网在社会上迅速找到合作伙伴，进而形成社会化的协作，和竞争对手、产业的上下游企业，甚至和客户协作。企业、客户、员工三者关系已经打破了，三者之间的关系要重新定义。当你打败所有竞争对手的时候却被这个时代淘汰了，是最可悲的。比如诺基亚，亦比如柯达。任何一个组织有惯性，有惰性，留恋自己原有的成功就不会继续发展，企业不能突破就会被时代淘汰。在这个社会里面企业应该把自己的长板优势凸显出来，整合全世界的资源，形成平台或者说是平台型的组织，生态型的组织。小米是一个最佳的典范，小米初建时被认为是专做手机的企业，小米上市后大家明白了雷军做的不是手机，是平台。我今天重新定义和认识了长安汽车，知道了长安汽车不仅仅是做汽车的，而是做智能出行科技的平台企业。以前说手机是我们的终端，现在发现在 5G 时代进入相互连接的社会，汽车可能是未来的终端，来连接人和物、物和物，从而实现数据的共享，通过这样的终端你可以实现一系列的需要，甚至是情感的需要。

第二，长板很重要。靠企业的创新才能够实现长板优势，创新何在？创新意味着需要投入，在计划经济向市场经济过渡的过程中，我们一味强调用市场换国外的技术，实践证明国外不会轻易地分享技术，我们让出很多的市场，还不一定把握了核心技术。全球的创新产业中心在硅谷，而硅谷是斯坦福大学孕育产生的，国内有很多地方政府的领导喜欢去硅谷取经，到斯坦福交流的时候会问当时硅谷形成的时候政府的作为。得到的回答是当年美国政府什么都没有做，而没有做就是最好的做。政府要给企业松绑，让企业拥有这样宽松的环境，最重要的就是允许试错，这对于企业家来说是一种鼓励，是环境上的更大的支持。

第三，创新的重点在人才。得人才者得天下，只是单纯拥有人才就可以在企业创造价值和财富吗？在计划经济的时候，最优秀的人才是去国有企业，但是并没有创造价值，反而磨掉了意志，摧毁了很多的创造力。培根说：知识就是力量。哈耶克质疑：知识不可能成为力量，知识加上自由才可以成为力量。自由是什么？是体制。知识的载体是人才，人才不可能自动创造价值，不可能自动成为企业的财富，一定依靠机制。我们进行企业改革就是改革企业运行机制。未来的成功一定是机制上的变革。

互动提问

提问：请问如何平衡在国企改革当中面临的环境和发展问题？

朱华荣：这是一个小儿科的问题，我刚才说了企业要顺势而为，那么前提就是要遵守国家的法律法规，领会中央的一系列精神及政策。

提问：请问作为国企，为适应当前的混改，长安汽车会不会引进社会资本？

朱华荣：长安汽车是上市公司，本来它的资金引投就有自己的渠道，可通过增发，通过市场融资等，但是它现在也面临一个问题，因为作为上市公司，长安的部分产业可能面临亏损，而亏损太大对资本市场是有影响的，所以长安把新能源这个板块单独列出来进行融资。长安目前要解决的其实不是资金问题，长安汽车的现金流是没有问题的，要解决的是新产业开发的亏损和对资本市场本身的影响问题。

第六篇
小平时代的双轨制改革
与新时代三轨制探索

蓟门法治金融论坛第 72 讲

主讲：黄江南　上海旭珩资本董事长

　　　李　肃　和君创业咨询集团总裁

主持：刘纪鹏

时间：2019 年 5 月 8 日

地点：中国政法大学蓟门桥校区

点评：常保国

纪鹏荐语

迈入中国特色社会主义市场经济新时代的今天，不仅需要回顾小平时代从双轨制改革起步逐步向市场经济过渡的历史经验，而且需要在此基础上，探索新时代中国特色社会主义市场经济的特征，以此作为指导我们新时代经济、政治、文化、社会、生态文明"五位一体"建设的行动指南。

我们十分荣幸地在蓟门法治金融论坛第72讲邀请到对此有独到见解的著名学者李肃和黄江南同台演讲《小平时代的双轨制改革与新时代三轨制变革探索》。

党的十八大以来，李肃多次向我推荐黄江南的研究成果，并提出1984年对中国改革发挥重要作用的莫干山会议所提出的双轨制改革使命已近尾声，新时代亟待探索新的改革思路。由此他二人提出"现代市场经济、全民福利经济与社群共享经济的三位一体应作为人类命运共同体走向大同世界的基本路径"。

黄江南与我同是中国社科院工业经济研究所的研究生，他高我五届，我入学时，他已被称为"京城改革四君子"之一。1984年，在我的老师、著名经济学家蒋一苇所长的安排下，我们这届研究生到重庆经济管理干部学院进行第二年的学业，学习的同时参与重庆城市经济体制综合改革试点工作。记得有一天，盛洪把黄江南请来和学弟们见面，从此"京城改革四君子"之一黄江南的嘴，就给我留下了深刻印象。

我与李肃则相识于1986年，那时我的老师蒋一苇和厉以宁同是推动中国股份制改革的先驱，我作为蒋一苇小组的成员，他作为厉以宁小组的成员一起到重庆嘉陵公司探索军民融合的股份制改革。李肃才思敏捷、罕见聪颖，口才不逊江南兄，尽管我时常"指责"他思维不严谨，但必须承认此人浑身上下充满"火花"，加上石油界颇负盛名、深受尊重、年近97岁的我国石油界著名专家李德生院士遗传给他的"红色奋斗基因"，李肃成为为党为国、赤胆忠心的中国道路改革模式的宣传者。中共十八大以来，李肃与黄江南共同创办了当代国宾智库，先后举办了450多期讲座，成了探索、宣传习近平新时代中国特色社会主义思想的重要民间智库。

一、背景

李肃：我为什么选择讲这个题目呢？这一切源于我对当时"改革四君子"的不断深入接触。随着接触的不断深入，我对改革历史的兴趣也不断加深，从而对改革的研究也不断深入。2013 年黄江南邀请我去蒙古国访问，同行的有翁永曦、赵刚，我们一起去访问，会见了蒙古国当时的总统和现在的总理及政要。在见政要之前的等待时间里，我听他们讲了当年"改革四君子"的经历，听完之后我受到了非常强烈的震撼。中国的智库源于 20 世纪 80 年代初期，"改革四君子"那一代智库对中国改革的决策的影响是我们后代这些智库人所不可思议的。所以当时我产生了极大的冲动想写"改革四君子"智库的历史。

2018 年正好是改革开放 40 周年，之前的五年里我在他们那里得到了很多相关资料，厚积薄发，我写了一套 35 万字的书。不过这套书现在还没有出版，但是我在写这四个人的过程中，通过与他们交流、会谈了解到很多趣事。例如，这四个人最开始是怎么进入智库的，以至对中国改革发展产生如此重大的影响的呢？1980 年四个人向国务院交了一份内参，当时的国务院总理赵紫阳就找了翁永曦去谈话，后来这四个人便去了国务院与总理对话。因为当时国家在提倡干部队伍年轻化，而那份内参里面有一个非常重要的思想，内参里面就提到干部年轻化可以先不从干部开始，而从智库开始，所有的干部的智库智囊应该全部年轻化。后来他们就沿着这个思想调动了整个 20 世纪 80 年代的中青年骨干，在莫干山会议上探索了一套选择智库人才的方法。他们采取的方法大体是筛选论文，谁的论文具有改革的可操作性谁就有机会来参会，经过这样一种模式，当时涌现出一大批中青年改革人才。后来我在写"改革四君子"的时候参考这段历史并结合中国传统文化得出了这样一个结论：中国的智库体系可以绕过政党而建立，就像中国历史上的科举考试一样，通过科举之后还有试用期，用这种方法选出人才，总体来说不需要政党轮替，而且整个智库体系的形成非常民主。

"四君子"的影响除了智库体系构建之外还有外交方面。其实，起初 80 年代的外交不是韬光养晦，80 年初中央的战略目标是解放台湾、反霸，然后是经济建设。这四个人当时写的智库报告认为中国清算"左"的思想也包括要清算外交思想，所以他们建议外交思想由有所作为转到韬光养晦，包括裁军、搞经济建设等。所以，综合来看，中国从毛泽东时代的外交走向"韬光养晦"，他们起到了不少的推动作用。

再到后来，20 世纪末的亚洲金融危机，黄江南与当时光大老板一起做报告，对政府如何进行干预给出了很多建议。包括 2009 年、2010 年全球金融危机后随着国际形势的转变，中国不断地发展强大，美国开始衰退，翁永曦、黄江南和北大的外交专家一块探讨中国的外交能不能停止"韬光养晦"而向"有所作为"转变了以及后来 2013 年我们对"一带一路"倡议的探讨，在探讨我国"一带一路"倡议中如何提升中国的整体竞争力和全球的影响力方面我们也形成了一系列非常重要的智库报告。

二、双轨制改革和三轨制探索概览

有了前面我介绍的这些基础，本次论坛的主题就呼之欲出了，这"四君子"在国家改革中到底做出了哪些贡献？到底什么叫双轨制？双轨制怎么就成了当时中国改革的风向标？在双轨制体系里面走到现在要不要结束双轨制而全面走向市场经济？要结束双轨制的话又该怎样退出双轨制？双轨制结束了以后，新时代及未来的改革往哪儿走？这些问题我在历史的研究中都梳理了一遍，有智库的政治体制改革问题，有外交思想的转换问题，有双轨制到三轨制的理论研究问题等。

首先，我谈谈几个概念，即什么是双轨制，什么是三轨制。一定要先把概念搞清楚，然后才能说清楚什么是邓小平时代的双轨制改革，什么是习近平新时代的三轨制探索。

（一）中国的双轨制改革

讲双轨制之前，先了解一段历史。20 世纪 90 年代苏联解体，俄罗斯为了快速从计划经济体制过渡到市场经济体制，采用了"休克疗法"。这种方法就是把历史全部抛掉，把原来约束的东西全部放开。结果后来俄罗斯为了一步到位的市场化造成了严重的通货膨胀和其他各种问题，导致整个国家经济近乎崩盘，而且出现大量的社会矛盾。

与之相对的就是中国的双轨制改革。中国的双轨制其实就是承认计划体制的缺陷，在计划经济现实的基础上，同时生长出市场经济的因素来，让这两个东西并行发展，在并行发展的过程中逐渐稳步地并轨。整个经济改革是逐步放开市场，计划与市场并行，循序渐进一步一步往前走，这就是双轨制。提到双轨制，黄江南对此有一个非常重要的贡献，当我们国家人民币对美元的汇率是 2.8∶1 时，一开始国家就靠财政补贴，弥补国家出口所造成的影响，但是财政补贴不可能一直补，后来黄江南就建议搞汇率双轨制，即计划出口的那部分依然按照计划汇率，超出计划的那部分可以按照 1∶9、1∶8 的汇率进行交易。后来我国汇率市场就逐渐发展到两轨并行再逐渐并轨。其实纵观整个中国改革也是这么走过来的，该分成双轨时就双轨并行，该并轨时就并轨。我们中国的改革其实最重要的就在于用双轨制的体系解决了俄罗斯的那种休克疗法所带来的缺陷，找到了一个社会稳步而渐进式改革的方法。中国改革最大的特点、最大的经验就是双轨制。

我们有一次到南非去，南非有一个三百平方公里的开发区，港口、道路都修好了，但是招商却遇到了困难。当地政府让我们帮忙招商，我们提出招商的前提是把特区管理权给我们，包括军队和警察。当地政府说这种条件需要我们跟总统沟通。结果见面一开始南非总统就问我们国家改革为什么这么成功。我们就讲了双轨制，什么是双轨制？双轨制对内是改革问题，把原来的政策改掉，对外是开放问题，跟外面接轨的双轨制。至于这个双轨制在特区怎么实施呢？我们就给他介绍了蛇口，同行的蛇口工业区的总经理讲了中国当初怎么从10平方公里的地方搞双轨制，最后影响了整个深圳、广州。结果总统听了我们的介绍非常感兴趣，原计划半小时的会谈最终谈了两个小时。最后他还把所有的常委都找来，当天下午所有的常委都听我们讲了双轨制。

所以，我总结一下中国的双轨制改革。双轨制改革就是中国经过40年渐进式的改革，从局部的地区和局部的领域搞双轨制，一步一步地扩大范围和领域，一步一步地由浅入深，逐渐走向深化的改革。

（二）三轨制的探索

接下来我谈谈三轨制，"三轨制"的概念是黄江南发明的。黄江南的硕士论文写的就是从双轨制走向单轨制以后社会面临的全新的问题。这时，我们需要重新回到计划经济的单轨制来思考问题，我们进行双轨制改革以后社会经济是计划经济和市场经济此消彼长的过程，最终市场经济代替计划经济，把社会由短缺经济推向过剩经济。那么当社会生产过剩出现了资本主义经济危机后该怎么办呢？黄江南认为我们需要在一个新的境界思考这个问题，两年后朱嘉明就开始提出新技术改革，用技术手段实现计划经济，最终黄江南和朱嘉明就一起提出了观念经济学。所以观念经济学到底是什么？最终的单轨社会到底在未来的大同世界怎么表现？我在研究

80 年代的思想的过程中，跟黄江南进行了深入的沟通，最后得出的结论是：新时代就是三轨制并行，往前推进，而且此消彼长地走向大同世界，走向共产主义。

在这个过程中首先经济要从自由市场经济走到现代市场经济。现代市场经济就是市场看不见的手和有为政府看得见的手要同时并存，而且要更理性地、更加信息化地调整经济生活。十八届三中全会中强调了国家治理体系和治理能力的全面完善和提升，强调了要做有为政府。其实就是在强调经济社会逐渐由全面自由的市场经济向现代市场经济发展。

在现代市场经济推进的同时，全球范围内都在强调公平，其实这就是福利经济。福利经济需要解决什么问题呢？福利经济走到互联网时代的时候一定是一种全新的表现形式，最初的福利经济就是救济穷人，在救济穷人的基础上开始拓宽到医疗教育方面。互联网时代的福利仅仅包含这些是远远不够的。现在中国的福利政策在教育和医疗的体系之外，还缺了一条重要的"腿"。这条"腿"是什么呢？我跟黄江南认为中国的福利经济缺的就是新加坡模式，新加坡把这种模式当成国策。新加坡刚从马来西亚分离出来的时候贫民遍地。政府定的政策就是一个从私人手里面抢地，然后用地盖经济适用房把房子低价卖给居民。试想一下，若在北京卖 5000元/平方米的房子，所有人都可以买得起房子。像新加坡一样，每年统计毕业生有多少人没有房子，就盖多少房子，然后大家都有房子住。新加坡把福利经济广泛应用到了住房方面，那么房子的福利经济走到最后，互联网时代、机器人时代，所有人面临没有工作后又该怎么办呢？这是我们面临的一个大问题。荷兰已经开始试验基本收入政策，就是所有人都给基本收入，然后没有工作的都去创新创业。福利主义走到最后到底应该干什么？其实我们认为就是把谋生手段的劳动变成第一需要的劳动，第一需要的劳动是什么？就是创新创业，最后所有人都在创新创业，而那些基础的工作岗位都会逐渐被人工智能和机器人替代。

我们再谈谈共享经济，这是黄江南他们的观念经济学深入研究的领域。什么是观念经济学？什么是共享经济？原来我理解的也不是特别准确，后来我们研究"雄安新区"时，通过扎克伯格讲的创新社群，我有了一个深刻的认识。

有人说全球化最初是国家主导的，他说不对，国家凭什么主导全球化？后来有人说是公司主导的，大跨国公司主导全球化，他说也不对，他认为在创新领域社群才是未来主导全球化深入推进的关键，社群是跨国界的，每一个社群生产出来的东西一旦推向全球，也是跨国界的。当时我对这种描述也不理解，我们就去了扎克伯格的脸书公司访问，访问后我对共享经济有了更深刻的认识。我外甥在那里当智能部的经理，他们每年招一万多人，但不是为了某个岗位招工作人员，他们招的都是精英，这些人过来以后每个人都给基本收入，然后这些人建立一个社群圈，在群内发布自己的想法观点，说明自己能干什么，如果其他人觉得可行，就跟着这个人一起干，提出观念的这个人就当经理。如果没人愿意进入你的社群，你就只能去加入别人的社群，在这样一种招人和创新社群的组合的基础上，他们的管理是彻底颠覆的。没有人会精确地管理员工上下班的时间，因为原则上只要你坐在电脑前就是在上班。公司内部系统里有几千个社群，还有大量的编外社群进入，你觉得自己有兴趣就到里面干，干完以后你只要有贡献，大家评价你有重大的贡献就记分，然后公司就凭借积分发放期权。如果你坐在计算机面前还不能解决你的组织结构问题，你可以跳槽到别的群里面干。

我外甥作为一个80年代出生的小孩，他还说猎头公司里面流行一句话"干两年就跳槽的是情商不高，干五年不跳槽的是智商太低，是因为没有人挖你"。但是现在"90后""00后"跑到这儿工作，如果你三天就跳槽了才是最大的本事，因为能力强谁都愿意要你。这其实从侧面反映了一个创新的世界。我看完就想，假定说互联网时代福利经济做到每个人都有基本收入了，劳动已经不是谋生手段了，大家都在参与智力劳动了，社会是一种什么样的形态。最后我得的结论是：咱们现在所说的共产主义都认为是剥夺私有财产，建立公有制，其实是错的。有一个人对马克思的手稿研究得很透彻，研究完得出结论，1850 年之前的马克思还主张政治改革，主张剥夺私有财产，1850 年之后的思想，就变成了个人所有制，脑力劳动归自己，劳动的过程中可以创新，创新的过程中是按劳分配，生产资料是随便拿，即生产资料共享。例如，区块链造币。它其实是用科学的信用体系把所有人的信用都记录后，在不会出风险的情况下，用一种智能合约的方式，进行虚拟货币的交换结算。未来创新创业也是这样，只要到最后大家都承认你这个部门及该部门提出的观念可行，你就可以无成本动用生产资料，各取所需，劳动各尽所能，收入是按劳分配。所以，未来的共产主义，互联网时代的共产主义可不是剥夺出来的，是创造共享的财富，共享的货币和共享的物质条件，让你在随便用的条件下创新创业，劳动不再是谋生手段，而是在谋生之外转移到第一需要的劳动领域。

所以，我们所说的三轨并存是指福利经济、共享经济、市场经济共存。这三个圈是此消彼长的，其中福利经济和市场经济是挂在一起，是有关联的，共享经济是消灭市场经济。因为现在大数据做到的是定制经济，其实是把市场经济否定掉的，这三个东西并存和此消彼长就是用这种方式过渡到共享经济，最后又走到大同社会里面。在这种意义上讲他们当年做的双轨制改革是渐进稳定改革，三轨制改革是走到大同世界，不是否定市场经济，也不是说民营经济退出社会舞台。未来的共产主义不是靠剥夺，是靠创新的体系创造出来的，而创新又是靠福利体系来保证、引导，最终就走到了大同社会。

三、双轨制和三轨制的进一步探讨

（一）双轨制和三轨制都是社会调节机制存在的状态

黄江南：说到双轨制其实是价格双轨制，价格双轨制的背后是经济机制的双轨制，究竟用什么样的经济机制来调节生产和消费？价格作为一个调节整个生产的机制，我们既不能把它污名化，也不能把它神圣化，它不过就是一个调节机制。人类的调节机制在历史上是各种各样的，在原始社会部落首领是调节机制；在农业社会，家长制是调节机制，农业社会也有农业社会的生产机制，也有市场，但是市场不是最主要的，到了资本主义社会，或者是到了工业社会，市场这个调节机制才成为整个经济的主流，才占了统治地位。

我们国家当年的双轨制是什么？为什么要有双轨制？双轨制和三轨制都是社会调节机制存在的状态，双轨制向三轨制过渡讲的就是一个调节机制向另一个调节机制的过渡。双轨制向三轨制应该怎么过渡？这是方法论的问题。如果没有过渡就不需要什么双轨制、三轨制。过渡期要不要双轨制？我们回想一下计划经济，计划经济从哪来？计划经济是从马克思的书本上来，是从马克思的科学理论来的，马克思政治经济学第一个最伟大的发明是劳动时间价值论，价值是由劳动时间决定的，每一个人劳动时间都是一样的，为什么他就发财了？一定有剩余价值。为什么有剩余价值呢？是由于他占有的生产资料。为什么占有生产资料呢？是因为市场上形成了资本。为什么形成资本？是因为有交换，只要有交换就会形成资本，形成资本就会形成剥削，就会占有剩余价值。马克思认为消灭剥削是消灭资本，消灭资本就是消灭了私有制，即全部都是公有制。私有制一消灭就没有交换对象，你也是你，我也是你，大家都是你，没有交换就没有市场。所谓的市场就是交换，当实施公有制的时候交换就没有了，交换没有了之后那么市场怎么调节呢？马克思当时就说如果没有市场的时候，他就把一个企业的调节手段转而用到市场上。因为企业内部是没有市场的，企业内部是一个经营管理，整个市场都可以像企业计划那样让整个经济实现以物接物的衔接，用计划衔接起来，就是一个工序和一个工序，这个工序多少件，到那个工序多少件，废品率多少，产品多少，都是通过企业内部计划管理协调的。

(二) 历史上社会形态更迭时体制的变迁

当实行公有制，消灭了剥削、消灭了私有制后就不得不抛弃市场调节，抛弃了市场调节就必须有东西取代它，即要有实物衔接，实物衔接的关系就是指令型计划经济。但是这里有一个问题，马克思说的计划经济的实现条件是什么呢？是当物质极大丰富之后才能实现，它是有前提的，而不是像我们新中国初期不久就开始实行的那样。那么这实际说明了什么呢？说明一个社会制度和一个经济形态下总有一个最适合它的制度，比如说农业社会，农业最适合的制度是什么呢？是封建主义。封建主义你说好也行，不好也行，但是封建主义是那个时代最适合农业社会的，封建主义是什么呢？家长制，帝王制。家长制是什么呢？家长决定了它的生产细胞和家庭生产的稳定性，最简单的交易成本由家长说了算。帝王制解决什么呢？解决社会的稳定性，没有帝王制就变成丛林法则，就是原始社会。帝王制是用另一种权力消灭了丛林法则，是一种进步，也是一种社会的调节形态，同时也是社会的管理形态。

现在到了工业社会，工业社会最适合的经济形态就是资本主义，因此我们在批判资本主义的时候一定不能完全否定资本主义，为什么？什么叫工业？工业就是大机器生产，大机器生产就是装备，装备就是资本。如果资本都死了，装备就发展不起来，装备发展不起来，工业社会就发展不起来。因此资本主义的这种经济形态和调节方式，是最适合传统工业发展的。我们现在已经不是工业社会的传统工业发展了，我们要越过这个阶段，我们还在农业社会的时候就跨过了工业社会的调节方式，想要实现更远的马克思所说的物质极大丰富的那个时代的调节方式，当然是不行的。其实不是中国不行，像委内瑞拉，还没有进行工业革命的时候就否定了资本，排斥了资本，限制了资本，限制的结果不是给人民群众带来福利，而是国家贫穷。历史与调节手段是要相适合的。改革开放初期是什么样的？

邓小平提出一部分人先富起来，重新建立交易关系，就可以交易，有了交易就有市场，有了市场必须有一个合理的价格。同时也就是重新尊重资本。

实际上在这个过程中，我们等于说从农业社会，一下子实行了没有阶级的，或者是消灭阶级的制度，又重新形成了私有制的体制，为什么呢？都是为了重建市场条件。但是在中国进行体制改革的时候，人类已经进步了。人类真正的工业社会是什么时候？是18世纪，那个时候才是传统的工业社会。到了19世纪，尤其是中国开始工业革命的时候，1948年第一台计算机出现的时候，人们开始了观念经济的第一步，世界走向观念经济。观念经济是什么？不是生产物质产品，而是生产观念产品，以观念产品和观念价值为主的社会就叫观念社会。

以农业产品为主的是农业社会，以工业产品为主的是工业社会，以观念产品为主的是观念社会。现在美国70%是观念产品，中国50%以上是观念产品，但是对整个世界而言还是从工业社会到观念社会过渡的时期，特别是在中国。而这个过渡又要形成新的调节机制，老的调节机制行不通，为什么？工业生产讲物质生产，物质生产先要讲均衡价格，供给曲线和需求曲线的相交是价格，另一方面是在完全竞争的市场条件下，通过市场的竞争实现价格。所谓的价格机制实际上是一个完全竞争的机制，如果它没有完全竞争就没有价格机制，但是观念产品是没有竞争的，观念产品是没有供给曲线和需求曲线的。而工业社会是重复生产，同样的东西反复生产，比如说我们生产鞋，鞋的需求曲线是存在的。但是拍一个电影，哪知道电影的需求曲线是多少？所以，所有的观念产品一定是新的，每一个都是重新创造出来的，而不是老产品的重复。新的东西拿到市场的时候没有需求曲线，而且供给曲线也不是向上走的，例如一个软件的边际成本为0，供给曲线是一个水平的，或者是向下走的。整个经济规律发生了变化，市场行为发生了彻底的变化。

（三） 市场调节的本质就是试错机制

那么所谓的市场调节是什么呢？市场调节就是盲目竞争下的试错调节。我们回到典型的工业社会，什么叫市场？很多的消费者在市场上碰撞、买卖，有人成功有人失败，就形成了价格，形成交易，形成布局。其中包含了两个要素：第一，一定要竞争；第二，谁也不能控制市场。市场上每一个人都是盲目的，反对市场的垄断化，这是一种典型的工业社会的市场调节方式，一方面是看不见的手，另一方面就是看得见的手。看得见的手历史上就存在，一个家庭农场和家庭怎么种植都是看得见的手分配的。实际上，在典型的市场机制下，看不见的手是最适合工业社会的调节方式，所以我们既不能把它污名化，也不能把它神圣化。但是换了一个生产形态它就不一定那么适合了，或者说不那么完全适合了。

例如说定价，现代社会软件怎么定价？软件定价不是市场定价，是供应商定价，是策略定价，这个定价是可以选择的，完全可以选择是一块钱，还是两块钱。同样相似的产品可能也会有差别，例如，都是操作系统，微软一个操作系统多少钱，别人多少钱，都可以自主定价。所以，这个价格就已经不是由看不见的手支配了，而是由看得见的手在支配，所有的观念产品在某种程度上都是由看得见的手来定价的。

（四） 计划经济失败的原因

经济形态发生变化的时候，这个经济的调节机制也会发生变化，还有人类对经济行为的认识是否能够把控也会发生变化。计划经济为什么会失败呢？因为除了上面谈的那些原因之外，当年制订计划的人根本没有办法把控所有被计划的对象。首先消费是不能把控的，但是现在消费变得能把控了、看得见了，已经可以精确计算出来了；其次，技术手段也变了；最后，人们的认知能力也变了，比如说在传统的工业社会，没有政府对经济的调节，到了后工业社会才有。所谓的后工业是工业社会和观念社会转接过程中的社会。18世纪哪有政府调节？没有，完全是市场调节，那时候经济理论不够发达，人们的认识不够发达，技术手段不够发达，市场根本无法管控。现在有大数据的支持很多都变得可以了。所谓的非市场人数调控也就是人的调控，就是观念的调控，思想的调控，精神的调控，就是看得见的手。看得见的手是主动的调控，是可以干涉的，是我们可以影响的。看不见的手是被动的调控，是我们不能干涉的。

（五）未来社会调节机制的构想

实际未来社会的调节机制也会发生变化，这个变化包含三种，我们不能单纯地认为市场立马就会变成像李肃先生说的那样。当然，市场也在转变它的形态，但已经不会是我们所熟悉的和教科书上所认定的市场方式和市场行为了，这两个市场之间的概念差别很大，机制的差别也很大，将来我们会有一本书专门讲不同的机制在各个方面的表现。另外，随着新调节机制出现，将来的社会是经济社会，组织形式是社群组织，这是未来的社会形态，离我们现在还有段距离，但是已经在茁壮成长的过程中。虽然现阶段物质是比较丰富了，但是还没有到极大丰富，很多国家没有进入工业社会，但是我相信将来社会的物质资料会极大丰富，就像李肃说的那样，等到全面AI化的时候，物质资料就会极大丰富，到时候你想要多少就有多少。到那时候，观念产品本身就是可以做到极大丰富的。一个软件会在全世界供应，一部电影上映全世界都能看，一本书出版全世界也都可以看。观念可以无限复制，观念产品本身就是极大丰富的，只要它被创造出来。当人们的主要消费对象是观念产品的时候，个人的消费开支中只有一小部分用于物质产品，一大部分会用于观念产品，而这部分观念产品又天然决定它就是极大丰富的。至于物质生产部分，原来是由劳动来决定的，必须有很多人去劳动。而当AI取代了劳动，可以无限提供物质产品的时候就可以极大化，这两个极大化实现之后，它交易的方式就变了。交易建立在什么基础上？建立在稀缺之上，稀缺才需要交易，空气是不需要交易的，观念产品是不稀缺的，为什么还要交易呢？实际上是因为还不够极大的丰富。

还有一个问题，未来对所谓创意劳动的分配如何进行？分配什么呢？那时会分配一些有限的东西，因为总有一些产品是有限的，并不是每个产品都能像袜子一样可以无限生产，例如海滩，就这么几个，第一排座位也就一排，谁坐第一排，谁就享受最好的海滩。有些东西天然是有限的，这个"有限"最终可能会在分配上表现出来，未来谁对社会的劳动创造贡献更大，谁就被分配更多的有限资源。以后所谓的价格和价值就是一个技术方式，就用来记载谁的劳动对社会的贡献更多，而更多更大不是分配全部社会产品，只是分配社会的很小一部分，即所谓的有限产品。将来有限产品变得很少，而大家所有必要消费的都是无限的。这其实对中国来说并不遥远了。那所有产能过剩又指什么呢？指物质产品的产能过剩，精神产品完全不存在过剩。比如，电影没有人看，不能说电影是过剩的。因为只有物质产品才有产能过剩的问题，而物质产品产能过剩又标志着物质产品的极大丰富。

为什么AI时期才是物质产能过剩的时期？因为占有的人力极大缩小，就像空气一样。这里我们说的都是未来形态。现在形态到未来形态还有一个转型的过程，每次的双轨制和三轨制都是涉及社会形态的问题，调节机制的发展也是这个发展的过渡。改革开放前我们调节机制用错了，所以我们采用双轨制进行过渡，进而采用正确的调节机制。这是自然的发展，一部分是我们还没有进入未来社会那部分以及市场机制；另外一部分是福利部分，福利部分实际上是均贫富，是利用再分配的形式，利用慈善的形式，利用社会公德的形式。我们说的共享不是再分配，例如电影可以放无数遍，我们未来社会每一个想看《战狼3》的人都可以看到，不会因为没有钱看不到，这是财富的损失，是社会调节机制不完善，社会发展不完善。很多观念产品还没有充分消费不是因为财富不够，而是我们的调节机制还没有发展到那个程度。

所以说这一部分所谓的共享的第三机制，不是说是慈善，也不是均贫富，是经济本身发展起来的一个调节方式、消费方式、生产方式和运营方式，这就是我们未来的社会。

四、三轨制的内在逻辑及观念经济学

（一）三轨制的内在逻辑

李肃：三轨制中最难理解的是大同社会。为什么互联网最终会把世界推向大同世界？三轨的逻辑是这样的概念，所有人都进行创造性的智慧劳动的时候，一定就面临一个问题，如果所有的简单劳动都被机器人代替，那么不是每个人的劳动都是有效的，一定有无效的。智慧劳动有的没有成果、有的没有效率，没有成果的人是需要必要的物质生活资料的，所以一定要有福利经济的支撑。桑德斯等人说特朗普把工业挪到美国去是不对的，美国没有这样的条件了，应该是每个人发 1000 美元，让更多的劳动力搞创新劳动。在评价特朗普上，黄江南也认为特朗普是错的，恢复蓝领工人的地位，扩大蓝领在世界整个经济社会的作用，是在逆社会发展而为。

那么人在创业劳动、创新劳动和观念劳动中应该如何呢？我们回到脸书公司的例子，脸书公司就没有简单劳动，脸书大楼里每人都有基本工资，所有人都进行创新劳动。他们食堂餐饮服务都是外包的，因为没有壁垒的体系，将来机器人便宜的时候这些岗位一定会被代替。所以将来很多职位都会被机器人替代，但是观念劳动和创新劳动成果没有保障，需要福利经济支撑，部分产品没有极大丰富之前需要市场经济，部分产品极大丰富之后会变成共享经济，所以过渡时期就会出现三轨并行的状态，这就是三轨并行的逻辑。

（二）观念经济学

下面我再谈谈观念经济学，刚刚黄江南从马克思政治经济学到现在观

念经济学讲了很多现象级的东西，其实本质的东西就三句话：农业社会、工业社会和信息社会是完全不同的三个社会体系，推演出来就可以看得很清楚，农业社会就得有皇帝，就要有专治，因为是分散的农民，没有办法投票，少数人强制多数人；工业社会就必须统一步调，必须投票，变成多数人强制少数人；到信息社会没有管理者，全都变成智能化。信息社会实际上是进入了观念创新的一个时代。这个时代实际上是去中心化的，这个去中心化不是所谓的去专治化，而是去民粹主义的。

黄江南：去民主是去我们今天所理解的民主，今天的民主是什么？是工业社会的民主，工业社会的民主是什么？是少数服从多数的，少数人的意见权利就不应该得到声张，少数人的利益不应该得到保护。少数人的利益要得到保护和市场照顾的话，就不能够由一部分决定另一部分，所以今后一定是协商的，一个政策的出台，一个决策的出台，一定是所有人的利益最大化，不是部分人的利益最大化。

李肃：朱嘉明举办了一个叫"区块链和数学"的研讨会，邀请了全世界众多优秀的数学家来参加。在会上，他说互联网时代是统计时代，这个时代的民主是统计民主，多数人的意见是怎么统计出来的？如果一项政策是根据多数人的意见实行的，那么少数人就会接受。但是那些数学家认为，到区块链智能时代，民主不是统计出来的，是算出来的。区块链革命最后人类会从自然王国走到自由王国，自由王国不是统计出来的，跟民主没有关系，就是跟下围棋一样，全部算出来，算完了推导出来的。

黄江南：不是多数人的意志，而是最佳方案，最佳方案是符合所有人的，可能不是最令人满意的，但是所有人的综合利益最大化。

李肃：下面我再谈谈什么是社群。我到脸书公司访问后才知道，民主决策的实现是没有矛盾的，如果你对该社群不满意或者不同意里面的决策，你就可以随时跳槽。公司随时给你创造各种条件，这就是区块链的管理，智能化的合约，想去哪就去哪。这种模式下是没有现阶段我们所认知的民主的，也是没有少数服从多数的。马克思讲的共产主义不是强制出来的，没有暴力，没有法律，只有道德。道德怎么来的？是自由人联合体，高兴就联合，不高兴就解散，解散了就没有矛盾，就没有阶级斗争。从这个意义上讲，区块链革命是软革命，到了信息化社会的时候用的是另外一种管理模式。

接下来，我谈谈马克思后期思想的转变。研究马克思手稿和他与恩格斯的通信的人发现，马克思到了1850年的时候，保留很多的创新思想，没有办法和恩格斯交流，因为恩格斯还信暴力革命，还信剥夺私有财产。而马克思自己已经不信了，到1850年以后他认为生产力走到最后，自然地就没有私有财产了，自然地就是自由人联合体联合起来一块创新，然后自然地就变成个人所有制了。从这一点上，我看了脸书的模式以后就更能理解了，在那里所有的智力归自己，物质财富根据智能合约随便拿，食堂随便吃，这就是共产主义大锅饭。你只要创造出社群来，你自己的观点有人追随，有人愿意跟着一起干，你的部门就可以一起拿钱，所有的费用随便支出，支出后记账，将来按劳分配再算账。实际上我们最后得出的结论就是：在创新劳动、观念创新社会的整个体系里每个人各尽所能，随便跳槽。

计算机社群体系下有几万个社群，每个社群你都可以去，有贡献就记分，每个月三天可以到别的部门干，每年有一个月可以自己创立社群自己玩，每个人都是各尽所能，到最后都是按劳分配。创业是各取所需的，分配是按劳分配的，劳动是各尽所能的，这就是共产主义社会啊。因此这种共产主义社会总的来讲是马克思主义全新的思想体系，是到1850年以后马克思研究的问题。

另外，我介绍一下区块链。区块链其实把马克思主义穷尽了，区块链是什么？第一个概念是机器信用，大数据加上分布式的信用管理导致谁也骗不了人，大数据导致没有博弈，没有信息不对称。也就是说定制经济一定能实现，但这并非过去的计划经济。

黄江南：我补充一下，应该不叫计划经济，应该叫智能经济，人在经济管理上也是通过 AI，通过智能的设计和智能的指导。市场经济是试错机制，因为所有的市场机制都是竞争，竞争本身就是试错，在试错中找到共同点、可实行点。而不用试错，直接找到最佳方案，比试错更先进的，就是调节机制。

（三）区块链的概念、内涵

李肃：区块链的机器信用原来是一个技术概念，有人说它就是分布式记账本，你自己改不了。其实不对，这个说法远远没有达到对区块链的全面理解。区块链的机器信用就是大数据加上机器信用的技术手段，导致所有的信息都是真实的，没有风险的，这是区块链第一个方面的特点。

第二个方面是智能合约。智能合约就是创新化的团体，进去和出来都不用订合同。就像脸书模式那样，所有的工作都是在社群做，你爱去哪就去哪，这都是属于智能合约。智能合约适合什么样的劳动？是复杂劳动和创新劳动，简单劳动全都被机器人代替了。观念劳动非常丰富，每个人在里面试错，然后尝试做出贡献。劳动对每个人来说都不是谋生手段，是第一需要。大家都在创新，都去试错。试错成功，就有贡献了。智能合约最本质的东西就是一个一个的创新社群，在组织的过程当中不是强制性的组织，就是合伙机制。每个人每天的贡献都可以看得出来，都有记录，就是智能合约。智能合约就是消灭简单劳动，最后的创新劳动都可以在智能创新体系里面随便进，随便出，这就是第二层含义。

第三个方面是区块链货币，在区块链技术中货币实际上已经不是原来的货币，是一个社群创造出来的信用。这个信用根本不可能死，我借你钱是根本不可能死掉的，就变成无息的成本了。大家信了就互相之间交易，交易就变成无息。马克思的观点不是国家靠抢夺私人财产变成公有制，他后期认为钱是随便拿的，是共享的，区块链货币不是国家硬币，实际上是社区的信用，大家的放在一起，有智能合约保护，保证没有风险的周转。

然后在第三个方面的基础上的第四个方面，就是去中心化，智能化到最后实际上就是无人管理，数学家认为不是统计出来的多数意志，是计算出来的规律体系，在规律体系之下就是会消灭干部，消灭官和民的差别，就是消灭民主。去中心化本质不是消灭专治，专治是靠民主消灭的，不是靠区块链消灭的，民主是靠区块链消灭的，最后就变成智能化。

最后一个方面就是互相转换，就是自由人联合体。社群是开放的，是智能化联合，社群中的人想去哪儿就去哪儿，不会存在任何矛盾。每一个区块链每一个群自己有一套伦理规则，你愿意来就加进去，不愿意来就算了，这就是共产主义。

区块链五大特点会让我们认为区块链使得马克思主义全面丰富了。马克思说的共产主义包括五个事：消灭市场经济；消灭脑力劳动和体力劳动的差别；消灭资本，变成共享的物质；消灭民主；去中心化，没有官，没有压迫，没有暴力，就变成自由人联合体。所以从这个意义上讲，我们认为其实市场正在走向全新的观念时代，现在创造的观念经济学，就是未来智力劳动的经济学。大家在探索为什么观念经济学其实就是马克思主义全新的表述？区块链革命凭什么是哲学的革命，凭什么是马克思主义的丰富？福利经济不是养懒人，在中国创新创业的时代，让一部分人去创新创业。大家看看日本，日本所有的年轻人都不愿意创新创业。为什么？因为长期的大公司等级体系，没有创新创业的空间，这些人的生活都有物质保证，有房子、有必要的生活资料，他们就没有动力劳动了。中国是处在全球大部分地区所没有的创新创业的阶段。中国在福利制度上有一定的保证，若整个区块链革命推动到让公民可以拿到无偿的资本，拿到共享的资本，中国的创新创业一定会大规模地往前发展。所以，从这个意义上讲，共享经济到福利经济是对接的，中国的福利经济缺的是住房体系，先给五亿人盖房，新加坡就是因为私人土地太贵，政府出手了。中国出台一个非常重要的土地政策，主张用宅基地盖经济适用房，一层的底商归农民共享，按 2000 块钱卖给所有人。这也是一个尝试。

（四）福利经济

黄江南：从经济理论上讲，大家都认为福利经济是消耗财富的，实际上福利经济是创造财富的。人类社会分两个大阶段，第一个阶段是短缺阶段，所有的传统经济学都是建立在第一个阶段，在这个阶段背景下全面进入市场经济、短缺经济条件，市场上没有有效的供应，几乎所有产品都是短缺的。我们怎么提高效率，怎么有效分配呢？就是传统经济理论所提倡的那一套。所以传统经济学理论的前提一个是完全进入市场，一个是短缺。当短缺消失消灭的时候，我们到富裕经济的时候，没有短缺的时候就发生了根本的变化。这时候就到了人类社会发展的第二个阶段，第二个阶段是富裕社会和观念社会，价值主要是由消费创造的，而不是由生产创造的。举个简单的例子，你的电影拍完了之后有多少价值，谁决定的？观众决定的。你这个软件值多少钱？用户决定的。当我们的物质财富也到了生产过剩的时候，怎么发展？这个社会有多少财富在于有多少人消费，没有充分消费，过剩产能就不可能开动起来。这个观念产品本质上是无限的，而且有限的物质产品也变成了无限供应，这时只有消费才能够增长价值。在这个时候如果还有人需要消费而没有消费，我们就要让他得到消费，他一旦得到了消费，价值就会增长，社会财富就会得到增长。即社会财富多少取决于消费多少，而不是取决于生产多少。所谓的福利社会，就是让更多的人能够消费。

（五）三轨制经济在雄安的示范

李肃：我最后结合黄江南谈的思想联系实际案例讲一下雄安新区的事。我们认为三轨制经济的真正示范地就在雄安，雄安新区是习近平新时代中国特色社会主义思想的一个示范地、试验场。我们认为现在雄安的规划做得不对，它还是沿袭之前的开发区的思路在做，而没有充分考虑到之后社会形态会走向何处，并以此来做出合理的布局。

在雄安新区，由于新建新区产生了15万移民，政府打算把15万移民转移到一个地方去，然后让他们在传统产业上工作。这既是一个麻烦的事，也不一定是合理的事。我认为这否定了市场经济，也没有将新加坡模式的福利经济落实到位。我们所研究的雄安经济模式应该是三轨经济并行的模式，以雄安新区为示范，最后逐渐推广发展。雄安新区应该怎么示范呢？四句话概括：三个县城要市场化开发，通过竞标选定开发商。三个县城打造三种服务体系，一个是创意产业，一个是卫生健康产业，一个是科技产业。三个服务区的服务职能都由市场承担，政府尽量不要干预，因为八达岭周边的旅游项目就是先例，政府策划一次项目失败一次，项目效果不好，还浪费了不少资源。所以，雄安的开发要交给市场自己去做，政府只需要做大体的方向引导。

关于雄安新区在福利经济方面的发展方案，福利经济在雄安一定要发展好，起到示范作用。我建议按照新加坡的模式来做，比如那15万移民的地，可以用其中部分地盖经济适用房，盖完以后按照1500元/平方米的低价出售，让工薪阶层有地方住。还有就是雄安新区一定要做好创新小镇，这种创新社区的目的其实就是要引进人才，吸引社会精英进雄安。这些人才进来共同策划这个小镇，定制开发小镇。这里的每一块地、每一个小镇，尽量让引进来的精英差异化策划，策划好了以后，再到市场上拉项目进来具体实施开发。张江高科技园区就是一个很成功的例子，就是引进精英，为精英定制开发的模式。张江高科技园区当时拉了一个美国的诺贝尔奖获得者，这个人通过自己的号召力引来了很多创业精英和各个产业的精英。张江给他们盖了36栋楼，所有风险投资围着他们进行，最后就发展起来了。这种精英定制开发，引进了好的项目后，可以发行区块链币，所有人拿自己开发区的房子做抵押，仿照脸书的经营模式，所有成熟的项目、成功的项目可以无偿使用资金。

从这个意义上讲，区块链造币其实跟人民银行印币是一回事，人民银行发行货币是国家发行，区块链造币是社群造币，这种模式对社群考核有特定的标准和方法，而不再是由政府承担的体系。按照这种思路，雄安的建设就是在每一个县城周边建 1000 个小镇，全球招标，谁能定制化开发就交给谁开发，政府给他提供所有最好的条件，让他拿到无偿的资本、共享的资本，共享的生产资料，让他更容易把创新创业干起来。最后，整个雄安一定是创新创业最活跃、成功率最高的地方，雄安新区一建起来，可向全国推广，畅想一下全世界的精英都向雄安汇聚，向中国汇聚，那么中国一定会成为全球创新创业的领导者。

这种发展模式一旦建立起来，雄安的交通又该怎么规划呢？就是发展无人驾驶。不管是货运还是公共交通运输，一定要考虑优先发展无人驾驶，即便是现在还没有条件发展无人驾驶，我们在建立交通运输网络时，也一定要为今后无人驾驶的发展留足空间。按照这种模式，三轨并存的模式就可在雄安新区落地生根，逐渐发展起来。

（六）历史的启示

黄江南：在世界由农业社会转向工业社会发展时，我们错过了发展的良机。美国在农业社会向工业社会转化过程中，已经建立起整个工业社会的管理体制和管理方案。费城的精英们建立了指导整个工业经济和资本主义的三权分立体制，这个体制成为工业经济发展的圣经。美国基本上还是一个农业社会，但是它的精英们创造了一个体系，这样一个体系使得美国走到了世界前列。可是现在工业社会已经过去了，观念社会已经逐渐形成了，为什么已经形成了？因为现如今观念产品已经占有国民经济的巨大比重，甚至可以说是绝对比重了。但是适应这个新社会经济时代的治理方案还没有，经济学家认为我们要恢复市场经济，只学人家的市场，不学人家的政治体制。现在我们的责任是要设计出一个适合我们新的观念社会整个形态的治理系统。习主席为什么提出来要构建新型治理方式？是因为他并不满意这个社会给我们提供的现成的方案，这个方案已经行不通了，已经落伍了，需要探索新的方案。

我举个例子，什么叫多党制？多党制在封建社会是不允许的，为什么到了工业社会就成为主流？它实际是和资本相配合的，资本是什么？资本本身要求自由流动，要求公平，即我的一块钱和你的一块钱是一样的，这才叫公平，而且在公平的基础上我们的资金流动还不能受到限制，要能够自由交易。还有少数服从多数，少数资本服从多数资本。还有市场机制的关键是竞争，没有竞争就没有市场机制，把这个竞争机制引入市场经济时代的社会管理是恰当的，那么在封建社会，或者农业社会是没有竞争机制的，帝王不能竞争，家长也不能竞争，是另外一个方式，而这种方式在那个时代同样也是最有效率的方式。在资本主义时代需要竞争，有竞争就有对立面，有对立面就出现了党派，没有党派怎么可以竞争？而且党派竞争也是少数服从多数，和资本原则是一致的。所以它的平等只是建立在资本的平等上，而资本的平等在另一方面也是不平等的，其中市场平等中所有平等都是条件平等。

到了未来社会就可能不是这样的形式，马克思认为未来社会管理变成专业人士的行为，即整个社会管理是一个专业化的管理，党派斗争不是专业化，党派斗争下的管理是房地产商可以当总统，演员也可以当总统，和专业化没有关系。这样的治理不一定能够选出最好的治理人才，但是它是适合这个社会的机制需要。所以资本在工业社会遵循的是程序平等，不管结果只管程序。因为市场是需要程序的，是要尊重程序的，契约一定是程序，一定要遵从既定的程序，不能破坏这个程序，哪怕这个程序带来不好的结果。没有程序就没有结果，没有结果就没有市场秩序，这个调节就不存在，市场就不存在。

对选举的认识也很重要。包括我们认为领导人的选举不民主，没有一人一票，那么有没有更适合的、更好的机制呢？我们选举的目的是什么？不外乎就是找一个从道德水准到能力水准都是最好的、最优秀的人才，给这个社会带来最好的管理，这是我们的终极目的。我们沿着这个目的出发就可能设计出更好的选才方式。

五、双轨制思想的形成

李肃：最后我大概讲讲双轨制的思想是怎么形成的。总的来讲，双轨制思想是黄江南的硕士论文提出来的，他当时认为"大跃进"错了，出现了结构性扭曲的经济危机。所以结构调整怎么调？他提出还是要用计划手段，把该关的关掉，把该停的停掉，用计划手段来调，一步一步地增加市场经济的手段，在这么一个理论基础上，他们写了一份报告送上去，后来到中央去介绍，逐渐被中央采纳了。当然那个时候出现了争论，也有人骂他们说他们是保守派，引起了很大的争论，在争论基础上"四君子"搞了一个改革路线图，四步走的改革路线图就是解释计划手段和市场手段到底怎么并重，结构调整的方法怎么走下去，这四步到了1984年的莫干山会议就被双轨制的概念涵盖了，原来没有用"双轨制"这个词，是用的四步走的概念，到莫干山会议才说是价格双轨制。后来，他们到河南也讲了外汇双轨制，开发区、特区双轨制。他在他的硕士论文里还讲了完全市场经济，出现经济危机怎么办，出现过剩危机怎么办，还要回来重新研究在更高层次上的调节手段，这个调节手段是什么。双轨制就是这么产生和发展的。

点　评

常保国：我听这个讲座是非常激动。为什么？因为我记得大学的时候说生产力高度发展了，按需分配了，社会主义实现了，我听两位先生讲通过 AI，通过区块链大同很快就来了，而且智能社会的发展确实可能是我们难以想象的。

一种新的观念的提出，开始可能是受到质疑，不理解，甚至被攻击。但是正是这些曾经不为人理解的观念慢慢影响了人们，改变了社会。价格双轨制我有一点印象，我是 1984 年考上政法大学的，当时 1982 年前后准备高考，其中要考政治，政治的核心就讲了要计划经济为主，市场经济为辅，计划与市场相结合。当时我们考的是为什么帝国主义是垄断的、腐朽的，到了大学还在讨论，为什么帝国主义垂而不死这些问题。1984 年我在学校图书馆当管理员的时候，看了一本书是哈耶克的，叫《通往奴役之路》，我看完之后感觉很害怕，他居然说计划经济是奴役之路，我真的不理解，但是他里面有一些话我到现在仍然印象很深，市场经济下有无数个雇主可以供你选择，你有权选择自由，计划经济下只有一个雇主没有选择。

价格双轨制改革是农村改革的一个起点，亲身经历了中国改革发展的过程，在 20 世纪 80 年代初黄江南先生也就是 30 岁左右，那个时候对指令性计划经济有那种深刻的认识，并且能够把自己的一些想法付诸实践，这对中国的贡献是非常大的。

互动提问

提问：在未来 30 年中国的发展当中像和君这样的企业，应该扮演什么样的角色？

李肃：应该这样讲，现在和君创业咨询不仅仅做管理咨询，也做投资银行。从 2013 年开始我们请黄江南当了我们的董事局主席以后，就开始参与智库研究，所以，我们目前在智库研究领域已经全面参与，现在我们公司有大量的智库研究和管理咨询合在一起。比如说现在有好多人跟我们探讨通用航空，怎么样做布点，怎么样像高铁投资一样全部投，他们认为这是智库问题，是最高决策，是需要举国之力去干的事。从这个意义上来说，我们现在认为未来在往上走的时候实际上是在走智库的路，往全球走的时候走的是"一带一路"的路，然后在本身内部来看，是管理咨询跟信息化结合，是跟现代经济、跟区块链结合的。

第七篇

积极心理学对社会科学重大理论的挑战与贡献

蓟门法治金融论坛第 73 讲

主讲：彭凯平　清华大学社会科学学院院长、

中信改革发展研究院资深研究员

主持：刘纪鹏

时间：2019 年 5 月 15 日

地点：中国政法大学蓟门桥校区

点评：王绍光、杨平、朱晓武

纪鹏荐语

你想幸福快乐吗？幸福和快乐的真谛是什么？20 世纪 90 年代中期，心理学界兴起了一场积极心理学运动，提出六千万年的人类进化史，让人具有了超越其他动物的幸福感、道德观、感恩念、自律与合作以及美好憧憬等积极心理，这使人类获得了进化优势。

其实人的动物本能，无论生存还是繁衍能力并不比其他动物强，之所以成为地球上的万物之首，靠的正是这种其他生物乃至人工智能都不具备的积极心理，这种心理由适者生存、积极进取的天性演化而成，多年的研究数据支持人类建立在积极人性假说上的积极心理，积极心理学正是由此而成。

积极心理学以幸福为研究内容，提出人类的积极品质，如同理心、善良、感恩、审美观等特点是具备相对应的生物学与脑神经基础的。积极心理学创新了传统心理学，涉及经济学、政治学、社会学、教育学等多门类的社会科学，成功推动了社会科学的范式转移，越来越被人们所感知。

现实中，为什么一些年轻学子会在人生最美好的时光决然选择放弃生命？为什么一些人立心立命，在做事情的时候能达到物我两忘的幸福境界？这两个极端现象令人深思。

积极心理学试图揭示这一奥秘——当人们顺应积极天性时，就会进入快乐、幸福的状态。积极心理学的提出将帮助人们从新的角度去辨识和探索幸福，形成积极品质，帮助人们产生正面心理能量，从某种程度上掀起了心理学领域的革命。

国际上第一个将经济学的终极目标定义为"幸福研究"的是诺贝尔经济学奖获得者丹尼尔·卡尼曼（Daniel Kahneman），中国积极推动并创新积极心理学应用的则是清华大学社会科学学院的彭凯平院长。

彭凯平教授毕业于北京大学心理学系，1997 年获得美国密歇根大学心理学博士学位，曾任加州大学社会及人格心理学专业主任和美国心理学会科学领导委员会委员。目前兼任国际积极心理联合会（IPPA）以及国际积极教育联盟（IPEN）中国理事、中国国际积极心理学大会执行主席。他曾多次代表中国在"联合国国际幸福日"大会上做报告。

彭凯平教授著作颇丰，至今已发表300多篇学术论文，出版图书《心理测验：原理与实践》《文化心理学（英文教科书）》《跨文化沟通》《吾心可鉴——澎湃的福流》等中英文著作8部。2007年被美国人格与社会心理学会评为"全世界论文引用最多的中青年社会心理学家"。

5月15日晚6点30分，中信大讲堂第50讲暨蓟门法治金融论坛第73讲，将联合邀请彭凯平教授主讲《积极心理学对社会科学重大理论的挑战与贡献》。相信他的演讲会是一次现场给人快乐、未来给人幸福，值得期待的，让人积极向上的学术大餐。

致　辞

刘纪鹏：如果我告诉大家，今天的讲座能够让大家一生幸福和快乐，我相信掌声会更加热烈。此次讲座是蓟门法治金融论坛第73讲，中信大讲堂第50讲，往期涉及的都是一些很大的话题，诸如政治、经济、法律等方面。但是今天的话题——积极心理学，是一门对整个社会科学具有挑战与贡献的学科。

今天的演讲内容涉及人们未来的幸福，包括今天会场的快乐。不仅会谈到积极心理学的学术特征，也会涉及中国政法大学，特别是商学院，甚至包括法律、政治方面。但今天光谈学术还不够，中间还要穿插很多案例，包括我们在实际教育中面临的问题，以此来帮助大家学以致用。彭凯平院长从北大毕业之后，在美国的密歇根大学获得心理学博士学位，之后在加州大学做心理学研究系主任，后来又在美国的一些积极心理学组织中担任中方代表，最重要的是彭凯平院长曾经两次代表中国在联合国的国际幸福论坛上做学术报告。

彭院长涉猎的领域包括教育、文化、社会心理学等，今天又提出了积极心理学。我跟彭教授虽然是初次见面，但是这两个月我一直在研究他的书。其实今天我特别希望在他的积极心理学涉及的领域里面，把法大商学院的管理学加上去。

很多工商系的教授首推彭凯平院长的积极心理学。他的著作、观点，在某种意义上的国际影响力甚至比国内还大。今天我们要学以致用，让我们工商系的全体教师、本科生、研究生以及辅导员前来认真学习。我们没有简单地把今天的积极心理学当成一个学术报告，而是当作一个学以致用、能解决现实问题，并且真正能给大家带来快乐和幸福的讨论会。希望今天的讲座可以给大家带来轻松、快乐、积极向上的人生态度；在人性的温柔和善良方面，也可以给我们更多的启迪。

今天我们应该如何感受这一堂精神大餐，怎样在今天的演讲中感受快乐，在未来的生活中能够幸福长久呢？我们接下来就以热烈的掌声请出今天的演讲嘉宾彭凯平院长。同时欢迎今天中信改革基金会的两位点评人，著名的香港大学政治与公共行政系主任、中信改革发展基金会资深研究员王绍光教授和修远基金会理事长、《文化纵横》杂志社社长、中信改革发展研究院资深研究员杨平教授。如果时间允许的话，朱晓武教授也会点评。接下来让我们以最热烈的掌声请出我们最受尊敬的黄进校长致欢迎辞。

黄进： 尊敬的彭凯平教授，各位嘉宾、老师们、同学们，大家晚上好。首先，我要给大家介绍的是王绍光教授，我是学国际司法的，在国际司法中有一个重要的概念叫连接点。我跟王绍光教授有很多连接点，比如说第一个连接点：他是武汉人，而我过去是在武汉大学工作。第二个连接点，他是77级的法学本科毕业的，我也是 77 级法学本科毕业的。"文革"后恢复高考，当时全国只有三所大学招收法律专业的学生，一个是王绍光教授所在的北京大学法律系，一个是吉林大学法律系，还有一个学校是湖北财经学院，现在叫中南财经政法大学，77 年招了 50 个法学专业的本科生，北京大学大概招了 83 个，吉林大学招了 56 个，所以中国 77 级法律系的学生，全国只有 189 个。40 年过去了，法学教育有了非常大的发展，现在全国有 630 多所大学有法学院和法学专业。

第三个连接点是 1993—1994 年，我当时作为访问学者到耶鲁大学法学院访问一年，当时王绍光教授在耶鲁大学的政治系任教，虽然他当时已经不学法律，改学政治学，但是在那一年我们仍有很多的交往。后来我回到了中国内地，他继续在美国工作，后来又在中国香港工作。所以这次我说我一定要来，还要再见见老朋友。

再次，我要介绍的是彭凯平教授，他是清华大学的著名教授，曾在密歇根大学求学，后来在加州大学伯克利分校任教，学术经历非常丰富，也是一位社会科学界的网红教授，讲心理学特别有名。今天，我想大家一定特别期待他的演讲，所以今天我代表学校，对彭教授、对各位嘉宾的到来表示热烈的欢迎，对大家的莅临表示感恩，特别是对彭教授表示衷心的感谢。

我们学校是一个法科强校，有人说是法学"帝国主义"，但是我在做校长期间一直推动把法大变成一个多科性的大学。大家可能不知道，现在法大也有理科专业和工科专业，当然还谈不上是一所综合性的大学。所以我觉得不同学科的教授，到法大来演讲，跟我们进行交流，是我们学习的一个非常宝贵的机会。

我今天讲的话题是"什么是积极心理学"，它从何而来，向何而去，有什么样的发现和贡献，再讲讲怎么培养积极心态。

一、积极心理学产生的渊源

（一）积极心理学的产生

　　什么是积极心理学？其实很简单，心理学家在20世纪50年代就开始讨论、分析、探索这个概念。在很长一段时间以来，心理学主要是采用弗洛伊德的精神分析和把人当作病人、动物来对待。这听了很别扭，因为我们不是做心理咨询的人，我们是心理学家，我们也是有爱心、有情怀的。心理学家马斯洛教授提出：如果心理学真的可以被社会所尊重，可以被商学院、法学院的教授看得起，而不是被人看作异端，那么一定要做一些关于人类的积极心态的研究。这是指我们不能光研究有病的人，还应该研究健康的人、成熟的人、自我实现的人、满足自我需求的人、还在为生存而奋斗的人，但是它不能代表人类心理的整体。马斯洛是最早创造积极心理学概念的人，如果可以超越单纯对精神病人的研究，研究一些健康的人，那么这个心理学就应该叫作积极心理学。

　　1997年美国宾州大学的著名心理学家马丁·塞利格曼教授提出：我们应该用科学的方法探索一些能够让人更加正面、积极起来的方法和因素。

并且他把这个学问叫积极心理学。1999 年积极心理学正式成为心理学的一个研究领域。

（二）积极心理学的发展

在过去的 20 年里，积极心理学已经做出了一些重大的发现，在探索人类的幸福、美德、意义、审美、创新、善良等心理健康方面做出了独特的贡献。特别有意思的是，积极心理学的思想跟中国的传统文化一脉相承。西方人的斗争学说可能是人类在 20 世纪犯错误的原因之一，但现在很多积极心理学家已经逐渐意识到可能要向中国人学习，要向东方寻找智慧，这就是我回国以后推动积极心理学在世界上产生影响的重要原因。

中国人在积极心理学方面没有提出自己的独特理论，但是有证据证明我们的民族文化基因是朝气蓬勃的，积极向上的。我曾经做过一个研究，把包括报纸、杂志在内的 13 种语言的出版物的所有可数据化的产品存在云端里，对所有的文字数据进行大数据的文本分析，想看看这里面有没有文化遗传的基因。通过大量的数据分析，发现中华民族绵延不断几千年的思想往往都是受着积极心理的影响。

我们刚刚发表了一个对唐诗、宋词、元曲的简单研究，从人们到底喜欢说什么这个角度来看中华民族上下五千年到底传承了什么样的文化基因。结果发现唐宋元三代，老百姓首先说的是非自然概念，而非自然概念中排第一位的汉字是一个大写的"人"字，所以中华民族是人道主义、人文主义的发源地。紧接着非自然概念中另一个字是大写的"心"字，用心、关心、正心、清心都是我们中华民族最喜欢提起的，所以积极的心态一定是中华民族的文化基因。同时，儒释道中的基本概念之一就是心，儒学讲正心，佛学讲关心，道学讲宽心。积极心理学的文化基因现在被世界人民所注意、所观察，中国人更应该在积极心理学领域有所建树。

积极心态的价值颇多，一位美国心理学家曾经做了一个研究，他把人类的 125 种健康行为，诸如养生、忌烟酒、锻炼身体等，做了统计学的回归，看看这些健康行为对我们的健康和寿命的预期影响和贡献有多大，结果意外发现听三个小时积极心理学的人，预计寿命平均可以提高 1 分钟。

二、积极心理学的理论基础

（一）进化论

进化论是现代生命科学、自然科学伟大的理论，积极心理学也是建立在进化论基础之上的。大量的科学依据证明人是不断变化的，以前人只能活 20 年、30 年，现在人甚至可以活 100 多年，四代同堂中每一代的差异是非常清晰的，所以人永远在变。这是达尔文的第一个观点。

举几个数字就知道我们在变，第一个是男性的身高不断增长，20 世纪 50 年代人民解放军新兵的入伍身高要求 1.54 米，而现在是 1.60 米以上，说明男人在变高。第二个变化是人类变得越来越聪明，有一个心理学教授每十年会公布一个关于人类智商的变化情况，结果显示每十年人类的智商平均会提高 0.1 个标准差，下一代人会比我们更聪明，换句话说你比你的父辈要聪明。还有一个变化就是人类女性裸露的越来越多，但是这个不是乱变，也是有规律的，叫自然选择。选择具有适应环境变化，能让人和物种活下来的特性，和其他野兽相比人类并不强大，但是人类可以活下来，是因为人类可以适应环境的变化。所以达尔文"适者生存"的理论中"适"不是强大的意思，而是智慧的意思。但是，除了自然选择之外，还有一个很重要的选择机制，叫作"性选择"。达尔文写了两本书，第一本书是《物种起源》，第二本书是《人类的由来及性选择》，这个性选择的标准是什么？不是适者生存，而是美者生存，孔雀开屏不是一个好事，但是为什么雄性孔雀要保持开屏这个特性，因为只有这样才可以吸引到异性，才可以繁衍后代。

还有，为什么男人越长越高？因为古今中外的女性都偏爱身高较高的男人。有研究表明身高矮的男人需要比身高高的男人平均多赚 2 万美元才能娶到美女，这并不是说矮的男人娶不到美女，而是说身高矮的男人得有魅力才能娶到美女，这叫作异性选择。

（二）人类的天性

用生命科学的理论分析方法重新比较一下到底什么是人的天性，这种天性，不能讲故事，不能讲案例，一定要讲科学依据，需要比较人类和人类最接近的物种在组织形态学方面有哪些不同，而这些不同的地方就是人类独一无二的特性。

人和动物有很多共性，比如动物身上也有兽性的残余，如贪婪、野蛮、凶狠、好色等。但是我们有一些动物没有的天性，而这些天性都是积极天性，所以 1997 年我写了一篇文章重新解读人类的人性。人性怎么解读？要从进化选择的特性讲起。

大家不妨做一个简单的积极心理学的思想实验，比较一下：人类和猩猩在组织形态学方面有哪些不同？最大的不同是什么？大家一目了然，人是直立，其他的动物是爬行或者四足。正是因为直立，人不能低下高贵的头，为什么？因为这是人的人性，有人出钱让你打滚，你会愤怒，你会说这是侮辱我的人格，因为抬头挺胸是人的天性。人一定要大大方方，向远处看，向高处看。正是因为直立，女性的骨盆越来越小，为什么发生这样的变化？因为动物的重心比较低，所以跑得很快，而人直立后骨盆太大会容易摔倒，容易被淘汰。

由于女性骨盆变小，孩子不能足月诞生，进化选择导致了早产的结果。这至少会早产多长时间呢？接近一年，一年之后人类的孩子才可以爬，而动物的幼崽生下来就可以走、爬。孩子出生以后，有两个人的影响很重要，其中一个人是外祖母，所以进化史上外祖母是非常重要的人物。母系社会的领袖就是外祖母，因为外祖母可以帮助自己的女儿哺育自己的孩子。那为什么不是奶奶呢？奶奶是一个新鲜事物，人类以前没有奶奶。根据科学家的分析，人类社会在存在一两万年之后才出现农业，农业在什么地方出现？在北纬 25～35 度，也就是中国的黄河流域，人类有了第一次农业革命，人类的生存靠的是母亲采摘谷物。到了人类开始狩猎时，父系社会出现了，这个时候奶奶就起到了很重要的作用，但是即使到了现代社会，奶奶也不敢 100% 地肯定孙子、孙女一定是自己的亲骨肉，这就是外祖母竞争优势。

另一个竞争优势是什么？好男人竞争优势。研究发现女人比较愿意跟有爱心、有责任心，愿意帮助女人哺育下一代的男人结婚。这些竞争优势进化选择的不是动物的野蛮、残忍、凶狠，而是人类的善良、责任、关爱，这就是人性。

同样，因为我们人直立就可以看到很多的东西，人抬头挺胸、远观四方就可以获取很多信息，凡是人类独一无二的脑区，对应的都是我们人类积极的天性。人类有很多情感加工的区域，人一定要讲感情，讲感情一定是人性。人有爱的脑区，而动物没有。有些人一提到爱就想到人类性爱，但心理学发现人类的爱和性是两个不同的脑区，做爱是在一个地方，爱情是在另一个地方，性生活不足不会让人自杀，但是爱不足就会自杀。

人还有很多脑区跟学习有关，爱学习是人的天性，人是唯一会做梦的生物，所以憧憬未来、向往未来也是人的天性，聪明的人、健康的人、年轻的人和快乐的人会有憧憬，而有病的人和心态不好的人则会怀念过去，所以习近平主席讲中国梦是人性的追求。梦想是每个人都有的，因为这是人性，是我们人和动物不一样的地方。

所以我经常讲，让别人说话，这是他的生活，是这个人该做的事情。去年有一次，我从深圳回北京，天气不好而导致飞机严重晚点，接我的司机等了我四五个小时。司机很烦，我下了飞机也很烦，两个人心情都不好。坐到汽车里面，两个大活人在狭小的空间里一言不发，过了五六分钟忍不住了，他咳嗽两声说现在的国际形势好复杂，他这么一说我心中的石头也就落下来了，这是典型的北京出租车司机的特点——心怀天下。我说有什么变化，他说日本人多么坏，特朗普多么坏，但是讲到后来又没话说了，后来我忍不住了，我说了一句，我说，师傅，那我们应该怎么办？一听我这么问，他很激动，他说老师你知道吗，最近中央开了一次秘密会议。我问，这个秘密会议讨论什么，他就开始讲习主席讲了什么，克强总理说了什么，全是瞎编的，但是聊得特别开心，一直聊到把我送到目的地。他最后跟我说，老师，你是我遇到最好的人。我说，你怎么这么说？他说你明明知道我在胡说八道，却没有点破。这也是人性。所以，什么是人性？一定要讲科学依据，科学依据已经证明人性是人和动物不同的特性，人和动物一样的是兽性，A 和 B 不能重叠，就是这么简单的逻辑。

（三）人类具有独特天性的依据

爱学习、有同情心、有同理心、有想象的能力，有志向、会说话、爱说话，这都是我们人的天性，而动物没有。有证据吗？下面给大家讲几个证据。

第一个证据是 1997 年我和我的同事一起写的一篇文章，介绍了人类身上有十条神经通道，第一条是迷走神经。迷走神经跟人性的觉悟密切相关，因为它很古老、原始，人在爬行的时候有迷走神经，人直立之后迷走神经自然张开，所以人低头不开心，抬头开心。所以看到美好的画面时，全人类普遍的反应都是抬头挺胸；而看到不好的事情时，我们的反应绝对是含着胸。康德有句名言，将仰望星空和思想道德联系在一起，其实当我们仰望星空的时候我们张开迷走神经，就唤醒了人类的道德之心。人喜欢赏月，喜欢爬山，都是因为这些活动让迷走神经张开，回到人类进化理论上来说，这使得人类具有了独一无二的竞争优势。

第二个证据是什么呢？马丁·塞利格曼教授说人类有一个脑区专门负

责对未来的憧憬和向往，所以人有很多与众不同的人性，人类的人性体现出来是未来驱动的，不是过去决定的。无产阶级革命家毛主席、周总理都不是出生于无产阶级家庭，但是他们为了无产阶级奋斗的原因是什么？是对未来的憧憬。现在我们网络流行原生家庭论，我认为完全是错的，在座的各位都不是由原生家庭决定的，都不是由你父母过去的行为决定，而是由你未来的召唤、计划所驱使的。社会科学有很多学说是错误的，因为没有科学依据。我们不是过去决定的，我们都是未来召唤的，召唤未来是人独一无二的天性。我们能自己做判断、能分析，这个自由意志就是人的天性，我们有自己的看法，有自己的偏见，有自己的认识，有主观意识，有很多的积极心态，这都是我们人独一无二的竞争优势。

第三个证据是管理科学领域一个著名学者提出的：21世纪我们需要的人才，不是那些干活的人，因为现在一个大型机器人可以取代几十万工人。在一个人工智能的时代，一个技术革命的时代，如何让中国人民永远立于不败之地，也就是说什么样的工作是21世纪中国需要的工作？一定是和人的积极天性有关的工作。创造美感的人可以给人类带来快乐，虽然设计学院培养的学生有可能比商学院培养的学生少，但创造幸福感的人的收入比创造经济效益的人的收入要多。李克强总理提出中国未来有五大幸福产业，主要是涉及人类健康、快乐、舒适、创造等领域，而这些方面机器做的不如人好。

创造意义感的人比其他的也要好，一个人走到水边能够想到"行到水穷处，坐看云起时"，这个人的意义感相比于另外一个人在水边发呆喊一句"这么多水"，肯定不一样，所以意义感其实指人类独一无二的天性。我们也发现形象思维特别强的人和共鸣能力特别强的人，可以让人激动、被感染，能够说服别人的人，同理心特别强的人，知道别人的感情感受的人，一定是未来需要的人才。所以，我经常讲，中国不缺会考试的人，中国缺的是ACE的人才。ACE正好是一个英文单词"王者"。我们需要有审美力的人，有想象力的人，有同理心的人，这样的人才是中国社会 21 世纪最需要的人才。中国的电子游戏工程师数量在全世界排第一位，但是我们电子游戏产业产生的利润是很不理想的，为什么？都被人家拿走了，我们缺乏总设计师、总构建师、总概念师、总情感师，我们只有编码的人。所以，中国不能满足于只做世界工厂。

（四）人类天性中具有的特征

1. 具有同理心

为什么 6500 万年的进化历史选择的结果是，在食物链上人类只是排在中间的生物，在上面有很多能吃我们的野兽，我们自己能吃的东西却很少？这么一个没有竞争力的人类为什么能够成为万物之首，成为地球上的霸主？凭什么我们能够灭掉比我们强大的凶狠的野蛮的生物？凭的是我们人类独一无二的天性，其中一个很重要的天性就是我们的同理心。我们知道别人的感觉、感情和感受，这样的一种能力有什么作用？当我们在被野兽追的时候，人类的两个先祖，眼神一交流，就明白，我们干吗要各自逃命，我们为什么不能同心协力把追我们的野兽灭掉，这是人类合作的开始。正是因为人类不是一种自私自利的生物，我们才可以战胜其他的野兽。如果单打独斗，人类不可能活下来，一个人在野兽面前束手无策，但是几个人团结协力就可以战胜野兽。人类合作的基础就是同理心。同样，有了同理心就有了自控心，知道自己的感受和感觉。有的时候我们不想让自己难受，不想让自己难看，这样的自控让人有了真正的人性，有了道德，懂得己所不欲，勿施于人。而有了道德就有智慧之心，所以心理学家发现，正是因为我们有这样的竞争优势，这种积极的天性，我们才能够战无不胜。

心理学研究发现，现在小孩 2 岁半就有同理心，开始理解爸爸妈妈的心理，当妈妈回家时东张西望，小孩一般会过来问："妈妈你在找鞋子吗？"

别看这句话这么简单，任何一只野兽终其一生也不可能问出来，也没有任何的人工智能机器到现在问得出来。在座的各位可以读懂别人的心，这就是我们中国人说的感同身受、心有灵犀、心心相印。有了同理心，我们人类就有了特别重要的神经生理机制，它叫镜像神经元，是我们人类独一无二的神经系统，指我们人类看别人做一件事情和自己做同样的事情的时候，大脑的镜像神经元会产生一模一样的、电击身体的冲动。这是由意大利帕尔马大学的著名神经心理学教授里左拉蒂在1995年发现的。人类可以做到，动物做不到，人类可以做到换位思维，动物做不到，人类可以做到成全别人，动物做不到，这是我们人类独有的伟大天性。

2. 具有较强的自控力

1986年，斯坦福大学有一个教授研究发现，人类在5岁的时候就有了自控力。当时做了一个很著名的实验，给小朋友一个任务，桌上有棉花糖，如果你可以忍住不吃，就可以给你两个棉花糖，这就是延迟满足的自控实验。但是没有想到20年之后，这个教授再去回访这些学生，意外地发现自控能力强的孩子的大学考试成绩要好于自控能力差的孩子，获得的学位要高，这也说明学习需要一定的自控力。

同样，社会成就也需要自控力，20年之后再回访这些孩子，发现凡是自控能力强的孩子，未来的社会成就、社会能力、社会关系都要好。在社会生活中，你不任性，不乱说乱动，肯定讨人喜欢，容易得到社会的尊重，所以从某种程度上讲，自控和社会成就也有关系。自控力让一个人的未来变得更加美好的研究结果，也彻底影响了心理学界关于人类发展的基本认识。

与此同时，我们也发现志向可以培养、提升自控力。中国人讲一定要立志，眼前的挫折、打击、痛苦都可以忍过去，而志向、梦想、追求绝对是一种提升自控力的好方法。

那么，如何训练自控力？积极心态很重要。当愤怒时，人很容易失去理智，所以煽动仇恨，这就类似洗脑，是对我们进行的思想控制。我经常讲，千万别看网上让你愤怒的东西，因为你一愤怒就被它控制了。这个社会有没有让我们愤怒的事情？有！但是，我们面对事情时一定要冷静，再做判断，不要在愤怒的心情下做让你后悔的事情。我们也发现凡是觉得自己穷的人更容易失去理智，这叫稀缺心态。说明什么？说明贫穷的阴影对他们影响太大。40 年代中国是很穷的，但我从来没有觉得我们是穷人的后代，因为如今我们走出了贫穷的阴影，中国已经成为相对富裕的国家，如果你还没有走出来，那么你还不符合社会主义新时代的要求，还在受贫穷阴影的影响，会更容易受人控制。

那么如何证明人类进化是选择，是积极天性？如何才能让我们开心？耶鲁大学的教授保罗·布鲁姆（Paul Bloom）做了一个实验，让 6 个月大的孩子观看好人好事的视频，小孩会有灿烂的微笑，而让 6 个月大的孩子观看坏人坏事的视频，孩子就会露出厌恶的表情，这说明什么呢？说明人类的孩子天生就知道辨别善恶，而且天生就喜欢好人好事，不喜欢坏人坏事，不需要学，不需要教，所以说人之初，性本善。这是人的天性，这是道法自然的力量，不需要模仿，不需要学习、教育，因此"进化选择"是积极心理学的依据。

三、如何营造积极的心理

（一）达到知行合一

人类进化选择出来有很多的积极天性，比如我们有道德心、智慧心、同理心、自控心、审美心、创造心。那么，我们该如何去塑造、去弘扬，并保持这些积极的天性呢？中国明代著名的思想家、哲学家王阳明有一个很重要的观点，就是致良知、知行合一。知行合一是我们人类知识的本质，所有的知识进入我们的大脑并不是作为一种抽象的符号，而一定是在全身激荡，所有的知识进来变成了神经元的联系，而神经元的联系是一个网状系统，任何网状系统是联系在一起的，知识进入身体变成了身心灵反应。在大学，我们学到的不光是抽象的知识，也是变成身心灵的一种体验。

产生积极的心态就需要弘扬天性，知行合一。如何知行合一？选择做最好的事情，我们就会产生积极的心态，选择人天生的本领，就会产生积极心态，不要勉强，不要刻意，不要压迫，不要拘束，一定要道法自然，弘扬天性。

（二）五施

我们人类有哪些事情做得非常自然、天性？佛学中提出"五施"概念，说的就是人不需要学，不需要花功夫的就是人积极的天性。第一个是颜施，比如四周大的孩子就会笑，不需要学、模仿。有些人生活压力大，笑是装出来的；有些人笑不出来，只能逼出来。但笑应该是自然的，不是逼出来的。给大家一个小策略，颜施应该怎么做？要学会迪香式的微笑，微笑的时候眼角肌收缩，这个微笑特别灿烂，特别有魅力和感染力。很多时候，出于各种原因，人需要有礼貌性的笑，职业性的笑。只有真心实意地笑的时候，才有嘴角肌和颧骨肌以及眼角肌的收缩，眼角肌没有收缩的笑是礼貌的笑，不是一种发自内心的微笑。非迪香式的微笑没有感染力，所以叫礼貌性的笑。同时，发现爱笑的女孩离婚率低，学会迪香式的微笑对婚姻关系也有特别大的帮助。

第二个是身施，人的进化优势是行动，人一定要动，不动是寄生虫的生活，做任何事情要自己动手，这才是人性，所以行动是我们的天性，身施是我们的天性，人有独一无二的、丰富多彩的加工能力，而动物没有，所以说话、沟通是人性。表达感恩会让我们健康幸福，不容易嫉妒，而且赚钱也多。我有一个学生做了一个有趣的实验，他把纽约餐馆里面的所有账单买回来，分析了用手写"谢谢"的账单或者用机器打印出来的，以及什么都没有的，观察哪种账单消费多，结果发现手写"谢谢"

的账单比其他账单平均多收 10%，这说明有的时候感恩容易产生经济理性的判断。

第三是心施，中国古代人有一个概念叫"吾心"，我写过一本书叫《吾心可鉴》。各行各业的领军人物都有一个特点，甚至是他们一生当中最神秘的体验，这个体验是什么？他们经常做自己喜欢的事时，往往进入到物我两忘、天人合一、如痴如醉的状态，这个状态被马斯洛称作巅峰状态，也有人把它翻译成心流或者福流。庄子在《南华经》中，特意描述了一个普通人的福流，有一位解牛的庖丁，在从事自己所熟悉和喜爱的工作之时，就达到一种物我两忘、幸福酣畅的状态，所以叫"合于《桑林》之舞，乃中《经首》之会"。

第四是眼施，我们创造一个概念叫作又见，简称观，人类真正的视觉不在眼睛而在大脑前额叶，是我们心眼所在的地方，如果你的视交叉受损伤，就什么都看不见了，所以人一定要有观。

第五是言施。

（三）行善

行善对社会道德有特别大的帮助。有一个心理学家，把钱包丢在街上，想看看能不能被送回来，一般情况下，这个钱包被送回来的概率是 52%，如果你在钱包里面放一张名片会提高 8%，放一张老夫妇照片会提高 11%，宠物狗照片会提高 19%，一个快乐家庭照片会提高 21%，婴儿微笑照片可以提高 35%。所以，以后出门在外钱包里面不妨放一张婴儿微笑的照片。

做善事时大脑会分泌出一些东西让我们觉得非常开心，人类天生喜欢会帮助别人的人，我们自己帮助别人的时候，大脑也会分泌出血清素，这是一种积极的神经化学机制。所以，我们助人的时候有大量的血清素分泌，只要帮助别人，这些人的寿命都要比别人长，这就是我经常给党政干部建议退休之后一定要争取到学校当老师的原因，因为寿命至少可以延长 5 年。

善良、利他、成全别人产生幸福积极的快乐，梁漱溟也曾经写过《人心与人生》。为什么帮忙很开心，为什么自己帮忙被拒绝时反而很别扭，这就是迷走神经的作用。当你张开迷走神经时会痛快、酣畅，而压迫迷走神经时会紧迫。雷锋精神是一种创造快乐的精神，追求幸福的精神，因为雷锋知道乐于助人就是助人为乐。我们有大量的证据证明乐于助人的人，经常帮助人的人就是比别人活得健康、开心。换句话说，对于那些特别慷慨、大方的男人，讨女人喜欢的程度比较高，太自私自利没人会喜欢你，所以我经常讲乐于助人就是助人为乐。

（四）触摸

触摸为什么行？有一个教授1957年发表了一篇报告，他在"二战"期间偷偷做了一个实验，他怎么做的？他把一些小猴子从小交给两种妈妈抚养，一个是可以给它奶水的妈妈，这叫生命支持；一个是只能给它触摸感，这叫爱的呵护，想看看猴子对哪种父母依恋。小猴子最依恋的是爱它的妈妈，每天24个小时，至少有18个小时躺在有触摸感的妈妈的怀里，只有3个小时躺在有奶水的妈妈怀里，有奶不是娘，有摸才是妈，妈一定是触摸孩子的，你连孩子都不碰，都不摸，这个母爱就不存在。中国历史上有很多的皇后生了皇子之后，交给奶妈，没有机会与他接触，所以感情生疏。人一定要接触自己的孩子，自己的亲人，所以今天晚上给大家一个作业，回家主动拥抱自己的亲人，如果他们不让你抱，那么你们家里肯定有问题，怎么办？拉着他的手不放。这个时候就会有感觉，大家会想怎么可能？下面我们一起来做个游戏，我们互相碰撞自己旁边的这个人，无论是打他、摸他，握手、拥抱都可以，人类的感情可以通过肢体接触产生，我们发现敢死队上战场之前，有经验的首长一定不会讲道理，而会击掌、抚摸，好朋友哭千万别做政治思想工作，这个时候最好的安慰是接触。如果没有人去摸，自己摸自己也很开心，这叫作自摸。我们发现抚摸是有感觉的，我们摸肚子，有一种情绪的安抚作用，心情不好的时候摸摸脖子也可以。

（五）福流

福流是指全神贯注做某个事情，注意力高度集中，达到物我两忘的状态，自我意识、空间意识暂时消失，事情做起来特别顺畅，达到了知行合一，不担心结果、评价，只体会这个过程，完成之后会有一种酣畅淋漓的快乐。如果你有过这样的体验，那么你就是有过巅峰福流体验的人。

那么，做什么样的事情可以让我们产生澎湃的福流？2014年，在新浪微博的帮助下，我们研究团队对新浪2013年2亿多的账号中表现极致的福流体验和这些账号做什么样的事情进行了匹配，同时也对强度做出判断，研究发现最强的福流就是让我们做自己喜欢的事情。第二是运动，运动之后会产生福流，运动15~30分钟你会产生大量的神经化学递质，会产生一个内啡肽的安慰作用，内啡肽是由奋斗产生的，所以内啡肽让人开心。为什么有些领导打高尔夫球打得废寝忘食？就是因为福流不断，福流满满。第三，有爱情的性生活也经常让我们产生福流，这个感情非常重要，两个人在一起天人合一，其乐融融绝对是美妙的体验。

同时，社交活动，谈心、说话、聊天、朋友聚会和看一本好书也是一种澎湃的福流，工作沉浸其中就是一种福流，饮食、美容有的时候也可以。但是我们发现任何事情能够被中断就不是福流，现代工作特别大的一个问题就是因为你看不到自己的成果，这个时候福流感就会很低。所以，大家做一件事情，一定要从头做到尾。科学研究其实可以产生福流，因为从一个想法变成一个作品，这个过程中就会产生满满的福流，但是在打工的时候，可能就没有这种体验。

最后，再讲一个弘扬积极心态的方法，就是培养我们的慧眼禅心，怎么去做慧眼禅心？就是阳明先生的格物致知，比如，在自己的家里找找有没有你没有注意到的细节，你发现之后和家人交流分享；行走在校园中，用心找找有没有变化、新异，这也是慧眼禅心的智慧，每天要有一些新发现，每天要想到、看到和说到别人想不到、看不到、说不到的事情，这也是一种慧眼禅心，是一种大智慧。

以上就是我今天讲的"如何弘扬我们的积极心态"。

点 评

王绍光：不知不觉两个小时已经过去了，时间流逝得真快，我还想听下去。非常非常精彩，我的感受就是这六个字。心理学在我看来是挺枯燥的，结果今天才发现是这么有意思，非常受启发。今天讲的除了心理学，还有大量的生理学的基础，从人类进化来讲，学到非常多的东西。彭老师早期发表的很多东西，我很受教育，我最早知道是有一本书叫《思维版图》，那本书写的是一个中国学生跟西方人讲"你们西方人的思维跟我们东方人的思维不一样，你们的思维是分析性的，把所有的东西看成孤立的，而我们是看成整体的"。那么，我的问题是，从进化论来讲，从几百万人或者几万人的进化来讲，人跟其他动物的差别是什么，不同文化之间的差异有多大？从积极心理学的角度来说，人类共性中有没有文化差异？

我还有一个疑问，我看心理学的东西很少，有一期心理学杂志刊载了人类学家的一篇文章，讲美国心理学会的实验基本是以美国大学生实验作为基础的，世界上很多的实验基本来自美国的心理学实验，那篇文章批评的是心理学的实验基础。有没有也在别的地方做的？能不能在讲共性的时候，讲一讲不同文化之间在积极心理之间的差异，这是我的疑问。

彭凯平：王老师非常抬举我，我很感动。他讲到我的导师写的一本书叫《思维版图》，这位老先生是诺贝尔奖候选人。在 1991 年的时候，我跟我的老师第一次见面，我跟他讲，他做的那些东西有很大的文化偏差，他当时很不满意，问我为什么。我给了他 11 个理由，我证明了其中 9 个，有

2 个没有证明出来，是我自己的想象，没有实际证据，那 9 个后来我写成了一本书，也发表了一些文章。

我们做积极心理学谈到共性有没有文化差异？绝对有，我们中国人的辩证思维很强烈，你要查中国的传统文化就会发现，中国人往往这个矛盾倾向很强。在微观上我们中国人又有批评精神，所以我们曾经把孩子和父母、朋友之间的对话，用中文大数据来分析，发现比其他九种语言更悲观。我们批评别人最多，我们批评与自我批评也很多。九种语言里面最乐观的是西班牙文，最悲观的是汉语。所以中国人有一种爱之深，责之切，而老外没有。追求积极的心态其实受不同文化的影响还是有很大的差异的，在某种意义上讲人有积极天性，但是文化对于我们的具体操作方法的影响还是比较大的。

同样我们发现中国传统文化的积极心态比希腊文化要积极一些，要高尚一些，要正面一些，还是有很多的文化差异的。绍光老师的点评非常准确，我和以前的思维风格和研究风格不一样了，以前讲差异多一些，现在讲共性多一些，也许再过一段时间两个都讲，这叫智慧的升华。

杨平：今天听了彭教授的讲座，给我最大的启发就是要有积极的心理，积极的人生观。我们在以往的社会生活中，解决人心理的积极向上的问题，在"文化大革命"以前是毛泽东思想，改革开放到今天，教化的职责没有人管了，大学里可能还有思想政治课，但是学生对思想政治课的排斥心理比较重，这事谁管？

今天，很高兴看到了彭教授开始在管这个事，积极心理学可以解决在市场化运行的社会中遭遇到的所有挫折、曲折、不幸，以及对人生的苦恼，积极心理学是真正的、能够解决人内心苦恼的一个新的学科。我认为非常有启发，这是我说的第一点。

第二点，尽管我们中国人习惯把自己个人的不幸归结于社会，但是实际上，每一个时代，每一个社会出现的思潮、出现的问题，本质上仍然是那个时代的症候。我不认为存在永恒不变的人性，所有的人性都是随着时间、地点、条件转移的，今天我们认为人的这种普遍的善是不变的，其实在久远的农耕社会，或者原始社会，杀人可能是一种善，标准都是随着时间变化的。

所以，对于我们个人的不幸遭际和命运，一方面要有中国传统儒家所讲的，诚如修身、齐家、治国、平天下。修身的功夫，就是天行健，君子以自强不息，这一套中国传统文化对于人的主观能动性的修炼是有所帮助的。同时也要去看社会的变化，因为社会变化在某种程度上决定了我们在座的每一个人的命运，这一点我想还是要回到历史唯物主义上来。

今天之所以有积极心理学，是因为我们看到了太多的抑郁，太多的自卑，太多的想不开，太多的自暴自弃，而这些问题，没有解释，没有人能够帮助大家，它是什么症候，什么样的问题？我认为是市场社会高度竞争，贫富分化，社会流动不畅，导致人的身心出现了种种毛病的表现。所以探讨人的命运问题，必须把人的主观能动性充分调动起来，就是我们彭教授说的积极心理学，就是在中国历史上，儒家的修身、修性的一套方法。我们仍然不要忘记，改造我们自己的主观世界的同时，还要去改造客观世界，没有一个好的社会是没有好的人性的。

朱晓武：彭凯平教授是我非常尊重的一位学者，我也想分享自己的一点点心路历程。我记得彭老师在过去一个访谈中提到，我们当今社会有五个特点，第一个特点是飘，第二是急，第三是燥，第四是烦，第五是怨。我们在自由主义盛行的时代感到孤独、不安全、逃避。作为我自己来讲，我很想跟各位分享的是无论你是在什么位置，你都会有这样的习得性无助感。前几年我遇到一个最大的困境，我的导师和我的母亲同一天去世了，在那个时候其实我的工作和生活都陷入了一个非常焦虑的状态，怎么救赎自己？这个时候我想到了心理学，我发现塞利曼有一个新的研究，是关于习得性的乐观，讲为什么人可以从习得性无助，变成习得性的快乐。刚才彭教授的话，告诉我们怎么样实现习得性无助的过程，我自己也有这样的体验。

回过头来，我仔细研读了"福流理论"，也看了一些类似于心理学的书，我也参与了一些运动，比如游泳。我找到状态后很快学会了游泳，游泳可以使自己物我两忘。我又自学了打乒乓球，我跟我的学生练习，我发现当我全神贯注打乒乓球的时候，整个人的身心进入到这个状态，让我从中找到了快乐。

最近我特别感兴趣的问题是，为什么一些企业家早年的经历会影响到他对风险的抉择？由此我仔细研究了孔丹理事长的案例，我发现他早在"文化大革命"中的经历，对他以后抉择重大事件的时候都有重要的影响，影响最关键的是积极心态。为什么行善也可以使得我们的企业家更加长寿，我研究另外一个案例发现他在办公室里面放着一部《金刚经》，他说他愿意把钱捐出来，为什么？因为人生如戏、戏如人生，世事若棋，棋若世事，人要通过自己的积极心态为国家、为我们的社会创造价值。我们当以自己突出的优势，以毕生的经历，增长知识，贡献能力，提高整个社会的美德。

互动提问

提问：从积极心理学角度如何看待社会矛盾的变化，我们该如何去调整自己？

彭凯平：我前面讲我们积极心理学是从历史开始，从进化论开始，从这个科学的脉络开始，积极心理学在中国得以普及弘扬、宣传，和历史的大趋势密切相关。习近平主席在十九大报告里面特别提出，中国特色社会主义进入新时代，标志是我国社会主义的主要矛盾发生了变化，现在是人民日益增长的美好生活需要和不平衡不充分发展之间的矛盾，以前是人民日益增长的物质文化需要同落后的社会生产之间的矛盾，更早的时候谈的是人民大众同帝国主义、封建主义和资本主义的矛盾。这个美好生活的需要是什么？就是幸福生活的需要，它让我们有爱、有快乐，让我们有成就、有意义。怎么化解这个主要矛盾？习近平主席说要弘扬我们积极向上的社会心态。所以积极心理学提出来，是有大的历史文化背景的，我是一个爱党爱国的人，所以做积极心理学，也是响应党的号召。

刘纪鹏：你谈到了福流的频率最高的是体育，第二个你谈到是性的问题，性爱分离的问题。那么现在婚前性行为不行，婚外性也不行，意味着什么？一个男人和女人，一辈子只能跟一个人有性，你觉得这个符合你的积极心理学吗？这个问题要解开了，很多人就可以想开一点，想开了，丈夫或妻子有点什么事就破坏不了整个家庭了。这个问题是最重大的，是拯救社会的关键，不要在小问题上让一个好家庭、好干部都遭蹂躏了。

彭凯平：有两个很重要的观点，第一个观点是性是美好的，这句话让我们中国的老百姓知道，性选择是我们人类进化的特别重要的宝藏，谁说我们中国人民没有性生活，不做爱就不可能生孩子，我们中华民族其实是比较欣赏性，也关心性的，只不过有些人比较变态，所以我讲的第一句话是性是有积极意义和积极作用的。

第二个问题是有些人具有一些比较封建的思想，有一句话，"不以结婚为目的的谈恋爱就是要流氓"，其实不结婚谈恋爱也是美好的生活体验，所以是有意义有价值的。

第三个问题要慎重，就是说有了家了，再到处搞性，这个可能不好，为什么不好？因为我们发现一般来讲，第二次婚姻比第一次婚姻会幸福一些，所以人至少要有两个人和你做过爱，有一个就悲惨了，但是多了以后就未必了。人有一个性的适应现象，能够让我们产生性的冲动的是一个神经化学激素，叫多巴胺，就像吸毒一样，要加大剂量，真正让我们产生爱的感觉的是催产素，而这个催产素没有边界效应。如果你得不到多巴胺而产生催产素也很好，有些人有爱的感觉也可以，不一定非要做爱。

第八篇
我国股票市场周期性
及相关问题探讨

蓟门法治金融论坛第 75 讲

主讲：张慎峰　中国贸促会副会长

主持：刘纪鹏

时间：2019 年 5 月 29 日

地点：中国政法大学蓟门桥校区

点评：王涌、程碧波

纪鹏荐语

近年来，我国股票市场持续震荡下跌，有人说我国经济逢 "7" 逢 "8" 易出问题，是逃不脱的魔咒。今年年初市场强劲反弹后又震荡盘跌，社会各方莫衷一是：有的将之完全归结为中美贸易战因素；有人认为我国股市不反映实体经济，"十年涨幅为零""熊冠全球"，对未来十分悲观；有的认为是股指期货导致市场下跌；还有人呼吁停发新股，期盼政府成立平准基金救市等。对于这些意见建议，只有对股市运行做全面研究分析，才能明辨是非，提出切实有效的应对措施。

5月29日晚6点30分，蓟门法治金融论坛邀请中国证监会原主席助理张慎峰同志主讲《我国股票市场周期性及相关问题探讨》。

张慎峰同志现任中国贸促会党组成员、副会长，原任中国证监会党委成员、主席助理，曾在山东省政府工作多年。1998年进入中国证监会系统从事监管工作20余年，历任青岛、山东证监局局长，证监会稽查总队、稽查局局长及中国金融期货交易所理事长等职。

我与慎峰相识于2008年由证监会主席主持的一次会议上，记得那次会议上我批评了证券市场缺公平、少正义，投资人权益得不到保护的种种劣象，并指出监管中存在的各类问题，原以为监管部门领导未必"听得进去"，没曾想会议刚一结束，就有一位同志走到我的面前对我说，"我很赞成你的观点"，这就是我与慎峰的初次相识，当时他是证监会稽查局局长。后来，他调任中国金融期货交易所理事长。慎峰勤奋好学，善于倾听专家意见，每年都召集专家聚会征询意见，他对我国金融期货业健康发展做出的卓越贡献得到了业内一致公认。他还注重对期货界人才的培养，我向他推荐的学生在中金所进步显著，大多成了业务骨干。

本次讲座，慎峰同志将依据他长期的观察、总结，重点围绕股市20多年估值水平、交易换手率、牛熊转换大致期间的划分，提出中国股市基本呈现与基钦周期最为接近的周期性运行特点。同时对中国股市是否反映实体经济，主要表征指数（上证综指）的局限性，中美股市的差异性，股指期货的功能与监管等问题都会提出自己独到的见解。

欢迎大家莅临此次讲座，相信与会者将会从慎峰同志以全新视角对中国股市运行规律的解读中受到启发。

致　辞

刘纪鹏：今天是蓟门法治金融论坛第 75 讲，主要是谈我们国家资本市场的一些周期性规律的特点和现象。资本市场存在的问题需要当前国内的经济结构调整，我们的实体经济需要金融支持，中美贸易战也迫切需要我国的资本金融尽快强大起来。习主席从去年（2018 年）四季度以来已经有几次讲话谈科创板注册制和资本金融股权融资问题，道理很简单，科技再强大也是现代国际竞争中的陆军，陆军如果没有空军支持，在现代的国际竞争中是打不了胜仗的，因为在国际产业链的重新再配置当中，我们亟须在价值链上也占领高端。

国际竞争中的空军要掌握的关键权力是制空权，即定价权，可惜在我国目前发展的多种产业，比如石油、黄金等产业中，我们的定价权仍然很小，没法跟华尔街相比。如果我们制造业买什么它就涨什么，卖什么它就砸什么，而没有一个资本金融资本市场的支持，是很难实现中国梦的。

所以现在习主席，包括政治局领导今年两次学金融，高度重视金融，而且对资本市场的发展、股权直接融资寄予厚望。今年上半年举办的两次大会的主题，一个是支持民营企业，一个是培育我们的科技队伍，所以资本市场一定要搞好。

截至去年（2018 年），股指从最高 3587 点，一年就跌了 1000 多点，今年年初市场一反弹，所有人都认为牛市来了，可是在 4 月 8 日前后从 3288 点又开始下跌，大家都陷入迷惑，引起了社会高度关注。有人把这一两年的下跌完全归结为中美贸易战的因素，也有人认为中国的资本市场不反映实体经济，甚至说十年涨幅为零。还有人认为股指期货决定股市的涨跌，市场一下跌就要求政府救市，成立平稳基金兜底。我们应该怎么来看待这些问题？首先分三个方面谈一谈市场的周期性的问题：第一是关于周期现象的探索；第二是关于股市周期的探析；第三是资本市场的常见问题。

一、对周期现象的探索

历史上最早对周期探索的是马克思、恩格斯，是从资本主义社会金融危机爆发开始的。股市也呈现周期性，主要体现在三个方面：一是股市的牛熊周期呈现比较明显的周期性，牛熊转换有一定的周期性；二是市场的换手率也呈现明显的周期性；三是估值水平呈现钟摆式的波动。

（一）牛熊周期

首先从牛熊周期的时间跨度来看，从中国股市成立 28 年来可以发现最高点和最低点有没有规律。中国历史上有四次大的牛市，达到最高点的时间分别是 1993 年 2 月、2008 年 1 月和 2015 年 6 月，概括为一个周期就是 85 加减 6 个月，最短的 75 个月，最长的 91 个月，这是非常典型的周期性波动。用年度来划分的话，是 6.5 年到 7.5 年出现一次。继续往下划分，在 6.5 年到 7.5 年当中，两个周期还包括小涨幅的周期，这个时间跨度是 43 加减 6 个月，还可以细分为 29 加减 6 个月，14 加减 6 个月涨跌。从 1995 年 1 月开始，资本市场在三年多的时间里，第一周期市场的最高点和最低点历时 43 个月，第二个周期 42 个月，第三个周期 39 个月。最近出现的这个周期是从 2016 年 1 月 29 日熔断到了最低点，然后又涨了 24 个月。而这 24 个月按照前面的推算是不是能够形成规律？让我们拭目以待。

最近这三个月，从 1 月 2 日的 2400 点到 4 月 20 日的 3280 点，再到今天的 2800 多点，这样一种波动的现象不仅表现在中国股市，更明显地表现在发达市场经济体中，或者是表现为发达的工业化中期阶段的国家。美国在这一方面跟我们十分像，但是美国的波动比我们小，更加平缓。因为我们是工业化的中期阶段，美国高科技大消费的占比较高，制造业产业只占 16%，所以它的波动比我们小，周期性比我们弱。

美、英、法、德这些国家普遍存在着一个 3 到 4 年的波动现象，20 世纪英国的一个工业学家大致统计了当时的美、英、法这些处于工业化中期阶段的国家的股市波动状况，发现了存货周期，而经济周期基本就是存货周期，可以把它看作主要工业品的产销量变化周期，这个周期不仅表现在中国，更明显地表现在这些成熟市场，比如美国、英国、法国等。

（二）换手率的周期性

频繁买卖股票的换手率呈现钟摆式的波动，在这三次大的牛市当中，2001 年月度的日均换手率达到了 4% 以上，2015 年 4 月达到了 3.6%。一个月有 22 个或者 24 个交易日，如果达到 5%，就意味着股票不到一个月就在手里转了一圈，一年整个的市场换手率至少是 12 倍，甚至有可能达到 13、14 倍，2015 年的时候创业板是 13.85 倍，中小板是 11.98 倍，全年的全部加成是 6.6 倍，是全球平均的 4 倍左右。换手率最低的有零点几的，这代表股票较差，无人问津。0.6% 的时候是最高峰时期的换手率的 1/8。所以说，换手率呈现一定的周期性。

（三）估值水平的周期性

此外，估值水平也基本呈现周期性的钟摆式波动。这个估值水平我用的是市净率的中位数，市盈率或者市净率的平均数往往变化比较大，但是中位数不仅是整体的概念，还有结构性的特点，所以它是比较合适的。我们历史上这几次大的牛市，最高点一个是 6.02，一个是 6.66，2015 年达到了 7.80，代表股票的价格是净资产的 7.8 倍，中位数都达到 7.8，可以推测大多数都是净资产的几十倍。再来看最低点，在 1997 年达到 1.91，2005 年 6 月达到了 1.4，2009 年达到 1.6，2012 年 12 月达到 1.7，2018 年 12 月底达到了 1.96，这些数据体现出周期性。通常当市净率的中位数掉到 2 以下的时候，在市场地位更高，这种现象不单单表现在中国的市场，代表性最强的美国标普 500 指数也是如此。标普 500 的市净率中位数一般在 1.0~2.4，相对估值比较低而且波动性相对比较小，这与它的市场结构、机构投资者、上市公司和老百姓的投资方式有关，但是尽管它很科学、很发达，仍然也没能摆脱周期性的钟摆式的波动。股市运营达到顶点的时候会出现泡沫指数，市盈率虚高，场外配资疯狂，开户数大量新增，大股东减持。2001 年、2008 年、2015 年的这三大高峰时，市盈率就是这样。同样的股票，A 股比 H 股高 2 倍至 3 倍，这就是场外配资，市场一反弹老百姓就开始借钱进场。2015 年对场外配资有一个统计，结果数量非常大，2007 年老百姓客户第二季度是第一季度的 3 倍多，2015 年第二季度是第一季度的 3 倍多，这都是极不正常的现象。这时上市公司的大股东都在高价上卖，减持非常多，这就是泡沫现象或者是泡沫指数。

二、我国资本市场存在的问题

(一) 股市与实体经济

有好多人经常质疑中国的股市不反映实体经济，我们来探讨一下是不是如此。股市是实体经济的晴雨表，一定要从长期的历史阶段来看。每年的 GDP 增长代表实体经济，改革开放 40 多年特别是资本市场，发展速度很快，也非常稳健，大致平均增速为 9%，股市是围绕它做上下波动，尽管有的时候高很多，有的时候低很多，但是大的方向是没有离开的。所以 A 股指数从 1995 年到现在涨了 13 倍，年均复合增长率 12.7%，而 GDP 从 6.1 万亿元涨到 82.7 万亿元，增长了 12.386%，基本持平。从时间来看，这 20 多年我认为是反映实体经济的。

另外，从空间分布来看各地区的差异性，广东、江苏、浙江、北京、上海的 GDP 和上市公司数量、市值，大致上是不是成正比？宁夏、青海、西藏市值不会大过江苏、上海、浙江。这里面再细分也可以看出，比如北京的市值特别大，主要是由于包含央企，广东、江苏、浙江上市公司多，主要是民营企业个数多，总体是比较均衡的。所以股市还是比较准确地反映了实体经济的发展的。

(二) 上证指数的弊端

大家经常抱怨资本市场不行，十年涨幅为零。但是按照我们的大周期来看，这 20 年以来上证综指和万得全 A 都分别走向了三个台阶。第一周期上证综指是 1524，第二周期是 2635，第三周期是 2973，更为准确的数据是万得全 A，2004 年是第一台阶中位数 1075，第二台阶是 2011 年 9 月的 2301，第三台阶是 2018 年 6 月的 3883，这个数据更为科学。首先我们可以看出，整个市场的发展是呈现周期性波动，台阶式上升，这个波动涨的一定比跌的多，它是一个量价结合体。伴随着实体经济的发展，上市公司数量的增加，上市公司资本净值的增加，上市公司净利润的增加，公司的市值一定是持续增长的，从而使得价格也必然持续增长，尤其是这个指数是量价的结合体本身，指数是持续攀升的，所以不可能是十年涨幅为零，但不可否认的是，上证指数的编制存在着弊端。

首先，上证综指的代表性在逐步地下降，这些年新经济往国外跑，民营企业、中小企业往深圳、香港跑，导致上证综指老股票出不去，新股票进得少，它的市值相对占比在逐步降低；其次，指数失真，如果把市值看作一杯冰水，市场开始的时候，这杯冰水里只有四分之一是水，四分之三是冰，但是 2005 年股改之后，相当于给杯子加温，股改的进数股按照"锁一爬二爬三"的作用逐年变化，非流通股变成流通股，所以市值逐渐增加。而指数是表现不出来的，股改后这一杯冰水已经四分之三是水，四分之一是冰了，而计算的时候仍然告诉大家还是这一杯。为什么上证综指一直不涨？前些年加了杠杆，成了四倍，四分之一的水按照四分之四乘，现在四分之三的水还是按照四分之四乘，显然有失偏颇。

2015 年的 6 月 12 日上证指数达到了 5178 点，比照 2007 年还低 14.5%，但从上证流通加权的规律线看，从 2007 年到 2015 年比上证指数线高出许多。以 2005 年 12 月 30 日股改为基准来分析几个数据，2015 年 4 月份上证综指 4287 点，而反映流通股的估值达到了 7088，到 2015 年的 6 月 22 日最高点是 5178，上证指数的流通股指数单个周末就达到了 8869 点，比原来对外公开的数据高出了 71%，不是低 14.5%，所以其实这个指数是有误导性的。

再来看万得全 A，在 2007 年 12 月 29 日上证综指达到了 6124 点的时候，万得全 A 只有 4125 点，但是到了 2015 年 6 月 12 日的时候就达到了 7257 点，比 2007 年的最高点已经涨了 76.3%，这才是真正对市场的反映。失真率能体现出上证综指隐藏了 70%，这就是我们说指数不好的原因。全球围绕着指数编制其实有许多成功的经验，国际上最主要的具有代表性的大部分都是成分指数，比如说深 100 和上 500 都是成分指数，不是综合指数。国际上大部分都是以自由流通市值，或成交之后的价格加权来编制的，既不是全部股票，也不是全部股本，而上证综指是两全的，因此失真非常大。

我们选了一个代表性最强的美国标普 500，涵盖各个行业，从 1994 年开始起算，万得全 A 全部股票是 379 起步，美国标普 500 是 459 起步，到 2019 年 5 月 24 日，万得全 A 是 3841，增长了 9.13 倍，美国标普 500 指数 2826，增长了 5.16 倍，由此我国是不是"熊冠全球"，一目了然。万得全 A 指数说明我国经济发展没问题，市场成长的质量没问题，有些较早先入为主的代表指数出现偏差，是历史性局限，也是可以改进的，大家要对我们的市场有信心。

此外指数纳入时间也存在漏洞。现在上证综指的计数时间是在上市之后第 11 天，我批评这个现象是"炒新"，炒到 11 天最高的时候才记录这个指数，头一天不计入，那么什么时候计入指数相对比较科学呢？第 6 个月到第 9 个月，就是第三个季度，出现季报、月报。这是大家有充分的观察之后得出的。

（三）基础交易制度的问题

基础交易制度主要涉及"个股涨跌停限制"和"大盘熔断"，这是外界老百姓都非常关心的问题，也是市场监管过程当中一直在测算比对的一个问题。从国际来看，成熟市场大部分是个股没有限制，采取大盘熔断，因为只有个股没限制的时候，价格发现才可能真正到位，因为好多老百姓知道底下是一个无底洞就不敢轻易地爬墙，甚至爬楼。中国香港曾经有一个案例，市场负面信息一经披露，一个半小时之内市值跌到了 47%，从 3000 亿跌到还剩 1600 亿，在那个状态下没有人接盘，如果不紧急停盘，就不是从 7 块钱跌到 4 块，而是跌到 1 块钱。国外为什么个股不主张搞涨跌停板，大盘一定要搞熔断，因为一旦来了地震、战争，整个市场就不复存在。我们现在只有个股跌幅 10% 的限制，大盘没有熔断机制，这两者其实是可以有机结合的。未来的发展方向应当是个股要么没有涨跌停板，要么是宽幅涨跌停，比如说宽限到 30%～50%，外加大盘熔断限制。

目前我们的交易机制是 T+1，未来的方向也是循序渐进地推行 T+0。原来也是 T+0，但是由于投机现象严重，老百姓被当作韭菜割了一茬又一茬，所以要改革。为什么还要实行 T+0？从制度上来讲它是流动性的需求，而且可以随时止损。同时现货和期货必须一致，期货必须是 T+0 的，不可能 T+1。成熟市场绝大部分都是 T+0，未来包括好多新兴市场也都逐步地往 T+0 过渡，只是我们过渡的速度快还是慢，要同改革的承受力结合起来。

（四）股指期货的功能运营与监管问题

股指期货在市场上也是备受诟病和攻击的产品，股指期货是中性产品，是服务股票市场现货的一个影子产品，是一个影子市场。期货要很好地发展股票的现货市场，必须有期货市场与之配套。同样现货交易制度也必须和它大致相当，因为股指期货是 T+0，股票市场现货也应该用 T+0。2015 年股灾最严峻的一天，全市场股指期货 52% 的市值都停了，股票停牌，大家全部都卖不出去。这种随机停牌的制度在国际上到目前为止，绝无仅有。

没有配套股指期货的现货市场是什么状态，我们来看下面这个例子。2004 年沪深 300 指数开发出来，2010 年的 4 月 16 日上市，2015 年沪深 300 板块的平均年化波动率是 32.21%。而从 2010 年的 4 月 16 日上市到 2019 年的 4 月 15 日，9 年的时间里沪深 300 波动率是 23.6%，也就是有股指期货降低波动是多少呢？波动率从 32.21% 降到 23.6%，这就是股指期货的功劳。因此宏观上股指期货使现货市场少涨少跌，分流上涨下跌的压力，平滑降低市场危险，相当于是一个保护层，是探路者，而现货走在最中间。

股指期货的好处都是从宏观层面来讲的，微观上散户绝对不适合参加

208

股指期货，50万元的开户标准必须坚持，好多人都说这是搞歧视，搞不平等，说不要剥夺他们的权利，他们也要介入，其实不让他们参与是最好的保护。

整体上，现在风险管理还是现货市场需求大，期货期权评定少，品种结构不合理——商品类多、金融类少，期货类多、期权类少；交易结构不合理——交易量大、持仓量少，投机类多、套保类少；投资者结构不合理——散户多、机构少、产业客户更少；市场开发程度不高，国际化程度低，市场功能发挥不足。

（五）平准基金与救市

另外一个问题是，到目前为止全球没有一个主动设立的科学规划的平准基金，一旦设立了平准资金那它的职能就只是救市，这是没有效率的。真正救市的例子是1998年中国香港的市场，当时索罗斯做空香港，香港特区政府在中央政府的支持下动用了1000多亿元资金，连续奋战一段时间才终于把事情翻转，盈利有四五十个亿，索罗斯亏损四五十个亿收场。这次救市以后形成了盈富基金，救完了市场不能直接卖出，而是随着市场陆陆续续卖出去，现在已经转化为一般的指数基金。国内好多人觉得内地市场不行，但如果国家拿一部分钱救市，剩下政府当大股东，就没有人当对手方，所以说主动设计平准资金是纯粹理想主义的设计，除非出现战争或者重大的、外来的系统性风险，才必须有这种撒手锏。此外，2015年救市也是非常英明的，因为当时是配资的问题，不救市，市场就会崩溃，市场机制完全失灵、坍塌。所以强平机制就像老百姓说的随时拉闸断电、全屋黑，整个市场瞬间窒息。所谓救市不是救指数，而是救流动性和运营机制，流动性一旦断了，就好像潜艇在水下出了事故，几秒钟之内就会伤亡惨重，所以救市就是在最关键的时候给一口水喝，这个市场就振作起来了。

三、中美股市的恩怨情仇

这么多年来，美国是我们改革开放市场建设的主要参照物，在2018年市场大跌的时候，中国其实是与美国处于同一个经济周期。好多人说我们不争气，跟跌不跟涨，但为什么会有这一系列的现象？首先从上市公司构成来分析，目前整体上我们在第二产业和美国的同步性是最强的，但是美国又是比较典型的后工业化，整个大消费、大健康的上市公司比较多，第二产业的增加值占GDP的比重是16.8%，我国则是40%多，而且我国上市公司70%的市值是工业、制造业和银行业，银行作为一个投资类主要的助推机构也是属于强周期的，所以我们将近四分之三的市值是周期性很强的。所以虽然美国总体来讲和我国处于大致相同的经济周期，但是其波动幅度小，原因主要在于上市公司经济结构不同。

其次是市场投资者结构，美国的专业机构投资者结构占比是90%，散户只有百分之六七，反观中国，1.5亿的散户拿了23%的市值，承包了85%的交易量，16%的专业机构承包了12%的交易量，而60%的法人只干出了1%的交易量。这就反映出我们的市场不够发达，未来市场成长空间还很大。

再次是中美市场的相互关联现象，存在中美市场谁强谁弱的问题。地球转动谁先谁后，相互易损，很难说谁影响谁，今天中国开盘收盘，到晚上美国又开盘了，美国第二天收盘，是根据我们今天的大盘走，还是我们大盘是跟着昨天的美国大盘走的，这是很难界定的。我们进行如下的测算：从2005年到2019年14年计算中国上证综指和美国标普500的相关系数，同时以T日为止，计算结果是0.088，但是如果延长一天加入标普500，相关系数就变成了0.1689，这说明美国市场对我们影响更大。为什么美股的影响相对大一些呢？为什么我们跟跌和跟涨被动型要大一些呢？现在经济全球化中国经济同美国经济同期性非常明显，不光是和美国，整个欧美日融入全球化的大家庭之后，经济周期基本同步，或者是前后相近。现在美国的资本市场中，海外的上市公司数占到了 1/6，比如说阿里就在美国，这代表我们的新经济、互联网巨头，全球的好公司都在美国的资本市场上，所以美国市场更早、更准确地反映了美国经济发展先期的一些东西。

最后，美国的股市体量巨大，是我们的 5 倍左右，而且正常的交易量大概占全球的 60%，它的规模大，代表全球发展的方向，它的交易量也大，我们跟它的趋势走是很正常的。大家对资本市场的抱怨恰恰应该转变为发展壮大资本市场的动力。面对中美贸易战，我们的第一句话是不愿意打，因为相对来讲我们还是弱的，毕竟我们的股市体量只是美国的 1/5，当然也必须说我们也不怕打。

四、其他热点问题探讨

国内要真正建设一个规范、强大、稳定的资本市场，长线资金是不可忽视的。美国的养老金是 GDP 总量的 1.45 倍，国家商业保险、职业年金、企业金都可以纳入长线资金，其中最值得宣传的就是全国社保基金理事会管理全国社保基金，投资 18 年来平均收益率达到了 8.44%，2017 年甚至达到了 9.68%，8.44% 意味着高于 GDP 两个百分点，而且这是复合增长率，复数效应非常大。还要告诉大家的是要做一个长期投资者，其实在这个市场当中我们做过一些统计，身边好多赚钱的人，基本上都是忘了账号的、出了国的、两口子闹分家财产不好分割的，急于投资、天天瞪着大眼忙活的那些人，基本上没有赚钱。

建立科创板是大家比较关心的问题。我们的市场制度的包容性和竞争性太弱，适应性不强。我们曾经概括过国内存在包括战略性亏损的问题、同股不同权的问题、VIE 结构的问题等几类问题，因此设立新的科创板的声音一直都非常高。总书记要求更好地发挥资本市场直接融资的作用，尽快建立科创板。但是国内上市公司都是比较传统的，中国内地的资本市场、中国香港的资本市场和美国纽约的资本市场这三级台阶的差距非常明显。要推科创板，就要解决包容性的问题和市场适应性的问题，就要解决更好服务实体经济的问题、更好满足投资者分享经济发展成果的问题。

让好企业尽快上市，把好企业留在手里，让融资者得到更快的发展，让投资者得到更多的回报，这是上科创板的初心。新加坡和我国香港地区本身就很先进，但是也在改，全球都在竞争，都在看好企业。我认为科创板重在制度创新，重在增加包容性，培养BAT不是短期可以达到的，真正对我们国民经济有战略性作用的往往是硬科技、黑科技。未来创业领域的方向，首先要瞄准世界科技前沿，其次就是要服务于实体经济。

回过头来再说周期性的问题。20世纪美国的经济学家基钦发现的经济周期是由若干经济的基石决定的，从工业产品的产销量变化，到大宗商品的周期。朱格拉周期是看固定资产和机械上升的投资周期。大致上是两个基钦周期合成一个朱格拉周期，两个朱格拉周期又构成房地产周期。康德拉耶夫周期主要是先进的生产力工具的标志，是五六十年，表明了这四个周期之间的一个相互包容和相互嵌套的关系，我们的股市周期如果要定一个周期的话，可能和基钦周期联系最密切。

习总书记很关心资本市场，在2017年的金融工作会议上讲得非常明确，就是要形成融资功能完备、基础制度扎实、市场监管有效、投资者合法权益得到有效保护的多层次资本市场体系，建一个体系，这个体系各司其职，都有特定的功能。刘副总理提出了更为具体的、指向性更强的表述，就是规范、透明、开放、有活力、有韧性。推动科创板的建设肯定是有活力的，加强风险管理市场的建设就是要让它有韧性。通过落实总书记的指示，我们应切实提升资本市场服务实体经济、防范金融风险的水平，促进实体经济的发展。

点 评

王涌：周期用来解决证券市场许多的现象是非常有解释力的，这一两年周期理论成为热点，要发财靠周期，微观技术层面的周期也是美国对冲基金赚钱非常重要的手段，通过微观的周期来捕捉机会，所以这个理论是有说服力的。但是要建立一个非常系统的、更具有解释力的周期理论还是非常困难的。慎峰副会长也坦承了这一点，比如说有小周期、中周期、大周期、周期套周期、周期重叠，最后就成了周期紊乱了，搞不清楚周期在哪，是有可能出现这种晕眩的周期的状态的。

有的周期在解释的时候时间太长，一个周期八九十年，甚至于需要用生命去等待。当然回顾世界证券市场和金融市场，除了内在的周期之外，其实还有很多非常复杂的偶然性，比如1720年英国最早的股票市场的崩盘就是投机，市场和投资者不成熟，财富来得太快，恐慌也来得很快。1929年到1933年美国的股票市场的崩盘，首先是由于当时的胡佛总统在1930年通过了《斯姆特-霍利关税法》，导致了美国经济的萧条，从而引发股市的崩盘。而美国的总统选举也是有周期的，大概100年选出来一个实行关税法的总统，到2019年中间相差90年。日本90年代的股票市场包括房地产市场崩盘是因为广场协议，日本的决策者和金融监管者应对不利，日元升值之后，货币进入不了技术开发领域，导致资本市场泡沫。

2008年美国的金融危机是因为长期的减息，出现了金融衍生产品，导致了复杂的债务危机，最后彻底崩盘。中国2015年股市的崩盘也是有其偶然性的，大量的理财产品、影子银行的资金通过隐蔽的渠道进入了中国的股市，通过信托公司、通过伞形信托大量采用场外配资，1∶3配，1个亿可以配64个亿，稍有震荡这些配资就平仓清盘，只要下跌5%就崩盘。在5月份，这个技术没有被证监会控制，因为伞形信托的这种技术是银监会控制的，而银监会和证监会相互隔离，不是全面性的监管，监管的信息不畅通，也不是功能性的监管。

我认为未来的发展方向还是治理，中国的股票市场一定要重新定位，未来中国证券市场应该成为直接融资的基础。最近哈佛大学法学院的公司法教授发表了一篇非常重要的论文，指责中国企业在离岸法区设立之后，再到美国上市，躲避美国公司法关于控股股东信誉度的规定，还指责我们在美国发行的 ADR，也是躲避控股股东信誉度相关问题，中国法制下控股股东信誉度的缺失受到了高度的诟病。所以未来要改的地方还有很多，不仅面临资金大量的外逃，而且以往 20 年发展的模式到了终结的时候了，宽松货币无法解释，经济结构面临极大的转型挑战。整体上看形势还是非常艰难，这个周期恐怕要等十年，但是调整一旦完成我们就腾飞了。

程碧波：谈到股票市场周期也让我想到了中国几千年的历史，因为经济的周期 3 年为一个小周期，6 年为一个中周期，12 年为一个季，60 年为一个甲子，500 年有圣人出，500 年王者出来，跟这个是完全相似的。

那么我们能不能按照这个周期理论去操作呢？比方说在低谷的时候买进，高峰的时候卖出去。如果所有的听众都按照这种理论去操作，所有人都会赚钱，那么谁来赔？唯一的解释就是，当我们所有人这样操作之后周期就不存在了，周期不存在我们的经济就可以稳定增长。但是这样的解释似乎又和马克思的政治经济学不同，马克思认为周期性是来自经济结构，来自所有权分配的结构，来自投资顾问以相同多的资金运用不均衡导致的经济失衡，很显然不是说看到周期低了去买、周期高了去卖就能够解决的。问题的关键在于金融突变。很多的散户平时做交易，每天都挣钱，但是最后一次价格突变全部赔进去了，就是因为把握不了这个趋势。在金融交易中胜率不重要，重要的是在相当长的一段时间盈利额是多少，当然还有稳定性。这是关于周期波动以及它的价格突变的解释。

谈到金融最重要的是收益率和风险，风险就是波动，波动大的市场中经济主体没有办法做长期的规划，一旦做长期的规划就会被大幅度的经济波动所打乱。如果经济能够平稳增长，各种资源配置都进行科学规划，市场效率就会更高。经济周期波动可以通过衍生品解决一部分，但是衍生品的价格实际上和波动率有关，持有衍生品的人最希望的是增加波动率。所以衍生品具有双面性，需要我们加大对它的监管，但是在完全竞争的市场上，双边的市场衍生品要加入进来。

最后谈谈股市的增长率。其实我看到中国股市这么多年的刻线图，不管是沪深300，还是上证都有一个特点是底线非常直地倾斜上去，但是它是跳了两个波上去，就好像两个绳子提着这个直线一样，两个提着的提手一下就把我们刻线值抬高了，这样GDP就吻合上去了。我认为这两个提手是国家调控部门想把股市股指与GDP的增长率联合在一起进行的调控。但是无论如何中国股市的KPI是相当标准的KPI，没有什么稀奇古怪的东西，中国的股市是相当规范的，刻线图是相当规范的。

刘纪鹏：在今天要抓住资本市场不是融资市场，现在短板是投资的人没有积极性，而不是圈钱的人，因此如何保护投资人的利益，把这个短板解决了，产生财富效应，让大家感觉到公平。所以既然要谈周期，中国证券市场存在的种种问题也不能回避，否则我们还将要在一个黑暗的新时代里继续徘徊等待漫长的周期。

互动提问

提问：贸易战对微观市场，出口导向型的中小企业影响有多大？它们做转型的时候咱们对它们有什么支持？它们很有可能为国牺牲，它们要向国家争取一些支持，国家会给华为这样的企业支持，这些小的企业怎么支持呢？

张慎峰：贸易战是特朗普挑起的，实事求是地说我们有一定的被动性，他先出牌，我们应对。中小企业在这里面可能面临的困难会格外大，贸促会本身实际上是一个促进机构，它手里没有具体的资源，国家相关部门比如说金融、发改委、财政部能够起到更大的作用，比如说财政减税降费，还有金融定向降准，或者采取一些能够被国际所认可的减税退税等，对这些企业进行一定的支持或者帮助。事实上，在进出口的贸易当中，中小企业大部分的利润都是比较薄的，如果加税10%，通过双方谈判互相承担一部分是有可能克服的，但如果到20%，许多企业就没法应对了。贸易战还会继续谈，我们希望双方尽可能达到一定程度上的合作，但是现在看情况是很复杂的。我觉得美国打贸易战只是一个借口，说白了就是维护老大的地位问题。当初日本1973年打贸易战，它的GDP达到美国的59%，我们现在是66%，先打贸易战，然后打科技战，再打金融战，贸易战是打你的腿，科技战是点你的穴，金融战是破坏你的神经，从历史上对二把手的攻击来看，就是这么走过来的。实事求是地讲我们的贸易确实差，我们挣美元主要是从美国挣来的，顺差都是美国的，逆差都表现在其他的地方，所以美国找这个借口找的是准的。当它知道不能达成协议的时候，它就已经准备好了科技战，科技战再不行，汇率、金融结算体系、美元结算。日本从70年代一直实施广场协议，最终由于采取了错误的应对策略，引发房地产泡沫危机，失去了地位。

第九篇
振兴股市，
顶住经济下行压力

蓟门法治金融论坛第 81 讲

主讲：吴晓求　中国人民大学副校长

刘纪鹏　中国政法大学商学院院长、资本研究院院长

曹凤岐　北京大学光华管理学院创始常务副院长

贺　强　全国政协委员、中央财经大学证券期货研究所所长

胡俞越　北京工商大学证券期货研究所所长

时间：2019 年 11 月 13 日

地点：中国政法大学蓟门桥校区

点评：常清、林义相

纪鹏荐语

李克强总理 10 月 14 日在西安提出要"顶住经济下行压力，确保完成全年主要目标任务"。就中国的实际经济情况来说，10

月通货膨胀率（CPI）直逼3.8%，全年经济增速则有跌破6%的危险，目前不仅要顶住经济下行的压力，恐怕还要早做防止经济滞胀的准备。

防备经济滞胀，对政策制定者来说是个两难。今年名为稳健的货币政策实为宽松，货币投放了不少，问题是不往实体经济里去。而宽松的财政政策也用到了极限，全年2万亿元降税减费的指标截至9月底已用了1.8万亿元，赤字率以及中央、地方合计的债务率指标也都接近了警戒线。

当前如何顶住经济下行压力，同时防备经济滞胀风险，唯有在财政政策、货币政策之外，寻找新的治病良方，即大胆推出积极的资本政策。既然中央已明确表示要大力发展直接股权融资作为比货币政策更重要的社会融资方式，那为什么不能给资本政策以名分，让积极的资本政策登上大雅之堂呢？

2009年，正值美国金融危机的关键时刻，美联储前主席格林斯潘大胆提出"股市引领经济复苏"（equities show us the way to a recovery），通过股市财富效应的产生，带动投资、消费和GDP，股市复苏对经济刺激的效果不亚于任何财政政策。

振兴股市，引导和扩大股权投资，就得让二级市场广大投资人赚到钱。一是全面取消红利税和印花税，二是从治理结构和财富分配入手，开展融资者教育，限制第一大股东持股比例，别再让股市成为融资者的天堂、投资者的地狱，把三十年来"保护投资者权益"这句空话落到实处。

以振兴股市为抓手，既可提振国民信心，降低货币政策融资产生的国家信用风险，防止经济进一步下行，又可给今天中国过剩的流动性找到新的"池子"，化解金融乱象，还能防止通货膨胀，可谓一举多得。

11 月 13 日晚 6 点 30 分，蓟门法治金融论坛邀请吴晓求、曹凤岐、贺强、胡俞越四位教授，共话《振兴股市，顶住经济下行压力》。

　　这次的主讲嘉宾曾共同见证了中国资本市场的成长和壮大，面对中国股市的多舛命运，我们常合作一起向有关部门建言献策，尤其 2008 年美国金融危机后，我们以《扩大内需应把提振股市作为切入点》为题所作的文章被媒体称为"十教授上书"，在社会上引起了极大的反响。

　　本次讨论将从公平与效率两方面出发，探讨积极的股市政策和振兴股市的治本方略，相信几位专家的真知灼见，一定能给与会者带来启迪与共鸣。

一、如何扭转经济下行趋势？

刘纪鹏：今天的中国有四个热点话题：中美贸易战、香港问题、改革走向、经济下行。前两个问题是表象，后两个问题才是本质。

关于中美贸易战，今天特朗普在纽约俱乐部发表讲话，说美国的形势不错。但是真的不错吗？美国经济一季度增长3%，二季度降到2%，三季度降到1.9%。在这种情况下，两国的贸易战再这么打下去，结果只能是双输，只有签约才能共赢。两国的经济都不允许贸易战再打下去。当然，美国的形势不好还有另外一个原因，就是特朗普领导不了鲍威尔。

关于香港问题，虽然今天的形势更加紧张，但也只是局部问题。

从国际形势上看，中美两国的博弈是长期的，这不是一个简单的贸易战能决定的。双方谁也打不倒谁，但是双方都有可能被自己打倒。今天，面对各种各样的困难，只要中国能够比美国少犯错误，就一定能取得最后的胜利。首先，只要在习近平新时代中国特色社会主义思想下坚定不移地推进市场经济，中国就有希望。其次，中国今天的经济确实是困难。有人说是滞胀，有人说是持续下跌。第三季度GDP增长是6%，已经跌到了1991年以来的最低点。10月份通货膨胀跳涨2个点，到了3.8%。这就好比一个病人，发高烧还兼打摆子，不能给他降温，因为他冷；也不能给他升温，因为他热。在这种经济困难的情况下，如何找到中国自己最主要的经济抓手，是今天最重大的经济问题。经济稳，政治不稳也稳，但是经济如果不稳，政治稳也不稳。这是一个基本的被全世界证明的事实。所以要抓主要矛盾，顶住经济下行压力。李克强总理 10 月 14 日在西安讲话，题目就是《顶住经济下行压力，确保完成全年主要目标任务》，昨天召集民营企业家开会，还是讨论如何顶住经济下行压力。

今天的中国存在两大难题：一个是效率层面的经济下行问题，一个是公平层面的财富分配不合理问题。这导致了众多的社会矛盾。有一剂良方能化解这两个矛盾，就是振兴股市。

股市能不能起到这样的作用？振兴股市难还是易？这使我想起 2008 年 12 月十位教授给中央上书，题目就是《扩大内需应把提振股市作为切入点》。其中就重点谈了振兴股市作为发展经济切入点的合理性，谈了激活股市并不难，以及对激活股市的种种建议。同是 2008 年，美国的格林斯潘也发表了一篇文章，叫作《股市引领经济复苏》。他认为，振兴股市可以引入投资、扩大消费，拉动股市是一个没有任何宽松的财政政策能够比拟的好政策。十年后的今天，中国股市十年磨了一点，而美国股市从金融危机时的 6000 多点，升到了 27800 点。正因如此，今天的美国依然可以在世界上称王称霸。

股市的上涨跟房地产的上涨一样，会带来中国人财富的增加。今天的中国人富裕了，卖一套房子真值这么多钱。在国际竞争中，人民币就是值钱，中国人就是富起来了。中国经济发展第二轮的希望就在于股市财富的上涨，它可以提振信心、扩大内需、化解金融矛盾。现在，中央采取了所有宽松的财政政策，减税 2 万亿元，今年我们已经把 1.8 万亿元花出去了。但是，中央财政收入也在急剧下降，1—9 月财政收入只有 11.8 万亿元，税收比去年同期减少了 12.9%。GDP 下跌，财政收入还在下跌，通货膨胀又在上涨，经济下行的压力继续加大。这不仅是党中央、国务院今天关注的问题，也是每一个中国人在这样一个重大的关键时刻都非常关心的问题：用什么样的良方能够拉动中国的经济。

然而，当前中国证监会采取的一系列措施并没有起到应有的效果，今天的几位教授会一一展现自己的观点。常清教授甚至说，今天的会议能不能再提出一个向中央的建议，说清楚拉动股市行不行？难不难？股市起不来的症结到底在哪儿？现在的股市政策是不是存在着方向性的问题？

曹凤岐： 我对中国股市或者说中国资本市场是又爱又恨。爱从何来？从上海证券交易所开始交易算起，中国股市已经存在了三十年了。三十年来，股市对中国经济的发展也不是完全没发挥作用，也起了一定的作用，一是对企业发展，尤其是起初的国企改革，有一些支持；二是给投资者提供了新的投资渠道。这么多年来，我一直为资本市场鼓与呼，所以我是很爱这个市场的，希望这个市场发展得好。

那么恨从何来？因为三十年来，中国的资本市场发展得并不是太好，跌宕起伏，很多投资者没有赚到钱，没有保护好投资者。在这种情况下，怎么振兴中国的资本市场一直是我思考的问题。十年前的十教授股市上书，本人也是参与者之一，但最主要的发起者还是刘纪鹏。就结果而言，我们的建议没有被接受，中央电视台还专门做了一期节目批评我们，说我们是"瞎子摸象"，说中国的股市并不重要。

今天我们在这里又重提能不能通过股市来振兴中国的经济这一话题。因为目前中国经济的下行压力很大，甚至比2008年所受到的压力还要大。去年中美贸易战开始以后，中国股市又下来了，最低到了2400多点。所以有人说中国股市这次下来是中美贸易战引起的。有没有道理？有一定道理。对比来看，中美贸易战期间的两国股市，当两国关系紧张的时候两国的股指都往下掉，当宽松的时候都往上升。但不得不说这是外因，对两国股市的影响并没有那么大。美国股市尽管也受到了两国关系紧张的影响，但大趋势是一直往上走，去年26000点，现在27800点了。10月份，特朗普发布特大消息，说"中美马上达成伟大的协议"。于是美国股市继续涨，但中国股市却没有涨，还是没有突破 3000 点，这两天又跌破 2900 点了。

这说明，中国股市自身存在问题，中国股市没有搞好的原因关键是内因。一是中国股市最初的定位就是错的。当初为什么要发展股市？因为国企改革没有钱了，很多国有企业要垮台了，吃了财政吃银行，没办法吃银行了，就只好吃股民了。当时实行包装上市、捆绑下海，因此最初的上市企业要么是夕阳企业，要么效益不是很好。我听说，一个公司到了员工工资都发不出来的地步，于是就赶快上市，因为上市就有钱了。概括来说，中国的股市是以融资为特点的，而股市的功能首先是投资功能，是长期的资本市场。这一矛盾决定了中国的股市是很难健康发展的。

二是中国股市是投机股市。很多人投资股市，全都亏里面了。如果一个人从一开始就炒股，炒到现在，基本上是财富全无。在中国大多数人的印象里，又认为股市可以发财，而且是一夜暴富。整体上说，赚的是少数人，赔的是多数人，而且赔的很多是血本无归。

背后的原因是什么？资本市场的收益有两种。一是资本利得，就是炒股，贱买高卖，赚差价。中国股市跌宕起伏，导致很多人都亏在里面了。二是内部收益，又叫分红收益，属于长期投资所得。这是股市上更重要的收益。如果投资一家上市公司年回报能达到 5%，那么就不必去炒它。比如，欧洲的股市并不发达，但是欧洲很多人持股，为什么？因为每年都可以得到回报。中国的上市公司基本不给内部分红，或者只是象征性的分红。

我曾经做过一家上市公司的独立董事，在公司最初有收益的时候，我主张年底给股东分红。但董事会成员除了我之外所有的人都不主张分红，理由是还要上新项目。过了两年，上马的新项目失败了，股民没有得到任何收益。

这种股市怎么能行？中国股市的制度设计决定了这不是一个投资市场，而是一个投机市场，是一个短期得利市场。

刘纪鹏：中国的股市根本就不是一个投资市场，而是一个融资市场、圈钱市场。熊市、牛市都有人"跑步上市"。融资者只要上了市就是十亿甚至百亿富翁，有人可以花七八亿买两幅画，有人可以掏650万美元送女儿到斯坦福大学。还有人认为，原始股东减持必须说明理由。比如马云，当年几百万入股华谊，现在还有3%多一点的股份，减持了9000万，理由是什么？

中国资本市场被认为是圈钱者的天堂，投资者的地狱。在这里，投资的人没有财富效应，悲观失望，"韭菜"被一茬一茬地割，融资的门槛被降得越来越低。资本金融跟货币金融具有不同的性质。货币金融是以商业银行为主导，以货币市场为基础的间接债券融资体系；资本市场是以投资银行为主导，以资本市场为基础的直接股权投融资体系。但中国的资本市场考虑过投资人的利益吗？投资人还整天被教育，但最应该被教育的到底是谁？獐子岛昨天发布消息说，价值3亿元的扇贝死了。这已经是该公司的扇贝第三次出问题了，前两次都是跑了。前一段，康美药业300亿元的账面资金一夜蒸发，康得新122亿元存款"不翼而飞"。对于这些性质恶劣的事件，监管部门是不是要负相应的责任？这两天，在美国股市上涨的情况下中国股市依然下跌，是不是跟上星期六证监会发布的相关文件存在一定关联？交易所争相为融资者服务，门槛越降越低，企业上市前可以不赢利，限售期限从36个月、18个月降到了6个月，定增可打八折，这种情况下普通股民怎么办？

中国上市公司核心问题的表现正是资本市场成为融资者的天堂和投资者的地狱。其中的原因到底是什么？曹老师回顾了1997年的历史，朱镕基同志的时候确实是困难，国企捆绑上市，但今天财富分配不合理的主体不是国企，而是民企。第一家科创板企业又是民企，夫妻持股合计60%。这只股票是从几毛钱1股评上来的，发行价格是原价的三四倍。科创板开通三个月以来，一半股票的价格腰斩，90%股票的价格归为三成。今天是第六只股票破发。看到这一切，深交所就把自己融资政策的门槛降得比上交所还低。在中国，三个交易所垄断了上市资源。本来，交易所之间应该比赛谁更能保护投资人，产生财富效益，保证公平正义。但中国的情况恰好相反，这导致很多人不愿意投资资本市场。问题背后的根源就是证监会。如果证监会继续保持目前的政策思路不变，中国股市会不会休克？很多人都在呼吁注册制，但如果交易所还是垄断的，还是不断降低融资的门槛，还是办融资者的市场，注册制能行得通吗？

贺强：我今天讲点基本的内容。第一，各国证券法律的核心是保护投资者利益。各国证券监管的主要任务是保护投资者利益。中国证券监管的主要任务中，又增加了一句——特别要保护中小投资者利益。但中国股市的走势实在太疲软了，太低迷了。中国股市三十年了，中国人常说"三十而立"，但中国股市好像还是立不起来，特别是最近几天又连续下跌。在目前的经济背景、金融背景下，股市再往下跌的话，是让人非常担心的。

这几天下跌的原因大家可能也清楚。中国股市不能只考虑 IPO、只考虑扩容、只考虑给公司融资，更应该考虑如何保护投资者利益。在股市中，投资者是水，上市公司是鱼，如果水都没有了，鱼还怎么生存，还向谁融资呢？

第二，股市稳定对经济稳定具有重要意义。中央现在提出六"稳"，首先就是稳经济。稳经济最主要是稳市场，包括稳股市。因为股市不仅很重要而且很敏感，牵动着千千万万个家庭和老百姓的心。从理论上讲，要稳股市，就是供求要平衡，要出台两方面的政策。尤其是在经济环境不好的时候稳股市，更不能推出单方面的政策。只考虑 IPO、扩容公司融资，肯定会导致股市的供求失衡。因此，监管者推动创新和改革时，发布政策时，一定要全面地考虑问题，充分考虑股市供求关系的变化。展开来说，在股市里给公司融资发股票是供给，股市里投资资金的增长是需求，两方面都要兼顾。

第三，现在股市的大环境很不好。先看股市的国际经济背景。去年，德国以及欧盟的经济已经开始滑落，但世界经济的火车头——美国经济还在往上涨，到了 2.9%，是 2008 年以来的最高点。由美国撑着，去年的经济没有造成全世界大范围内的经济衰退，所以中国的宏观国际背景还不至于那么差。但今年情况不同了。今年不仅德国、欧盟经济继续下滑，美国经济也出现了明显的大幅下滑，三季度只有 1.9%。这一趋势对中国经济的影响和压力远远大于贸易战。

再看股市的国内经济背景。前几年，中央政府评价经济形势，都说"经济下行压力很大"。去年下半年，习总书记改了一个字，叫"经济下行压力加大"。一字之差，但含义完全不同。这不是在经济正常发展过程中突然加大下行压力，而是在已经压力很大的情况下又加大了压力。关于今年的经济形势，中央的判断是下行压力继续加大。今年的季度 GDP 是持续下滑的，一季度 6.4%，二季度 6.2%，三季度 6.0%。这是 1990 年以后从来没有出现过的。2009 年，中国经济受到美国金融危机冲击，最低点是一季度的 6.1%，现在已经跌破了 6.1%。可以肯定，今年的 GDP 肯定低于去年，估计在 6.3% 左右。经济下行压力确实在加大，中国企业，尤其是中小企业、民营企业确实处于很困难的局面。

在这种背景下，今年一季度从 1 月份开始资金非常宽松，社会融资规模还有贷款增加额均创历史最高水平。比如，1 月份贷款增加了 3.23 万亿元。可以对比的是，2009 年国家进行经济强刺激时一个月才贷了 1.67 万亿元。现在是在没有对经济进行强刺激的情况下就贷了这么多。社会融资规模具有同样的特点，政府希望借助金融手段帮助企业特别是中小企业。2019 年政府工作报告提出减税降费 2 万亿元以刺激经济。这些措施的总体效果如何？从结果来看，小微企业贷款规模确实明显增长，增速达到了35%，但其他企业好像没有太多效果。为什么？因为小微企业本来就是"芝麻粒"贷款，就算增长 100%，最多是一个大"芝麻粒"，撑不起整体经济。5 月份以后，有些具体的经济指标出现了增长，但 9、10 月份又滑落了，而且即使 5、6 月份也没有撑住 GDP 的下滑。这就是国内经济的实际情况。由于一季度和上半年贷款放得太多，社会融资规模放得也比较多，所以下半年不断减少。这意味着，下半年全社会的资金相对越来越收紧，股市的下行更加确定。股市为什么疲弱？因为没有成交量。为什么没有成交量？因为缺钱。

特别是最近，贷款增加额和社会融资规模，均同比大幅度减少了几百亿。面对目前企业困难和经济下滑的局面，本该通过降息来刺激经济，可是中央不敢采取这一措施。因为一头猪把物价"拱"起来了，10 月份的 CPI 已经 3.8% 了，明显出现了通胀。如果再不采取措施，通胀会越来越严重，老百姓的生活将受到巨大影响。当前，货币政策方面，央行想多放款不敢多放，想降息不敢降息，甚至连"麻辣粉"（MLF）的操作都已经停止。尤其是马上要进入的 12 月份，是全社会最缺资金的月份，因为一到年底银行是往回收钱不往外放贷的。去年的 10 月中旬，一行两会的一把手，甚至刘鹤同志都公开讲话救企业，结果股市挺了一个月，到 11 月中旬还是一路暴跌，就是因为年底严重缺钱。这不能不让人担心，今年股市会因社会严重缺乏资金再次出现下跌，导致股民的损失比去年还要大。在这种情况下，政府一定要想方设法稳股市，因此就不能出单一方向的政策，特别是不能出不利于保护投资者利益的政策。

刘纪鹏：你觉得现在出了什么不利于股市的政策？

贺强：为了股市改革采取的 IPO 扩容和上市公司融资方面的政策。

刘纪鹏：中国股市出现今天这种状况是什么因素导致的？有人说是周期因素，但其实还没到时间呢。也有人说是缺钱，哪里缺钱？还有人说我们经济差。这么多年不管缺不缺钱形势都是这个样子，为什么不在制度上找原因呢？

吴晓求：曹老师从历史的角度阐述了中国资本市场的发展。贺强教授从经济和资本市场的关系方面做了专业的分析。首先，和贺强教授不同，我认为中国资本市场或者说股票市场缺少的不是钱，而是信心，是对未来的预期。

任何一个市场跟预期都是相联系的。当预期发生紊乱或者说不知道怎么做预期的时候，市场一般都会混乱。所以我认为，缺少的是一个预期，或者说缺少的是信心。我们应该正视这样的问题，不要回避它。为什么说缺少预期和信心？刚才刘纪鹏教授讲，6%也是不低的。从数据来看，中国的经济体量在90万亿元以上，达到6%的话也是规模很大的。从逻辑上来说，即使中国经济增长6%，中国的资本市场也不该处于如此低位。因此，只能从信心和预期的角度来解释这一现象。

中国经济的下行趋势是必然的。中国不可能长期维持8%以上的增长，未来甚至可能要向5.5%、5%的方向移动。从本质上来说，这并没有什么问题。只要经济结构在调整，经济创新能力在提高，6%也是很好的。全世界没有多少国家能达到6%。问题的关键是我们要注重它的信心，它的趋势。经济的基本趋势是无法靠短期的货币政策或财政政策扭转的。财政政策和货币政策只是一个短期调节的工具。真正决定一个国家经济发展中期趋势的是该国的资源禀赋，而决定一个国家经济发展长期趋势的是该国的制度安排。没有适当的制度安排，单纯依靠短期的政策调整，无法解决经济发展中的根本问题。中国资本市场的现状，是对经济发展长期趋势的反应。因此要从更高层面、更深角度去找到扭转或者发展中国资本市场的根本办法。

首先，必须坚定不移地走社会主义市场经济的道路，建设更加现代的市场经济体制。市场经济有很多标志，不是一个国家自己说是就是的。市场经济必然包括尊重企业和企业家，因为他们是创造财富的主体，而其他的机构都在消耗财富。必须从灵魂深处爱护企业和企业家，爱护财富的创造者。一段时间以来，一些社会舆论和政策偏离了这个方向。从这个意义上来说，坚定地推进新时期的改革开放，坚定地推进探索新时期市场经济的道路，是非常重要的。中国没有其他的道路可以走。中国四十年改革开放成就的取得，就在于坚守了解放思想、实事求是、以经济建设为中心这一正确的思想路线和政策。

其次，要坚定地推进以市场化为导向的改革和以全球化为导向的开放。比如说，要尊重市场规律，由市场供求关系来决定价格，由无形的手而不是有形的手来决定价格。把这些问题解决了，中国经济就会慢慢地好转，人们的信心就会增强。同时，还要改善国内的营商环境、投资环境，让投资者特别是民营企业家有一种安定感。据说有信息显示，不少民营企业家都想卖资产，想走人。这种情况目前可能也还存在。虽然我不认为他们的做法是对的，应该对中国的未来抱有希望，但这些现象应该引起社会和政府的反思。这些现象表明，人们的心态在变化，预期在变化。解决中国资本市场的问题就要从这里开始着手。靠一些短期政策是没有根基的。要找到发展中国资本市场的根基在哪里。根基是中国经济有强有力的竞争力，有很好的经济政策推动经济创新、推动市场化的改革。

与此同时，一些短期政策对资本市场的发展也起到一定的作用。如果在长期趋势没有很好的改善的情况下，短期政策又出现相反的作用，那一定会加剧市场的下跌或者低迷。中国资本市场的短期政策有一些时期是非常好的，这涉及对资本市场的理解。中国为什么要发展资本市场？资本市场究竟在一个国家的发展中起什么样的作用？在这些非常重大的理论问题上，长期以来，政府、学界和业界并不是很清楚，多是进行过度的实用主义的解释。但是我们现在必须深刻理解中国资本市场的战略定位。从国家战略的角度来看，资本市场对中国构建现代金融体系，对中国经济持续稳定增长，对中国未来的崛起都是非常重要的。没有发达、健康、透明的资本市场，中国不可能建立起现代金融体系。习近平总书记在十九大报告里明确提出中国要构建现代金融体系。现代金融体系的基石是发达而健康的资本市场。没有现代金融体系，中国经济就不存在持续稳定增长的基础。理解了这一点，出台的具体政策就好制定了。政策指向的方向一定要正确。不怕政策有人骂，就怕政策的方向是错误的，要理解中国资本市场的彼岸在哪里，所有法律、政策、规则的制定都要围绕着从此岸到彼岸的过渡。如果政策制定者的内心没有中国资本市场的彼岸，就无法制定出能促进资本市场健康发展的政策。以前中国可能制定了很多奇怪的资本市场政策，就是因为没有明确资本市场的战略目标。显而易见，中国资本市场的彼岸，是在一个可以预见的将来，建设成为新时期的国际金融中心，这是中国在经济意义上最大的战略。明确了要把中国的资本市场建成国际金融中心，就找到了制定恰当政策的逻辑。

前段时间，我为什么对科创板持肯定态度？虽然科创板现在有所下跌，但下跌也是好事，一开盘就涨三四倍这并不正常。我认为科创板的设立，注册制的改革，使得中国资本市场回归了其应有的理念，就是要让那些虽然今天不太好，但是未来有成长性的企业成为中国上市公司的主体，而不是把过去和今天业绩辉煌的企业作为主体。过去辉煌的 100 个企业，未来可能只有 2 个还会继续辉煌，就像华为这样的企业，有内生和不断创新的机制，认为今天的辉煌即将成为历史，因此要不断奔向未来。但这样的中国企业太少了，尤其是在传统产业领域。所以我赞成科创板和注册制，因为它遵守了市场化的规则。我也认为，注册制和科创板推行以来，跌破发行价是正常的事情。它不跌破发行价我才怀疑这是不是注册制。从这一角度来说，科创板回归到了资本市场的意义本源。

纪鹏说得非常对，目前的中国资本市场是融资市场。但资本市场的核心是财富管理的市场，这在世界各国无一例外。中国发展资本市场，就是因为传统的金融业态，包括商业银行，没有财富管理的功能，缺乏一种为中国人提供财富管理的金融机制。中国没有匹配的资产组合，而资本市场具有财富组合、财富管理的功能，融资功能是附带的。如果把两种功能的关系弄颠倒了，要加大融资，那么资本市场的发展肯定会出问题。因此可以说，中国资本市场的政策制定者没有理解这一逻辑，以致在股市低迷的情况下还要放低门槛、扩大融资。试图通过这样的方法来提振经济是行不通的。总结来说，找到中国资本市场坚实的根基，明确资本市场的战略定位和功能定位，就一定能找到振兴中国股市的正确办法。

刘纪鹏：前面贺教授讲到，目前的财政政策已经够宽松了。但2019年中央财政的赤字率已经到了3%左右，本来年初总理定的目标是2.8%。其实现在究竟是多少很难说，两级财政都很困难。中央和地方的债务率合计已经接近60%的警戒线。

吴晓求：问题还是出在政府的主导作用上。政府的作用固然重要，市场主体的作用更重要，市场主体的信心更重要。

刘纪鹏：晓求是在巧妙地引导大家的信心和预期，不过可能宏观谈得多了一点。刚才贺教授也谈到今年是稳健的货币政策。今年实际上资金非常宽松，1月份投放了3万多亿元，第三季度已经达到14.5万亿元了，全年能达到17万亿元左右。现在的问题不是钱多钱少，而是这么多钱不往实体经济去。我们希望把资金引到股市里面来，也就是说在货币政策和财政政策之外发展积极的资本市场。这就是振兴股市。虽然各级领导也都发表了重要讲话，但股市还是跌，这不仅是政策不能发挥作用，一定还有别的原因。接下来就有请俞越教授评价一下科创板启动以来资本市场一系列政策的方向性问题。

胡俞越：还是要回到常识。回到常识才能恢复信心。改革开放40多年，中国其实只做了一件事，就是选择市场经济。按照邓小平同志的说法，"摸着石头过河"。中国并不是一开始就摸到了市场经济。中国做对的事情就是选择了市场经济，因为选择市场经济，其他问题也解决了。但是市场经济这块"石头"，中国并不是一开始就摸到了的。这和股市有什么关系？让我们重新回到1990年。这是中国改革开放以来最困难的一年，比今年还困难。今年的 GDP 已经是 6%了，1990 年的是 3.8%。当时，中国经济跌到了最低谷，并且中国的经济体制出现了倒退。就在此时，中国股市出现了。1990 年，中国股市出现，这是中国市场经济的第一道曙光，是中国市场经济的报春鸟，这给人们带来了信心。大家再回想一下——在座的年轻同志可能感受不到，我们这样的过来人都知道——1992 年邓小平同志南方谈话给了社会多大的信心。1990 年 GDP 还是 3.8%，1992 年就是 10%以上的增长了，而且是连续五年涨。

他就是给人们带来了信心，也叫提振股市。股市不稳天下难稳，对股市有信心就对未来有信心。现在经济下行压力确实非常大。先不说 L 形走势，因为不知道是小 L 还是大 L，不知道底部在哪里，底部有多长。反正现在的经济是逐年台阶式的下行，这是一个不得不接受的残酷现实。但今年又面临另外的一个问题：一头猪把通胀"拱"起来了。很多人讨论滞胀、通胀，不能小看这些问题，猪肉价格上涨对老百姓来说是有刺痛感的。我经常去超市，今年上半年猪肉价格是相对的历史低点。由于春节提前，明年 1 月份的猪肉价格——按照我的切身感受——将会是同比的 300%，甚至是 400%。今年年初肉馅是八九块钱一斤，现在已经三四十块钱一斤了。

猪肉价格上涨，非洲猪瘟只是压垮猪肉价格上涨的最后一根稻草。股市也是同样经不起折腾，要尊重市场经济规律，尊重股市的规律。中央鼓励发展混合所有制，结果却发现有的民营企业被国有了。上市民营企业被国有，是因为股权质押，股价下跌，最后股份都给银行了。这种情况下，股市还会继续下跌，因为资金融出方会把股票抛了。现在就面临这种严峻的现实。如果股市不稳，民营企业就面临信心的问题。去年 11 月 1 日，习近平总书记召开民营企业座谈会，给民营企业家吃了"定心丸"。民营企业家的信心真的是非常重要。

再来说股市，股市不稳天下难稳。稳定股市对于鼓舞市场经济的信心非常重要。关于目前的经济下行形势，有人说是左手结构性通胀右手经济下行，这两者结合起来可能就是滞胀了。不能轻易下这样的结论，因为没有有效办法治理滞胀。目前的结构性通胀中只有猪肉价格涨，但是千万不要小看猪肉价格上涨对老百姓的刺痛感。昨天李克强总理召开经济形势分析会，请的除了经济学家还有几位民营企业家，其中就包括了养猪的温氏股份。

就振兴股市而言，我主要关注民营企业这一视角。在证券市场，有很多很优秀的民营企业，如果他们没有信心股市就没有信心。因此要鼓舞民营企业家的信心。民营企业家有了信心，那么国有企业就更没有问题。从这一点来看，一定要稳住股市。

关于现在的经济形势，在财政政策和货币政策层面再刺激，经济也很难有大的起色，经济下行已经成为常态。但提振股市可能会产生杠杆作用，财政政策和货币政策的着眼点如果放在股市上可能发挥四两拨千斤的效果。

刘纪鹏：关于猪肉价格上涨，需要解释一下。去年，地方政府为了环保不让个体户养猪，北京也为了营造良好的市容环境清理了相关的市场。这导致了今年猪肉价格的上涨。对这一问题，总理已经做出调整，指示环保不能以丧失就业为代价，要让个体户继续养猪。

吴晓求：一年前环保政策和养猪之间的关系表明，中国出台政策一定要保持在社会主义市场经济上的预期性和连续性。政策的反复和波动会让人们产生一种不安定感。对把养猪和环境连在一起的政策，我感到非常质疑。这是一个小案例，但要花很大的代价才能扭转过来。一定要知道中国要往哪里走，不要出现逆转。往哪里去？往社会主义市场经济的方向去。一切政策的制定都要围绕这条主线展开。

刘纪鹏：市场经济的底线是一条生命线，一定要守住。新时代新就新在中国特色社会主义思想是在市场经济体制下推进的。

第一轮讨论完了。总结一下，我们几个人都同意振兴股市是当前解决经济下行的一剂良方。

吴晓求：经济的良方不是振兴股市。经济的良方是要解决人们的预期和信心。

二、股市为什么涨不起来?

刘纪鹏：是的。我们后边要谈的问题是，党中央、国务院现在高度重视股市，想让股市涨起来。科创板、注册制，听着都很好，都在积极推进，积极的资本政策似乎也开始见到了曙光，但为什么股市还是不涨? 难道当前积极的资本政策存在问题? 所以第二轮我们要谈一谈现在的股市哪里出了问题，为什么涨不起来。第三轮就得讨论解决问题的政策建议。

曹凤岐：我同意晓求的两点看法，第一，是中国股市不缺少资金。关于这一点，我和贺强的看法不一样。

刘纪鹏：咱们四个和他都是不一样的。

贺强：曹老师，如果不缺资金，股市怎么这么低? 就是缺资金。

曹凤岐：那是两个概念。第二，现在缺少的确实是信心。当然其中也有政策的问题。不过，对中国资本市场除了要有信心，还要有耐心。没有耐心也不行。明天就涨到6000点，那是不可能的。

这就涉及如何看待当前关于股市的政策，或者叫改革措施。我认为，中央面临的局面比2008年金融危机时困难多了，实际上这也就是为什么把资本市场提到了非常重要的位置。十九大报告里谈到金融时，专门说要加大直接融资比重。这是过去没有过的。

另外，中央会议说金融是核心资产，要更多地利用资本市场。这表明中央非常重视资本市场，要进行资本市场的改革。改革包括了推出科创板。

像晓求一样，我对科创板也抱有很大的期望。为什么? 过去中国的上市企业主要是国有企业，大多是传统产业，没有太多的创新企业、高新企业。现在专门给高新技术企业开设板块，对发展高新技术企业，推动科技驱动、科技创新，是很有益处的。这是中国经济发展非常重要的希望。而且，在制度层面推出了注册制。虽然出了一些问题，但总体上来说，40家上市公司的运行还是比较平稳的，处于可接受的范围。

纪鹏提到了科创板的破发现象，但在成熟的市场中，破发是正常现象。不破发，一开始股价就那么高，一级市场赚那么多钱，把散户都套在里头，这反而是不正常的。在注册制的条件下发行上市，价格过高，过一段价格下来了，而且破发了，这证明了什么呢？

首先，股票发行的定价过高了。

其次，破发有利于二级市场投资者。企业在上市之前，一块钱一股发行股票，又被炒到好几块。上市破发后，二级市场投资者用更便宜的价格买回来，这样就不用去抢一级市场了。从这一点来说，破发是很正常的现象。现在不是计划经济，不是政府定价的时候，是市场定价。

最后，破发说明企业可能存在问题，要不然投资者怎么不信任它了？这构成了对企业和投资者的考验。科创板和主板、中小板、创业板都不太一样。在科创板，投资者买的是未来而不是过去，因此是承受风险的。高科技企业不可能最后都成功，所以要看投资者是否愿意冒风险去投资。科创板不能保证上市公司的质量，只是给投资者一个希望。科创板出现之前，投资者买的是过去，看一家企业过去三年怎么样，但是一上市麻烦就来了，因为有的企业三年业绩可能不是真的，是包装出来的。但在科创板，投资者是看企业未来的成长性。科创板只能搞好不能搞坏，要通过科创板推动中国资本市场全面推行注册制。要让市场来选择，让投资者来选择，不要怕破发。现在，除了科创板，创业板也在改革。这些改革都是对的，是市场的进一步国际化。

刘纪鹏：科创板走成目前的局面，是否符合习主席提出的高度重视金融的初衷？这还涉及改革的方法论问题。三个交易所马上都要开通注册制，融资门槛一个比一个低，但如何平稳度过过渡期？股市会不会休克？会不会接下去又是一个漫长的下跌过程？接下来，我想请出常清教授。常清教授是中国资本市场的元老，跟胡俞越教授都是期货期权领域的权威。

常清：现在搞的注册制，是真的注册制吗？我感觉好像都是变着法地多融资。名词都改了，但最后会发现，对市场的影响不像预期的那么好。为什么会这样？因为中国的资本市场具有中国特色，行政力量的作用特别大。当年贺老师有一个提法叫"政策市"，就是中国股市政策的影响立竿见影。既然如此，作为政策制定部门的中国证监会应该比美联储之类的机构高明得多。美联储要降息加息，会不断地发报告引导市场，同时看市场的反应，等到它真加息降息的时候，市场就没有反应了。但中国证监会却经常在毫无征兆的情况下突然出台政策，可能过一个星期天又变了。股市这次为什么跌？中国证监会应该考虑股市的供求关系，不能以注册制为理由，认为和国外市场一样，不考虑指数，也不考虑供求关系。

政策制定部门要引导市场的预期，比如说供求关系。虽然社会上有很多钱，但像贺老师说的那样，钱不愿意进股市。在这种情况下，供给突然加大，股市只能下跌。中国资本市场的体制是与众不同的。既然与众不同，就实事求是，出台政策就要面对市场，考虑市场的情况，不能出台政策的时候不考虑市场实际，过后又看市场的反应。

多年以来，我给学生讲课，都是按照书本上的理论，说股市是国民经济晴雨表。有一天一个学生问我：发改委说中国是全世界经济增长最快最好的国家，但中国股市怎么会最差？我只能说，那是书本上说的，不太符合中国的实际情况。很多问题都是这样，市场实际跟书本上讲的不是一回事。

在这种情况下，既然中国股市是中国特色的体制，我建议中国证监会要担起重担，不要以注册制为借口不管股市涨跌。证监会不同意，一家企业最后能上市？我不信。所以，证监会的政策要和市场互动，把资本市场稳定下来。我的观点是，中国股市的供求关系是由政府有关部门决定的，不像国外股市的供求关系是由市场决定的。

刘纪鹏：党中央、国务院对股市当前的状况是不满意的。今天也是在这个背景下进行的讨论，如何振兴股市，顶住经济下行的压力。但如果交易所的融资门槛降得一个比一个低，全是注册制、市场化，这种目标能否实现？那么问题出在哪儿？如何从政策和制度上化解矛盾？

胡俞越：中国的资本市场现在处在转型期，每一个交易所都在进行市场化改制。资本市场改革的本意是对的，因为原来的发行定价机制本质上是和资本市场对冲的、矛盾的。如果市场化改革带来了短期的市场振荡，我认为是值得的，因为最终要走向市场化。

此外，要对中国资本市场有耐心。从大环境下看，中国一定能找到推动经济健康发展的政策，一定能找到迎着社会主义市场经济道路往前走的政策。有人说耐心究竟要保持多长时间，太长的话付出的成本太高，因此要在转型过程当中匹配相应的具体政策。就目前而言，一些具体的政策和转型过程是不匹配的。

刘纪鹏：我们就从交易所和证监会的关系来谈，交易所到底是证监会监审部分的前哨阵地，还是应该成为一个被监管的对象。下面有请中国证券业协会前副会长林义相来谈一谈。

林义相：我在二十年前有一个调侃，说中国的经济是"猪经济"，股市是"猪市"。二者的逻辑其实是一样的，这里面涉及价格、通货膨胀、货币政策等因素。当然这主要是调侃。

刘纪鹏：据说，当时的国务院总理朱镕基曾经在大会上说，股市既不是牛市也不是熊市，是"猪市"，因为当时中国资本市场的行政力量还是比较强。

林义相：2017 年 4 月 17 日，我早上醒来，看到网上一则消息：某领导说交易所是全面全方位的监管机构。我就在微博上说，一个交易所首先是被监管对象，虽然在证监会授权的范围之内它是一线的监管机构，但是市场监管不是说你想让谁管就让谁管，你想怎么管就怎么管。我最后撤回了这条微博，并声明说这只是我个人的一些想法，不代表我任实职和虚职的任何机构。

但是，5月14日我又发了一条微博，说资本市场的人民性要体现在让老百姓能够赚钱、能够获利。资本市场的二级市场比一级市场更重要，二级市场一亿多股民，一级市场最多几千个原始股东，二级市场体量几十万亿，一级市场也就几千亿。我说，资本市场的人民性要体现在二级市场上，二级市场好，一级市场自然会好；二级市场不好，一级市场不可能好，就算好时间也不会长。资本市场的牛鼻子在二级市场，不在一级市场。如果股民们都赔钱，亏了很多，那还融资发股票干什么？

刚才贺教授说，股市涨不起来的原因是资金问题，其他老师认为更多的是信心问题。我认为，可能在一个事情的发展过程中，在因果关系的链条里，人们的着眼点放在不同的环节，会得出不同的结论，但实际上它们是一连串的关系。举个例子，为什么我体重有时候会增有时候会降，但整体上来看总是胖不起来？有人说，因为你营养跟不上，就跟股市缺钱一样。这个分析看似没有错。但为什么营养跟不上？是因为身体吸收不好。为什么吸收不好？因为身体的整体机能不好，心情不好。这是不是跟心态预期有关？好多得了癌症的人是被癌症吓死的。一个人天天吃、使劲吃，身体就是不吸收，肚子里装的东西很多，就是到不了长肉的地方去。进入资本市场的资金不够，这是真实情况。股市资金多了肯定会涨上去。与此同时，社会上这么多的资金，要是能够到股市中去，股市里的资金自然就多了。资金为什么不愿意进入股市？这就涉及信心和预期的问题。我不是和稀泥，不同的观点都给了我启发。我们要做什么才能让股市好起来，要看着眼点在什么地方。

我接着前面的一句话来讲，就是所谓的"摸着石头过河"。我们的目标应该是过河，是到河对岸去，但是有些人下了河是为了摸石头的，还有些人是浑水摸鱼的，他们忘了初心。

实际上，愿景和目标都是比较明确的，资本市场一些基本的原则也是清晰的，只不过在摸石头的过程里出现了一些不太对的事情，摸上瘾了或者摸偏了。但我们始终不能忘记我们的目标是什么。

中国的股市，如果想让它涨，一定能涨起来。这没有任何问题。我在去年10月份时说过，如果真的想让股市涨，3000亿、5000亿的资金足够启动了。三五千亿在中国股市中不算什么钱。问题是有些人在灵魂深处认为股市的风险是涨出来的，他不想让股市涨。

我觉得，从投资角度看，对股市不需要特别悲观。如果股市跌得太狠，股票就发不出去了——无论你是首发还是再融资，企业就融不到钱了。我的猜测是，股市会在一个区间内运行，既不能跌得太多到了发不出股票的程度，也不能涨得太多以致出现有人认为的风险。

但我不赞成这种看法。我认为中国的股市应该涨，中国的股票不贵。中国的大股票，按照市盈率来看是低的，跟美国比肯定是低的。创业板、科创板里的小股票，比美国纳斯达克的市盈率要高很多。但这要做进一步分析。大家都认为纳斯达克都是科创企业，新兴企业。这一观点是错误的，纳斯达克里有巨大无比的公司。如果把纳斯达克里的大股票拿掉，留下跟中国的创业板、科创板规模相当的股票，再去看纳斯达克里这些公司的指数和市盈率，可能比中国创业板、科创板和中小板企业要高好多倍。我没有做过这个研究，但凭直觉，我相信纳斯达克小股票的市值比我们的小股票要高很多。

最后说一下，不要认为股市的风险是涨出来的，股市是逆水行舟，上不去就一定会下跌，等到跌狠了想支撑都支撑不了。

刘纪鹏：我想顺着下面的思路谈，就是投资人的市场没有财富效益。

义相说有三五千亿资金股市就能起来，关键是谁来掏这三五千亿？社会上的资金何止三五千亿，太多的钱找不到出路。为什么不进股市才是关键。前面提到监管部门的监管政策，监审不分是一个很大的问题。已经出现了这么多的獐子岛、康美、康得新，在这种情况下推广注册制，谁来监管交易所？交易所就应该是一个公司。开展投资者教育根本上是错误的。

贺强：中国的交易所不是公司，是会员制。世界上的交易所有两种组织形式，公司制和会员制。中国的交易所不是公司，是会员制。批准獐子岛上市的不是交易所而是证监会，所以不要再追究和监管交易所了。

刘纪鹏：我必须谈，这是原则问题。中国的交易所是"四不像"，是全民所有制事业单位。

我认为今天应该开展融资者教育，发行者教育。发行者以上市公司为核心，以证券公司为龙头，还包括律师、会计师、评估师和交易所等所有的利益者。投资者出钱，担着风险，为什么还要被圈钱者教育？投资者赔了钱得到了什么补偿？康得新被罚款多少钱？五六十万元。獐子岛又是六十万。当年的安然CEO被罚了4500万美元，赔偿投资者43亿美元的损失。花旗被罚23亿美元，高盛被罚20亿美元，美洲银行被罚6900万美元。中国没有配套的赔偿机制，怎么就退市这么难？

现在的关键是监管制度出了问题，股市违反了公平原则。股市的财富分配全都是存量财产的转移，少数人暴富，心思都放在减持上。现在的问题出在民营企业身上。是要鼓励和保护企业家，但第一大股东的持股比例为什么不能限制在30%以内？几毛钱的股票，发行时几十块钱，高价入市。这是不合理分配。要引导企业家为上市公司创造增量价值，营造多赢局面。但现在企业家都把精力放在减持上了。

我想起韩志国说过一句话：把中国股市搞上去难不难？一点都不难。难者难于上青天，慧者弹指一挥间。

吴晓求：除了我前面讲的，中国资本市场还有下面几个问题没有厘清。

第一，没有厘清资本市场的功能和定位。

第二，对资本市场风险的理解是颠倒的。中国认为市场上涨是风险的累积，市场下跌是风险的释放。实则不然。在美国市场，在美联储眼里，股市下跌才是风险的累积。中国对股市风险的理解是完全相反的。

第三，监管的逻辑是颠倒的。先不说交易所和证监会的关系。市场监管的唯一职责是保持市场的透明度，要监督市场乃至于上市公司的所有信息必须公开透明。其他的事情跟监管部门都没关系。可是中国的监管部门在相当长时期内不认为这是它的主要职责，而是把很多附加的跟资本毫无关系的功能看得非常重要。

第四，不应该把重心放在投资者教育上。投资者是理性的，只要确保市场是透明的，上市公司乃至于市场信息能够公开披露，就没有问题。要相信投资者作为一种集合行为是理性的，否则就没办法研究问题了。不能认为坐在办公室里的人比在市场上的人更理性。所以不是对投资者进行教育，应该对监管机构、融资者、上市公司进行教育。

上面四个原有的观念和真正资本市场本来的含义是完全相反的。在相反观念条件下出台的一系列政策，肯定对市场会产生抑制作用。

曹凤岐：刚才纪鹏讲的也有道理。交易所和证监会不分家，是从计划经济向市场经济过渡必然存在的现象。应该促进交易所的更加独立。过去，证监会"包打天下"，现在进步一点了，就是搞了注册制。常清说不知道是真注册制还是假注册制，我认为，既不是真的也不是假的，就是那么回事。不是像我们想象的完全市场化的注册制。改革还没进展到那个时候，请大家耐心一点。这也包括监管体系的改革问题。

胡俞越：我补充一句，证监会官网上第一句话就写着，保护投资者利益是监管者的重中之重。这本身没错。但里面隐含的意思是，证监会有投教部，各个行业都有投教部。其实，首先应该被教育的是监管者，投资者远比你更理性、更聪明。

前面凸显出了关于民营上市公司的话题。中国的投资者结构有它的问题和缺陷，同时也是它的特色和特点，就是中小散户占比太大。不能把中小散户都赶尽杀绝，否则中国股市就完了。在座的各位"韭菜"，其实就是中国股市的希望。证监会作为监管者，有很深的"父爱"情节，居高临下地进行投资者教育。这是本末倒置。我刚才为什么强调民营企业？要像爱护民营企业一样爱护投资者的热情。如果投资者的热情得不到保护，股市就振兴不起来。不能一夜之间把中小散户都赶尽杀绝，投资者结构的优化和改变是渐进式的过程。中国正在这个过程当中。中国股市要靠所有的投资者才能提振信心。

吴晓求：我再补充一点。我和在座的各位，都是中国资本市场的积极推动者，心中都抱有很大的理想，但有时候也会思考：这个理想为何始终无法实现？一位非常著名的金融学家，曾经在博鳌论坛和我有过一次讨论。他认为资本市场在中国发展不起来，有三个原因，引起了我的深思。

第一个是法律习惯、法律制度、法律体系。中国是大陆法系。资本市场在大陆法系下没有一个发展起来的，因为大陆法系比较僵化，不能解决市场上随时出现的问题。比如，阿里巴巴不可能在中国上市，因为违背了《公司法》。要修改《公司法》，必须根据法律条文来修改，这是严重束缚。

第二个是文化。

第三个是语言。他说，中文非常复杂，非常难。一个既不懂中文又不懂英文的人，学英文可能一两年就过关了，学中文五年都学不好。中文的交易成本很高，英文的交易成本很低。这个可能和语法有关系。

对上述提到的三个观点，有些地方我也不太赞成，比如说中国的法律是可以修改的。但如果把这三条和我前面说的那四点融合在一起，就会发现，中国社会和资本市场发展的要求，不敢说格格不入，至少是相差甚远。此外，资本市场的生命在于透明度，但中国社会的透明度严重不足。没有透明度的社会想发展资本市场是很难的。这就好比在旱地种水稻，要面对极大的困难，用很长的时间，付出极大的成本。水稻生长要求合适的温度——没有 30℃ 稻穗长不出来，还要求通风、土地肥沃等条件。麦子的生长就很简单，播了种人就走了，过一两个月就长起来了。要深刻反思中国发展资本市场要面临的比包括英美在内的其他国家难得多的难题。虽然水稻不好种，但还是有人想吃米饭，觉得馒头不好吃。还是要发展资本市场，要给社会一个选择市场的空间和机会。我的意思是，资本市场不是轻易就能发展起来的，也不能采用强心针搞到 4000 点。这没有意义，要有耐心。

曹凤岐：我同意林义相的说法，就是中国股市当务之急要让它涨起来。当年，纪鹏认为涨到 4000 点最合适。就算不到 4000 点，能不能到 3500 点？涨起来，社会的积极性就起来了，投资就增加了，财富效应就出来了，企业融资也就不难了。

关于如何促进股市上涨，贺强说股市没有资金，但社会上的资金多的是，股市二级市场有 50 多万亿，储蓄存款 40 多万亿，理财 120 万亿。此外，房地产还有几十万亿。所以说，现在不是缺资金而是资金入不入股市的问题。现在，中央想吸引长期机构资金入市，包括外资。能不能吸引它们进来？包括科创板在内，中国股市现在的主体还是散户。所以，关键在于怎样把长期资金引进股市，因为散户总是赚钱跑、赔钱也跑。

三、解决问题的政策建议

贺强：2015 年股灾的时候，肖钢主席邀请我在内的三个人开会。另外二人，一位是全国政协委员，从事注册会计工作；另一位是全国人大代表，东北老国企的负责人，在筹划上市。会议现场，包括肖钢在内的领导坐了一大排，我们这边就三个人。会议开始后才知道，是要继续推进注册制，来不及修改《证券法》，向国务院争取从人大取得推进注册制的授权。当时我认为实行注册制条件不成熟，所以就讲了目前推出注册制面临的八大问题，其中一个就涉及交易所的问题。如果交易所归证监会领导，是证监会的一个下属部门，那么，实行注册制等于把审批权从证监会的发行部转移到了另外一个下属行政部门——交易所。把权力从左口袋装到右口袋，这没有意义。我理解纪鹏为什么要强调交易所的独立性。交易所，无论采取会员制还是公司制，在市场经济中都应该是独立的。但就如曹老师所说，中国是在改革过程中，还没有达到完全市场化的目标，所以对现状又只能表示理解。

我当时还说，从核准制到注册制，要经历两大法系之间的跳跃。国际上发行股票共两种形式，两种形式的背后是两大法系在支撑。支撑核准制的是大陆法系，支撑注册制的是英美法系。中国的《公司法》《证券法》主体是大陆法系，也加了一些英美法系的内容，但主要是大陆法系，所以采取了核准制。在这种情况下，突然搞注册制，从这个体系跳跃到另一个体系，法律会出现真空，会出问题的。中国资本市场的很多现象，看起来简单，但又不那么简单，缠绕在一块，非常复杂。

我对我今天的发言做一下总结：

第一，监管部门推出股市政策应该体现法律精神。《证券法》主要的精神是保护投资者利益。股市政策应该首先考虑是保护了投资者利益还是损害了投资者利益，不能一味保护融资者的利益，损害投资者的利益。

第二，监管部门推出政策要考虑市场的稳定发展和供求平衡。不能为了解决企业的困难，一味推出企业融资的政策，毫不考虑股市的需求。吸引长期资金入场非常重要，但不是监管者想让它进来它就会进来。市场条件不好，特别是政策不好，长期资金不可能进来。良好愿望解决不了问题，要为长期资金创造更好的市场氛围。

第三，监管部门出台政策要选择时机。现在股市面临的国际国内经济环境不好，经济下行压力很大。同时，中国的金融货币政策又被一头猪"拱"住了，整个社会缺乏资金。10月份 M2 是 194 万亿元，9 月份是 195

万亿元，总体 M2 供给好像挺大，但实际上社会方方面面都缺钱，因为存在严重的资金结构问题。一百多万亿的货币供应量，但都在银行体系内部，在货币市场，资本市场和实体经济严重缺钱。为什么会出现资金结构问题？因为大量的资金从资本市场退潮回到了货币市场，回到了商业银行体系内部。吸取 2015 年股灾的教训，监管部门推出了资管新规，去通道、禁资金池，直接导致资金从资本市场退潮。2015 年股市为什么暴涨？因为资金通过场外配资、伞型信托等各种渠道都进来了，但总的渠道只有一个——商业银行的理财资金。当年 6 月份，监管部门要求去通道、去杠杆，潮水般涌进来的资金就从资本市场退走了。一直到现在，资本市场一片滩涂。

所以，必须解决资金结构问题，解决整个金融市场中货币市场与资本市场的关系问题，更要解决商业银行和非商业银行金融机构的协调问题。否则长期资金不可能入市。现在的政策是由商业银行成立理财子公司，直接进入资本市场买股票，但效果如何还要拭目以待。

胡俞越：现在，财政手段和货币手段以及其他可能的什么办法，都难以顶住经济下行的压力。只有激活股市，才能恢复信心。激活股市恢复信心就保护了中小投资者的利益，同时也保护了民营企业的成长性。无论在战术上还是战略上，这一思路的方向都是正确的。从短期来看必须做的事情，就是要激活股市。刚才贺强教授提到了去通道和资管新规。我了解的情况是，商业银行理财子公司自身设计不出来产品。银行及其理财子公司不差钱，但整个金融市场存在致命性的结构缺陷，是失衡的。要向资本市场逐步倾斜，这样才能够振兴股市。

吴晓求：中国资本市场的发展，要长期改革和短期政策相配合。长期改革就是前面我说的那四个关键，要把观念颠倒过来。然后就能找到资本市场正确发展的理念，才能培育一个资本市场适度发展的土壤。短期改革是，要改变整个金融资金的结构，让一般资金通过适当的制度创新进入资本市场。现有的投资者已经没有钱了，必须让新资金和新投资机构进入市场。长期和短期相结合，中国资本市场才有未来。

曹凤岐：我同意把资本市场激活，把股市激活。要让包括保险基金、社保基金、养老基金在内的长期资金进入股市。只有它们进来才能稳定和发展股市，完全靠散户是不行的，所以政策要进一步放宽。这些长期资金不一定全进入股市，也可以进入债市。此外，中国股市不好关键是上市公司的质量不好。要提高上市公司的质量，完善公司法人治理结构，完善股权激励机制等。把上市公司搞好了才能真正实现价值投资。这是短期和长期都要做的，而且具有长期效应。

刘纪鹏：关于资金问题，两个月以前，中国放开了 QFII、IQFII 的总体额度限制，另外正在讨论保险基金的入市问题。这又涉及所谓"野蛮人"的问题。资本市场是不是需要"野蛮人"，如何提升上市公司的质量，这都是有待我们今后探讨的话题。今天还有两位嘉宾，长期以来都是证券节目的主持人，有请他们说两句。

纽文新：我目前是《中国经济周刊》的首席研究员兼首席评论员。1992 年，我在《中华工商时报》开创了证券版，纪鹏就是我的采访对象。纪鹏教授对中国股票市场有重大贡献。

今天谈到的好多话题都是十年以前说过的，到今天还是没变化。对这一点我感到很遗憾。当然今天也面对很多新变化，也需要新的解决方案。

我认为，中国经济下行的压力是有办法解决的，中国股市振兴是有办法实现的。刚才说到中国目前的 GDP 已经降到了 6%，但这已经是全世界最快的速度了。马上要面临降到 5% 的问题了。在这样的趋势下，股市能好吗？我认为，当然能好，我们有办法。因为经济的增长不在于是 6% 的增长还是 7% 的增长，更重要的是良性循环还是恶性循环。我们现在处于恶性循环之中，关键在于破解恶性循环。

苏培科：关于资本市场，我们今天探讨的确实是老问题，很多都是常识问题。但为什么我们今天还在讨论这些问题？这说明常识的问题还没有被解决。包括纪鹏老师在内的很多老师，这些年一直在呼吁，但是市场的基本常识问题还是没有得到解决。这真的让人感觉很遗憾。包括对监管者进行教育，转变监管者的理念，这真的是中国证券市场目前最需要做的事情。股票市场本来就是有风险的——风险溢价对冲，不是说股票下跌就是在释放风险。这样下去中国股票是没有希望的。所以，教育监管者转变理念是很关键的。

对最近的科创板跌破发行价，大家很担忧。我认为，在目前状况下，新股不败是万恶之源。新股永远不败，永远是在一级市场高价发行，这样的市场是没有希望的。就应该跌破。一级市场投资者卖得便宜之后，二级市场投资者才有机会。

另外，引入注册制一定要有前提条件，就是要有积极诉讼制度，保证投资者的权益。

一定要让市场回归到最基本的市场状态，回归到最基本的市场制度。如果只是人为地把股市拉起来，就算到了 4000 点、5000 点，市场基础制度、市场环境、市场认知都没变，结果肯定又是一场灾难。

吴晓求：中国的资本市场要发展，首先要从事理论研究。中国金融的发展也面临同样的问题，最缺乏的是理论研究。没有深厚的理论研究，根本不知道金融的逻辑和资本市场的逻辑。救市之类的思维不会让中国资本市场持续发展。理论研究特别重要，又是我们当前最薄弱的环节。我一直在思考，为什么要发展资本市场？从金融功能的角度，对金融功能进行深入理解，才能最终推演出资本市场。逻辑是有生命力的，任何违背逻辑的东西都是没有生命力的。重视资本市场理论研究，是当前面临的头等要事。

图书在版编目（CIP）数据

中国金融改革与创新／刘纪鹏 主编． —北京：东方出版社，2020. 9
ISBN 978-7-5207-1625-3

Ⅰ．①中…　Ⅱ．①刘…　Ⅲ．①金融改革—研究—中国　Ⅳ．①F832. 1

中国版本图书馆 CIP 数据核字（2020）第 149299 号

中国金融改革与创新

（ZHONGGUO JINRONG GAIGE YU CHUANGXIN）

主　　编：刘纪鹏
责任编辑：袁　园
出　　版：东方出版社
发　　行：人民东方出版传媒有限公司
地　　址：北京市朝阳区西坝河北里 51 号
邮　　编：100028
印　　刷：北京市大兴县新魏印刷厂
版　　次：2020 年 9 月第 1 版
印　　次：2020 年 9 月第 1 次印刷
开　　本：710 毫米×1000 毫米　1/16
印　　张：16. 25
字　　数：219 千字
书　　号：ISBN 978-7-5207-1625-3
定　　价：59. 00 元
发行电话：(010) 85924663　85924644　85924641